21 世纪普通高等教育规划教材·公共基础课系列

旅游学

吕翠华　黄金火　主编

上海财经大学出版社

图书在版编目(CIP)数据

旅游学/吕翠华,黄金火主编.—上海:上海财经大学出版社,2017.9
(21世纪普通高等教育规划教材·公共基础课系列)
ISBN 978-7-5642-2730-2/F·2730

Ⅰ.①旅… Ⅱ.①吕…②黄… Ⅲ.①旅游学-高等学校-教材
Ⅳ.①F590

中国版本图书馆CIP数据核字(2017)第110430号

□ 责任编辑　施春杰
□ 封面设计　晨　宇

LV YOU XUE
旅　游　学
吕翠华　黄金火　主编

上海财经大学出版社出版发行
(上海市中山北一路369号　邮编200083)
网　　址:http://www.sufep.com
电子邮箱:webmaster @ sufep.com
全国新华书店经销
上海景条印刷有限公司印刷装订
2017年9月第1版　2017年9月第1次印刷

787mm×1092mm　1/16　13.75印张　352千字
印数:0 001—4 000　定价:37.00元

21世纪普通高等教育规划教材

21 SHI JI PU TONG GAO DENG JIAO YU GUI HUA JIAO CAI

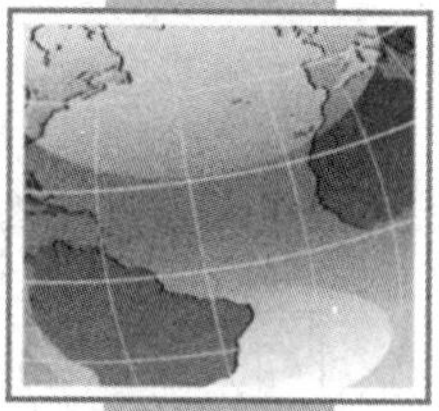

编委会

BIAN WEI HUI

前　言

《旅游学》是国内众多高等院校旅游管理、酒店管理等专业的核心主干课程。本书从旅游学科的形成及旅游发展史入手，对旅游学中的旅游者、旅游资源、旅游业、旅游产品和旅游市场等基本问题进行了深入浅出的阐释，便于学生更全面深刻地认识旅游活动及旅游业。本书还对当今旅游活动的发展脉络、旅游活动所产生的影响、旅游行业管理等问题进行了描述。

本书既重视旅游学科内容的系统性与实用性，又突出旅游学本身的时代性与开放性，吸收了国内外最新研究成果，加入了一些课外阅读材料和案例介绍，增强了教材的实用性。

本书由吕翠华、黄金火担任主编，吕翠华负责拟定编写提纲、统稿和定稿。具体编写分工如下：第一章、第八章第二、三节由薛晶编写；第二章、第八章第一、四节由丁丹编写；第三章、第五章、第九章由吕翠华编写；第四章、第六章由李冬芹编写；第七章由吕翠华、丁浩编写。

本书可作为高等学校旅游管理、酒店管理专业的教材用书，也可作为广大旅游从业人员的参考资料。

本书在编写过程中参考了大量相关领域的文献，已列示于书后的参考文献部分，但仍可能有遗漏。在此谨向已标注和未标注的参考文献的作者们表示诚挚的谢意和由衷的歉意！

由于编者水平所限，书中难免存在疏漏和不妥之处，敬请广大读者和专家批评指正，以期不断改进。

编　者
2017年6月

目　录

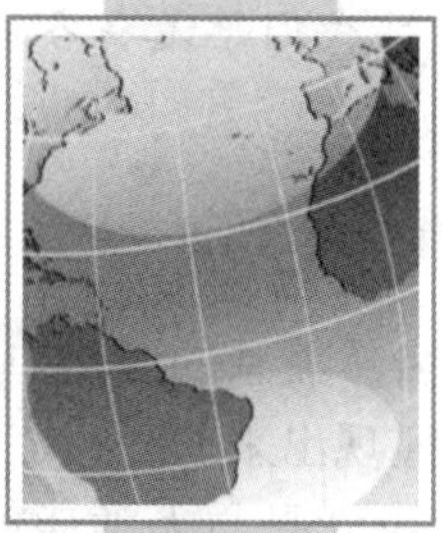

第一章 绪 论

学习目标

通过学习本章，使学生掌握旅游学这一基本概念，并熟悉旅游学这一概念的其他一些观点和解释；熟悉旅游学的研究体系和研究方法；了解旅游学的相关理论基础。

教学内容

1. 旅游学概念
2. 旅游学研究对象
3. 旅游学研究内容和常用的研究方法

【案例导入】

李天元：自我认识是旅游学科研究的前提

中国改革开放三十年来，旅游业获得了巨大的发展。旅游研究院的报告说，在旅游研究教育的方面也取得了非常大的发展。但是我个人认为，就学科建设这一块来讲，走过了踉踉跄跄的三十年、命运多舛的三十年。产生这个问题的原因很多，包括在学术领域中一些传统现象的禁锢，比如学科的问题没有得到很好的解决。

从国际上看，美国旅游研究院现任的副主席在 1977 年就把旅游学说得很清楚了，研究什么？研究旅游者、研究旅游业、研究旅游影响。到了 1994 年的时候，加拿大有两位非常有名的学者——希斯和沃尔两个人，在我们南开大学旅游系招研究生的时候，他们二人合写的《旅游影响》是我们研究生必读的读物。到了 1996 年的时候，前任香港理工大学旅游学院的院长，对旅游业的研究范围作了非常明确的界定。如出一辙，除了个别的词有点差别，我说的意思是，这个研究范畴中，已经得到了那么多国际知名学者的共识。

在旅游学科中，最基本的区别是，在旅游学科形成之前，人们是把它作为某一学科的运用研究的，比如说经济学的运用研究。20 世纪 80 年代初期之后，旅游学科在西方国家形成，有一些文献可依赖，有一个具体的标志。它还是一个综合性的研究。它是各相关学科的方法、知识服务于旅游研究，形成旅游自己的一套东西。我给大家举一个例子，到今天为止，在旅游研究中，大家来自不同的学科，我可以理解，但是你不要忘记你现在做的是旅游研究，在有关数据的使用、有关概念的理解上就应该有自己的意见。

我们举一个例子，在我们的研究中，请问我们的旅游行政管理部门、我们的旅游业界有谁在使用"游戏"这个概念？你只能在地理学中使用"游戏"的概念。我们在旅游者中搞一些实地考察，在英文中不存在这个问题，我们干吗用英文的田野调查？田野调查是社会学的概念，我们干吗非要用社会学的概念？由于存在我们中国特有的、洋人没有解决的问题，比如说我们的旅行社，是一个生产企业，还是一个中间商。西方从来没有人把旅行社说成是生产商。这是我们的工作特点——经验研究分析，我们发现我们的问题出在旅行社采购业务这一块中的采购合同定位方式，是采用担保式订购还是分配式订购，决定了它的性质。现在大家用各个不同的，到旅游研究中就要说旅游的话，统一到旅游学科的性质中来。否则的话，我们总是在各说各的话、各唱各的调。旅游并非是没有规范的。

（资料来源：整理自 2009 年 4 月李天元谈话。）

旅游是一种与人类历史相伴的活动。随着人类文明的进步，在人类与自然关系的演化中，旅游的思想、价值、产品形式都发生了多种变化，在人类历史的长河中逐步显现出来。

伴随着旅游行为的发展，逐渐演化出相关的学术理论——旅游学。旅游学是与人类活动及旅游业发展相适应的一门学科，与其他一些基础性学科相比，旅游学比较年轻，其学术研究的历史也较短暂。经过近百年的演进，旅游学正一步一步地走向成熟，理论研究也不断向其他相关学科延伸，成为社会科学中一门具有多学科交叉特点的综合性学科，涉及的学科有经济学（如旅游经济学、统计学、旅游市场营销学等）、文化学（如旅游历史学、旅游社会学、旅游文学、旅游美学、旅游心理学等）、管理学（如饭店餐饮及客房管理、旅行社管理、旅游景区管理等）等。旅游学发展的进程表明，旅游学是一门极富生命力的新兴学科，具有深刻的学术价值和广阔的应用前景。

第一节　旅游学的研究体系

一、旅游学的研究对象

研究对象的确立是学科研究成立的基本前提。作为独立的学科，旅游学有自己特定的研究领域。但是，众多学者从不同角度进行旅游学研究时，其对旅游对象的理解也不同，在学术界存在众说纷纭的对旅游学研究对象的表述，比较有代表性的有：

旅游学就是研究旅游者、旅游管理者、旅游资源和旅游设施这四个要素的基本特征与相互之间的关联作用及其运行规律的科学。[①]

旅游学是一门综合性的边缘学科，它是以研究旅游的三要素（旅游主体、旅游客体和旅游媒体）及其相互关系为核心，探讨旅游活动和旅游业发展规律的科学。[②]

旅游学是以旅游现象为研究对象，以旅游业为依托，研究旅游有机体的形成发展规律、组成要素、运行关系，以及旅游开发方式与措施，最终实现其社会、经济、生态效益的一门学科。[③]

旅游学就是研究旅游者及其旅游活动、旅游业及开发和经营活动以及供求双方活动的开展对旅游接待地区的社会、经济和环境影响的学科。[④]

旅游学的研究对象是旅游活动的内在矛盾及其表现。旅游学的任务是要通过研究来认识这种矛盾的性质及其发生原因、形态结构、运动规律和它产生的各种外部影响。[⑤]

其实，对于旅游学这一界定，国际学术界多有共识，表述和解释也有较多相似性。例如，著名旅游学术期刊《旅游研究纪年》的主编、美国威斯康星大学贾法力教授提出，"旅游学的研究

① 马勇：《旅游学概论》，高等教育出版社 1998 年版，第 12 页。
② 王德刚：《略论旅游学的理论体系》，载《旅游学刊》1999 年第 1 期，第 63～66 页。
③ 陈玉英、明庆忠：《关于旅游学理论研究的若干思考》，载《桂林旅游高等专科学校学报》1999 年第 1 期，第 4～7 页。
④ 李天元：《旅游学概论》，南开大学出版社 2009 年版，第 5 页。
⑤ 谢彦君：《基础旅游学》，中国旅游出版社 2004 年版，第 6 页。

对象是离开其惯常居住地而外出的旅游者、针对其需要而提供服务的旅游业以及旅游者和旅游业双方的活动对东道地的社会文化、经济和物质环境的影响”。

国际知名旅游专家希斯和沃尔也认为,“旅游学作为一门学科,研究的是离开居住地而外出旅游的人、针对其需要而提供服务的旅游企业,以及双方活动对旅游接待地区经济、自然环境和社会的影响。所研究的内容包括旅游者的动机及其活动经历、旅游接待地区居民的期望和行为变化,及各种旅游企业和组织机构在其中所扮演的角色”。

以上这些说法,各自有其侧重点。有从“要素”的角度,对旅游学的研究对象做出纲要式解说;有以旅游现象特有的矛盾性为基点,阐述旅游学的研究对象。

基于上述分析,笔者认为:旅游学的研究对象——旅游活动,即研究旅游者、旅游业以及双方活动对旅游接待地区社会文化、经济和环境影响的科学。

二、旅游学的研究内容

从上述旅游学研究对象的定义看,旅游学研究的主要内容集中在以下几个领域:

第一,旅游的本质与起源。对旅游本质与起源的探寻是旅游学研究的首要任务,对旅游的概念、旅游活动产生与发展的历史、旅游活动的类型和特点等问题的研究,对后续的研究工作有重要意义与价值。

第二,旅游活动的三大基本要素及其相互关系。旅游活动由旅游主体、旅游客体和旅游媒体三要素构成。旅游主体即旅游者,其数量、结构、分布等都是旅游学研究的内容。旅游客体一般是已经开发的旅游资源和景区(点),其吸引力大小将直接影响旅游者主观的旅游需求,对旅游资源或景点的规划与开发要求颇高,因此成为旅游学研究的重点。旅游媒体是实现旅游活动的载体,包括饭店、旅行社、交通等旅游基础设施,是为旅游者提供食、宿、游、购、行、娱的必要保障。

第三,旅游活动的影响。旅游发展的各种影响关系到旅游业能否可持续发展,一直是旅游学研究的热点。旅游活动的大规模展开不但会直接影响旅游目的地社区或社会的各项发展,还会对多种行业产生影响,涉及经济、社会文化及生态环境等多方面,其影响有正面的,也有负面的。

第四,旅游的组织和旅游法律法规政策等其他相关问题。旅游业的发展需要在国家政府的主导下进行,是一项系统工程,其规划与部署、启动与运营等均需要专门的国家行政组织进行宏观调控。此外,随着全球经济一体化的发展进程,旅游业也已经全球化,势必更需要国家政府运用一切可行性措施来保障本国的旅游资源与旅游业发展。因此,旅游的组织、市场和政策法规等都是旅游学研究的主要内容。

第二节　旅游学的基本框架及未来展望

一、旅游学的基本理论

旅游学作为一门交叉性强的新兴学科,其理论体系的构建要借鉴众多相对成熟的学科的理论精华。旅游学与经济学、社会学、统计学、人类学、生态学等学科有非常紧密的联系,并结合成很多分支学科,共同构成旅游学的理论基础。

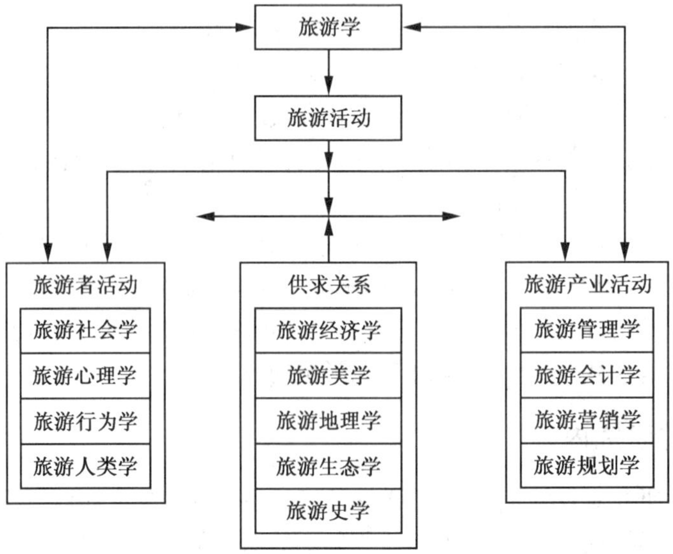

图 1—1 旅游学与其他学科的关系

二、旅游学的研究方法

任何一门学科，都有与该学科的研究对象和研究领域、学科性质等相对应的研究方法。

旅游学是一门有自己特殊的研究对象和研究领域的综合边缘学科，它是在不断地学习、借鉴和渗透过程中，逐步成长为既有深厚的理论基础，又有灵活、有效的技术方法的一门实践性很强的学科。随着旅游活动和旅游产业实践的继续发展和进步，旅游学研究也将进一步走向深入和成熟。

与其他科学一样，旅游学有其特定的理论体系。我们要运用马克思主义的基本观点和方法，来考察旅游的发展过程，分析旅游学各范畴的内在矛盾，透过复杂的旅游现象把握其发生和发展的规律性。旅游学的产生，是与经济学、历史学、地理学、社会学、心理学等学科对旅游现象的研究分不开的。因此，掌握这些学科的有关理论和方法，也是学习和研究旅游学的重要基础。只有深刻领会旅游学的基本概念和基本原理，才能真正把握旅游学的最关键、最本质的东西，才能学好旅游学和做好旅游学研究工作。

具体方法概括为以下几点：

(1)以马克思主义为指导，运用马克思主义哲学和政治经济学的观点分析旅游现象。例如，用主次矛盾和矛盾的主次方面关系原理分析旅游性质。

(2)从实际出发，理论联系实际的方法。应立足于中国国情，不能照搬他人成功的经验。例如，建饭店、开发旅游资源方面应突出中国的特色。

(3)树立市场经济的观念。例如，现代旅游是商品经济高度发展的产物。

(4)用对比的方法进行学习。例如，中国与意大利的古迹资源开发对比，意大利的经验可以借鉴。

紧密联系中国实际，研究和建立具有中国特色的旅游学理论体系。世界各国旅游活动的产生和发展有其一般的规律性，这是旅游学研究的基点和根本保证。但由于世界各区域、各国家的政治、经济、文化、传统等的不同，发展旅游业的主客观条件也不同，所走的道路和所采取的措施也不可能完全一样。因此,各国的旅游学研究立足于本国旅游和旅游业发展的实际情况,必然带有本国的特色。中国的旅游学,必须是建立在中国的旅游特色和旅游产业发展实践的基础之上的。中国的社会主义性质及由此决定的政治、政策、法律与法规等特色,就决定了在中国学习和研究旅游学必须坚持社会主义方向,建立和发展具有中国特色的旅游学体系,积极学习和借鉴其他学科的成熟理论和方法,丰富旅游学的理论和内容,把旅游学研究引向深入。

三、旅游业的未来展望

经过三十多年的发展,中国旅游业取得了令人瞩目的巨大成就,从传统的接待事业一跃转变成为国民经济中的新的增长点之一,并由过去单一的观光型旅游发展成集观光、度假、商务、会展、研修、游学等多形式、多功能于一体的复合型旅游。据数据显示,2013 年中国旅游收入达到 2.9 万亿元,全国旅游人数达到了 32.5 亿人次,出境游人数达到 9 730 万人次,入境旅游的创汇达到 478 亿美元,新增的旅游直接就业人员达到 50 多万人。值得我们注意的是,2013 年《旅游法》的出台和实施,标志着中国旅游业法制化建设实现了根本性的突破,标志着我国进入了依法治旅、依法兴旅的新阶段。此外,旅游投资也在快速增长,2013 年全国旅游业直接投资达到了 5 144 亿元,其中民间资本成为旅游投资的主力,大约占到了 57%。如上海迪士尼,它的总投资是 290 亿元,目前已经完成了 131 亿元的投资;另外,云南打造的十大立体文化旅游项目,总投资大约为 2 000 亿元。

放眼全球,未来旅游业的发展呈现出以下几个特点:

第一,加快发展旅游业现在成为很多国家的战略决策。如中国把旅游业定位成了战略性的支柱产业和现代服务业来加以培育,出台了《旅游法》。而美国发布了国家旅游发展战略,提出促进旅游业发展的一揽子措施。

第二,旅游业在 GDP 中所占的比重持续提高。

第三,世界旅游业的发展重心在逐步东移。2012 年,欧洲仍然是最大的入境旅游目的地,占全球的比重达到 51.6%。未来预测,亚洲旅游市场的国际游客接待量占全球的比重到 2020 年将达到 30%,2030 年将超过 36%,而欧洲的比重将分别会降到 49%和 41%。

第四,旅游业呈现出融合发展的趋势。在经济全球化的带动下,旅游呈跨国界、跨领域、跨行业、跨产业、跨部门融合发展的趋势是日益明显了。

中国未来旅游特点会呈现新趋势,旅游业的新产品和新业态层出不穷,像海洋旅游、自驾车旅游还有房车旅游等新业态正在成为引领旅游消费增长的重要领域。所以总体来看,中国旅游业的发展总体形势仍然是机遇和挑战并存,机遇大于挑战。

本章小结

“旅游”是旅游研究中最为基础、核心的概念。然而,由于旅游学科的不成熟,迄今为止人们对旅游的界定尚未形成一致的共识。本章通过对旅游及旅游学的认识,理清楚旅游学的研究对象,认识旅游学的学科性质。

思考与练习

1. 什么是旅游？什么是旅游学？
2. 旅游学的研究对象是什么？旅游学的研究内容有哪些，常用的研究方法有哪些？
3. 哪些学科理论与旅游学有重要关系？
4. 大家谈谈对旅游业未来的展望。

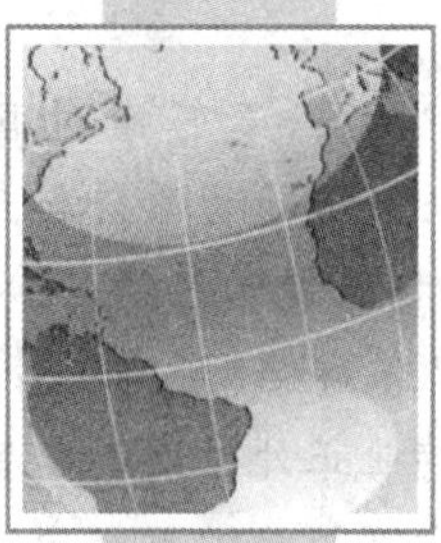

第二章 旅游的产生与发展

学习目标

通过学习本章，学会从历史唯物主义的角度观察人类旅行和旅游活动的发展，认识人类旅行和旅游活动是社会经济发展的产物并伴随着社会经济的发展而演进这一基本的旅游活动发展规律。了解改革开放以来我国旅游业经营市场的变化及其演进原因。

教学内容

1. 早期的旅行活动
2. 近代旅游的开端与发展
3. 现代旅游的发展
4. 中国旅游业的发展

【案例导入】

走进霞客故里，体验幸福之旅

昨天上午，我市隆重举行"3·29，天下游"中国徐霞客旅游日纪念活动。国土资源部执法监察局局长、中国徐霞客研究会副会长李建勤，国家旅游局政策法规司副司长周久财，中国徐霞客研究会会长张宏仁，无锡市和我市领导贡培兴、朱民阳、许卫国、王锡南、赵国权、高佩、徐冬青、何士荣、龚振东、吴林兴出席活动。无锡市委常委、江阴市委书记朱民阳致欢迎辞，市长王锡南主持仪式。朱民阳在致辞中说，学习徐霞客精神，我们为拥有徐霞客名人而倍感自豪。400 年前，徐霞客凭着"热爱祖国、献身科学、尊重实践、勇于探索"的执著理念从故乡江阴迈出探寻真知的第一步，"达人所之未达，探人所之未知"，足迹遍及全国 19 个省、市、自治区，并留下 60 万字的鸿篇巨制《徐霞客游记》，为我国乃至全世界的地理科学做出了巨大的贡献。他为中国旅游开辟了先河，是中华民族当之无愧的"游圣"。

朱民阳说，传承徐霞客精神，我们为塑造徐霞客品牌而不遗余力。从 1991 年起，江阴每两年举办一届规模盛大的徐霞客文化旅游节。2006 年，以徐霞客大道为中轴线，规划了面积为 110 平方公里的徐霞客文化旅游区。2007 年，江阴与徐霞客曾经走过的城市缔结了"中国旅游霞客联盟"。同年，江阴在北京隆重举行纪念徐霞客诞辰 420 周年大会，国务院总理温家宝专门给大会发来贺信，徐霞客雕像荣登中华世纪坛中华名人之列。2008 年，徐霞客大道正式竣工通车、中国徐霞客旅游博览园一期工程如期揭幕、徐霞客碑刻文化园建成开放、农业科技园盛装开园。目前，一个集旅游、文化、生态、购物、休闲于一体的徐霞客旅游综合博览园区已经粗具规模。

朱民阳指出，弘扬徐霞客精神，我们将为徐霞客走出江阴、走向世界而不懈努力。作为家乡人民，江阴有条件也有责任将徐霞客精神发扬光大，让徐霞客品牌走出江阴、走向世界。通过"中国徐霞客旅游博物馆"开馆、央视大型电视专题纪录片《徐霞客》开机、徐霞客生态休闲旅游节开游、海峡两岸纪念徐霞客朝圣公祭典礼等活动，以徐霞客为纽带，广交天下朋友，加强交流合作，不断推动旅游与文化、旅游与经济的良性互动。江阴真诚地希望与全国旅界的各位人士紧密协作，共同打造旅游精品，推动旅游发展。

国土资源部执法监察局局长、中国徐霞客研究会副会长李建勤宣布“3·29，天下游”中国徐霞客旅游日纪念活动开幕。他说，“3·29，天下游”中国徐霞客旅游日纪念活动的举行和大型电视专题纪录片《徐霞客》的开机将进一步扩大江阴的知名度，更好地弘扬徐霞客精神。

国家旅游局政策法规司副司长周久财说，徐霞客从江阴走出来，《徐霞客游记》蜚声中外，徐霞客享有中华游圣的美誉，更为中华文明添上了灿烂的一笔。当前，旅游业正处于蓬勃发展的黄金时期，旅游在扩内需、促发展方面显现出了巨大的潜力。这次中国徐霞客旅游日纪念活动是最好的拉动内需形式之一，通过全面展示徐霞客故里的风采，弘扬徐霞客精神，进一步加快旅游产业发展。

中国徐霞客研究会会长张宏仁说，徐霞客是中国伟大的地理学家、旅行家，他跋山涉水三十余载，探索自然奥秘，科考地貌形态，留下了千古奇书《徐霞客游记》。徐霞客和《徐霞客游记》已经成为世界人民的共同财富，他勇于探索、不畏艰险的精神值得学习。他代表中国徐霞客研究会感谢江阴市委、市政府和江阴人民对弘扬徐霞客精神、打响徐霞客品牌作出的贡献。

纪念活动开幕式上，省人防办主任、江苏省徐霞客研究会会长张永康代表江苏省徐霞客研究会、中国旅游霞客联盟、江阴市人民政府和无锡市旅游局宣读倡议书，倡议将3月29日命名为“中国旅游日”，弘扬徐霞客科学实践、求真创新的民族精神，塑造“徐霞客”这一中国旅游品牌，促进中国旅游与国际的友好交流，充分发挥旅游对促进扩大内需的重要作用。

开幕式上，无锡市和我市领导贡培兴、朱民阳以及中国徐霞客研究会会长张宏仁、中央电视台社教中心副主任冯存礼、中科院自然科学史研究所所长廖育群等共同为大型电视专题纪录片《徐霞客》开机揭幕。出席开幕式的领导和嘉宾为中国徐霞客旅游博物馆开馆剪彩，并饶有兴趣地参观了中国徐霞客旅游博物馆、中国徐霞客碑刻文化园，在胜水桥畔观看了“徐霞客出行”情景表演。

来自全国各地徐霞客研究会的代表、中国旅游霞客联盟主要成员单位代表、徐霞客游历过的省市代表出席了开幕仪式，并参观了中国徐霞客旅游博物馆。来自全国各地的代表认为这次活动非常有意义，既扩大了江阴旅游的对外影响，又顺应了扩内需、保增长的发展需求。省旅游局副局长唐建国认为，举办“3·29，天下游”中国徐霞客旅游日纪念活动，体现了江阴率先作为、加快转型的发展思路，通过旅游拉动内需，打响徐霞客旅游招牌，提升了江阴旅游的知名度和影响力。昆明市副市长廖晓珊告诉记者，江阴举办这次活动具有很强的学习、借鉴意义，通过徐霞客旅游文化来做大旅游产业，拉动内需保增长。昆明将与江阴紧密合作，加强双方的旅游互动。

作为全国首家旅游博物馆，中国徐霞客旅游博物馆总面积达7 000平方米，建筑造型以山水为蓝本，实现了山水、人文、生态的和谐统一。博物馆分4个展厅，分别展示了徐霞客研究文化成果、《徐霞客游记》各类版本以及世界旅游文化史。

（资料来源：摘自刘晓，《江阴日报》，2009年3月30日第A01版。）

第一节 早期的旅行活动

【案例导入】

汉武帝巡游重镇

《汉书·武帝纪》载:“五年冬十月,行幸雍,祠五畤,遂逾陇,登崆峒,西临祖厉河而还。”《水经注》中记述,祖厉河在汉时称为祖厉川水,是黄河上游较大的支流之一,发源于当时祖厉县境的祖厉南山,在今靖远县城西红嘴子注入黄河,汉时祖厉河即为祖厉县境之黄河。由此可知,汉武帝在元鼎五年(公元前112年)冬天出巡雍州,越过陇山(今六盘山),到达靖远县境之黄河边才返回。汉武帝是中国历史上一个怀抱雄才大略的君主,他在位期间是西汉王朝的鼎盛时期,常常出行到全国一些要地巡视,祖厉县在汉朝时所处位置之重要,由此可知。

在汉武帝巡视至靖远县境内之前,他为了联合被匈奴战败而远遁大夏(今阿富汗北部)的大月氏,东西夹攻匈奴,曾招募并派遣张骞出使西域。汉武帝建元三年(公元前138年),张骞率百余人从陕西出发,经过祖厉县境,西行途中被匈奴俘获,羁留匈奴国十多年,后伺机脱身,取道新疆,翻越葱岭,途经俄罗斯、哈萨克斯坦等国,终于到达目的地。因大月氏安于现状,不思复仇,联合夹击匈奴的使命没有结果,但从此打开了中原通往西域的道路,成为古代中外贸易和中西文化交流的丝绸之路。靖远地处甘肃中部的黄河东岸,是丝绸之路进入河西走廊的北道要隘,从两汉到隋唐,这里中外商旅使者络绎不绝,境内黄河上的一些古渡口因此而繁忙,接连不断的商旅使团,伴随着古朴悠扬的驼铃声,在靖远这块古老的土地上缓缓走过,靖远成为古丝绸之路北线重镇之一。1988年,靖远县境内出土一件属东罗马时代的西方鎏金银盘,弥足珍贵,被文博界视为丝路遗宝,这一文物的发现,便是古代中西文化交流的实物见证。

一、原始社会早期的人类迁移活动

我们常会听到有人讲,旅游作为人类的一种活动,自古便已有之。其实这是一种往往会产生误导的模糊说法。首先,“古代”一词因世界各地、各民族的发展历史不同,在使用上并无统一年代界定。即使在中外的史学研究中,对于古代这一概念的使用,也有不同的时间含义。由于这一原因,如果说人类旅游活动的渊源的确可以追溯到古代,那么这种渊源究竟是何时,自然就成了难以回答的问题。另一个方面,如果说旅游古已有之,那么,无论是在我国古代的经典辞书中,还是在其他国家的古代词典上,都找不到“旅游”这一规范用词的字样。

目前,人们已经形成的基本共识是,人类现今意义上的旅游活动是从早期的旅行活动发展和演进而来的。然而有可能随之而来的问题是,既然如此,那么是不是像有人所认为的那样,“自古有之”自然意味着自有人类之日起便有旅行活动在进行?对这些问题的回答,我们既不能凭借一些古代神话传说去作想当然的联想,更不可根据个人对某些观点的好恶去进行主观臆断,而只能运用唯物主义的认识论去进行客观的探讨。否则,人们有可能得出旅行活动是从有人类之日就无条件存在的主观结论。

为了客观认识人类旅行活动产生和发展的背景和过程,我们首先有必要简单地回顾一下早期人类的产生和社会活动。

在原始社会的前期,人类主要使用天然或者打磨的石块等简陋的生产工具,在自然分工的基础上,靠渔猎和采集为生。由于生产工具的落后和生产力的低下,人类无时不在饥饿和自然灾害侵袭的威胁之下。到了新石器时代,随着生产工具的改进,生产效率有了很大的提高。在这一时期，人类还发明了制陶术和弓箭。但是，这些生产工具和生产技术的进步都未能有效改变当时人类社会生产的落后面貌。人们的劳动除了供自己食用外，几乎没有什么剩余之物。人们的社会生活基本上只限于在自己的氏族部落范围内进行。

上述社会经济背景情况说明，截至新石器时代中期，由于缺乏劳动剩余物，人类还不存在有意识的自愿外出旅行的需要。

在这个时期中，人类虽然也曾有从一个地方转移到另外一个地方的迁移活动，但问题是所有这些迁移活动都是因为自然因素或特定人为因素的威胁而被迫进行的，并且都是为了生存的需要。不难理解，出于这种需要而远走他乡的活动充其量只能算是逃荒、移民或避难活动。

因此，我们可以认为，由于社会经济条件的限制，这一时期人类客观上既无展开旅行的物质基础，主观上也没有外出旅行的愿望。当时人类迁移活动所具有的被迫性和求生性，都说明了它们根本不属于现今意义上的旅行或旅游活动。

二、人类旅行需要的产生与发展

（一）人类旅行需要产生的背景

新石器时代晚期，金属工具开始问世。生产工具和生产技术的进步，使生产效率得以提高，劳动剩余物也因此增多。随着金属工具的推广和改良，农业和畜牧业有了较快发展，手工业也开始发展起来。到了原始社会末期，手工纺织技术已经发展到使用简单的织机。与此同时，其他冶金、建筑等开始出现，出现了人类历史上第二次社会大分工，即手工业同农业和畜牧业的分离。社会分工的扩大促使劳动生产率进一步提高，并且加速了私有制的形成。更为值得注意的是，随着社会分工的扩大，产品交换也因此得到了快速发展。

随着产品生产和交换的发展，到原始社会瓦解和奴隶社会形成时期，开始出现了专门从事易货贸易的商人阶级，这是人类社会发展史上第三次大分工，即商业从农牧业、手工业中分离出来。这种易货贸易的发展使不同产品交换的地域范围不断扩大。人们需要了解其他地区的生产和需求情况，需要到其他地区去交换自己需要的产品或货物，因此也便产生了旅行经商或外出交换产品的需要。

所以，人类最初的旅行活动远远不是什么消遣或度假活动，而是人们出于现实的目的，特别是出于经商贸易、扩大对其他地区的了解和接触的需要，所促发产生的一种经济活动。正如世界旅游组织在其有关研究报告中所指出的那样，“在最初的年代中，主要是商人开创了旅行的通路”。

（二）奴隶制社会的旅行发展

奴隶制国家的出现、发展和繁荣，不仅客观上为当时的旅行活动的发展创造了便利条件，而且也促进了宗教旅行和观光旅行的发展。这些旅行活动首先是在最早进入文明时代的埃及、巴比伦、印度、古希腊、罗马和中国发展起来的。

埃及在公元前3000年便建立了统一的国家，确立了以法老为首的中央专制政体。法老们动用了大量人力修建金字塔和神庙，其中以公元前2690年左右第四王朝第二个法老胡佛建立的金字塔规模最大，高达146.5米，底座每边长为230米，塔身由230万块石头砌成，其中最重的一块达16吨。这些金字塔建立后吸引了许多人前来观光旅行。另外，埃及的宗教旅行也很发达。古埃及每年要举行几次宗教节日集会，其中规模最大、最隆重的是布巴提斯城的“阿尔铁米司祭”，参加祭祀活动的有来自四面八方的男男女女，他们打着手板、吹着笛子一路走来，到达后便贡上丰盛的祭品。

波斯帝国建立于公元前533年至公元前330年，其疆域跨越亚、非、欧三洲。在其兴盛时期，修建了两条称为“御道”的公路。一条东起首都苏萨，穿过美索不达米亚地区和小亚细亚，直达地中海岸的以弗斯，全长2 400公里，途中建有国王的驿馆110座；另外一条始自巴比伦城，横贯伊朗高原，直达巴克特里西和印度边境，成为以后“丝绸之路”西段的基础。当时，经过这两条道路来往的商贾、学者和游人络绎不绝。

希腊在公元前5世纪奴隶制得到了高度发展，出现了200多个奴隶制城邦。许多城邦从事海外殖民，各邦之间联系密切，公务、贸易、宗教、考察旅行者相当活跃，其中以宗教旅行占有重要地位，奥林匹亚山是全希腊人的宗教圣地，每当举行庆典时，吸引了许多希腊人来参加。考察旅行以希腊历史学家希罗多德(约公元前484～前425年)为代表，他遍访埃及、西亚、黑海、南意大利和希腊本土，探寻名胜古迹，观察风俗民情，并将这些地区的历史、地理记述在其巨著《历史》中。

罗马帝国的鼎盛时期，也是西方古代旅行的全盛时期。因为罗马帝国的疆域相当辽阔，西起西班牙、不列颠，东至今西亚的幼发拉底河，北迄多瑙河和莱茵河一带，南达北部非洲，使地中海成为其内湖，加上政治上的统一，陆路和水路交通发达，使用统一的罗马铸币和官方语言(希腊语和拉丁语)，为人们在其辽阔的领土上自由往来和交流提供了便利。当时，不仅罗马城吸引了许多人前去观光，而且不少罗马人也前往其疆域的其他地方，有的去希腊观看神庙及宗教艺术，有的去埃及观赏恢宏的建筑，有的去小亚细亚游览特洛伊古战场。为了适应旅行的需要，在去那不勒斯的途中还建起了别墅，供人们旅居。罗马帝国衰落后，基督教取得了合法地位，随之又兴起了宗教朝圣旅行。

阿拉伯帝国兴起于公元7～8世纪，疆域跨亚、非、欧三洲。帝国以首都巴格达为中心，修筑的驿道四通八达，驿道上建有驿站，驿站备有马和骆驼，驿传局还为其编写了旅行指南，供商旅和朝圣者使用。根据伊斯兰教的规定，每个有能力(身体健康、经济条件允许)的穆斯林不分性别，在其一生中至少需在希吉拉历的12月去参加麦加集体朝觐一次，以示对真主的虔诚之心。朝觐期间，商人和艺术家也纷纷赶来做生意或献艺。阿拉伯帝国对经商和旅行考察是鼓励的，穆罕默德曾经教导其信徒们“学问虽远在中国，亦当求之”。阿拉伯人是寻求知识而爱好旅行的突出代表，曾出现过好几位著名的旅行家，其中以苏莱曼和马苏弟最为突出。苏莱曼是一位商人，曾到印度和中国经商，在记述他东行见闻的《苏莱曼游记》中，记载了他自阿曼到中国所经海洋、岛屿和阿拉伯人当时集聚地广州的情况；马苏弟是一位旅行家和历史学家，曾游历埃及、巴勒斯坦、印度、斯里兰卡和中国，编写了《编年史》(30卷)，书中多处提到中国人的手工技巧。

根据翦伯赞《中国史纲》记载，在我国奴隶制社会时期，早在商代，商品经济就已比较发达，商人的足迹东北到渤海湾沿岸乃至朝鲜半岛，东南至今日浙江，西南达到今日之湖北、四川，西北到达陕甘宁绥乃至新疆。他们负货贩运，几乎遍及全国。西周灭殷后，社会处于安宁之中，经济得到发展，为适应统治的需要，方便皇帝和臣仆出外巡视以及促进经济的发展，西周十分重视道路建设，当时水路、陆路纵横交错，四通八达。加之沿途每隔10里、30里、50里设立的馆舍，极大地方便了帝王巡游和经商旅行。在这个时期的帝王巡游中，著名的有周穆王，根据《左传》记载，“穆王欲肆其心，周游天下”，曾至波斯。东周时期齐景公也好玩，《韩诗外传》称：“齐景公游于牛山，而北望齐曰：美哉国乎。”春秋战国时候的楚怀王、楚襄王也曾率领大批人马出游，当时的文学家宋玉曾担任其出游中的“文学侍从”。东周时，由于诸侯争霸，出现了“士”阶层。他们为了宣传自己的政治主张和封卿拜相的目的，朝秦暮楚，穿梭游走于各诸侯国之间，其代表人物有苏秦、张仪等人。毫无疑问，他们的行为也是一种旅行，只不过目的与经商旅行不同而已。

总之，在奴隶制社会，不仅始于原始社会末期的经商旅行得到了进一步发展，而且宗教旅行、出外考察和观光旅行也发展了起来，在奴隶主中还出现了享乐旅行。它一方面说明了这些旅行是社会经济发展的结果，是生产力的发展推动了人们对外出旅行的需要；另一个方面也说明了旅行毕竟是社会中少数人（包括奴隶主、商人和部分自由民）的行为，而多数处于社会底层的奴隶则无权问津。

（三）封建社会时期的旅行发展

进入封建社会后，社会生产力较之奴隶制社会又有了很大发展，不仅农业生产由于技术进步提高了生产效率，而且各种手工业和交通运输业也获得了较快的发展，从而为当时的旅行发展提供了物质基础。

在西方，主要是欧洲，其封建社会始于公元5世纪，虽然其奴隶制已经瓦解，农奴代替了奴隶，有了自己的一块耕地，从事独立生产，是社会的一大进步；然而一家一户，生产规模小、生产力低下，还要受封建剥削，不仅经济上无力出外旅行，而且在人身上也不是自由的。加上欧洲各封建王国之间无休止的混战，给社会经济带来了很大的破坏。因此，在很长一段时间内，欧洲的旅行不仅没有发展，而且远不及罗马帝国时期的水平。

直到16世纪，欧洲的旅行才有了新的发展。这就是温泉疗养旅行和教育旅行的兴起和盛行。1562年，一位名叫威廉·特纳的医生发表了一本著作，谈及英格兰、德国和意大利的天然温泉对人体的痛症很有疗效，引发了先是一些病痛患者和随后大批身体健康者赴温泉旅行。

此外，人们还从一些名人的经历中认识到出外旅行对于增加对异国他乡事物的了解和开阔眼界方面的作用，先是一些贵族子弟被送往文化艺术发达的法国、意大利学习。如当时英国的议院规定，其子弟若不到欧洲大陆接受教育，则不能享受爵禄。这种教育旅行虽然在欧洲延续了几个世纪，但直到欧洲封建社会结束的18世纪才真正流行起来。正如亚当·斯密所写的那样，"在英国，年轻人一中学毕业就被送往外国旅行已经成为日渐浓厚的社会风气"。

我国封建时代始于春秋战国后期，历时2 000年，经历了多个朝代。一般来说，在各个朝代实现统一之初或随后一段时间中，由于社会安定，人民得以休养生息，生产技术和社会经济往往较前有较快的发展。在这种情况下，以商旅为首的各种旅行得到了发展。

首先，旅行的发展与交通的改善密不可分。秦朝统一六国后，大规模开展道路建设，修驰道和直道。此外，还在西南边疆修筑了"五尺道"，在今湖南、江西、广东、广西之间修筑了"新道"，形成了以咸阳为中心的四通八达的全国范围的道路网。至唐代时，由于实行了驿站制度，每隔30里设一驿站，共计1 639所，设有驿站的道路里程近25 000公里。到明清时期，随着疆域的扩大，驿站设置的范围又进一步扩展至内蒙古、外蒙古、新疆和西藏地区。在交通工具上，有陆行乘车、水行乘舟、泥行乘橇。三国时，吴国有船5 000余艘，除部分用于军事外，其余用于长江内河和海上运输；元明两朝，沟通南北的大运河上出现了船多以遮天蔽日的盛景；明成祖时期的航海家郑和率领庞大船队七次下西洋，旗舰长44丈，宽18丈，被称为"大粽宝船"。道路的修筑与拓展以及海上交通的开辟为各种旅行的开展提供了极大的便利。

其次，随着道路建设和交通工具的改善，住宿条件也大为改善。远在战国时期，就有供来往行人住宿的处所，称为"逆旅"或"客馆"或"传舍"。其中，传舍一般利用驿站房屋建立，投宿者必须有凭证。汉代的传舍设在驿站，称为驿馆。西汉时，长安有"蛮夷邸"供外国使节和商人住宿。唐代供外国客商居住的区域叫"蕃坊"，当时对外贸易繁盛的港口城市如泉州、广州、明州、扬州等都有设置。供国内客商住宿的处所称为旅社、驿亭、旅馆，生意兴隆，正如唐代高适《除夜》诗所描述的"旅馆寒灯独不眠，客心何事转凄然"。宋时由政府拨款，在各地设立公使库，招待过往官吏，且有膳食供应。此外，还有邸舍、客店，如"清风楼客店"、"熙熙攘攘客店"等，颇具招徕效应。元、明、清三代，在都城都设有外国商人营建和居住的番馆。此外，各地还设有专供同乡人投宿的会馆、客栈以及主要供过往僧人投宿但也接待商人与游山者的僧院客房。

交通条件的改善和住宿设施的设立为各种旅行活动的开展提供了便利。在我国封建社会时期，主要旅行类别有帝王将相巡游、士人漫游、考察旅行、经商旅行、宗教旅行和民俗节庆游。

1. 帝王将相巡游

中国的帝王为宣扬国威、震慑臣民和自身的享乐，都把离开都城出外巡游作为其推行统治的一种手段。帝王、诸侯的巡游也称游豫。秦始皇作为一代君主，正是利用他下令修筑的道路网，曾用十年时间五次巡游天下，足迹遍及中华大地，并七次立碑刻石记功，成为我国古代帝王巡游最重要的代笔之一。汉武帝巡游时还将西域的使节带上，以显示汉帝国的富庶和强大。隋炀帝在大运河开通后，沿水路出游，开创了中国旅行史上帝王舟游的先河。清代乾隆更是游豫大家，他六下江南，或立碑记功，或挥毫题词，大兴土木，建亭台楼阁，以满足其享乐的需要，然而却也给后世留下了大量的文物古迹。

2. 士人漫游

在中国封建社会，由于阶级矛盾和民族矛盾的激化，一些文人学士在政治上遭受挫折，对朝政不满，于是钟情于山水之间，或退归乡里，以示超脱，被称为游宦。战国时期，楚国大夫屈原在放逐中，满怀忧国忧民和思恋乡土的心情，写下了著名的《离骚》《九歌》《九章》，最后投汨罗江而死。魏晋时期，嵇康、刘伶等七人，因不满时政、嬉笑怒骂，纵酒悠游于山林之间，被称为"竹林七友"；东晋陶渊明辞去彭泽县令而退归山林。唐宋时期，著名的文学家李白、杜甫、柳宗元、欧阳修等耿直之士，怀才不遇，屡遭贬谪。他们游憩于山水间，足迹遍及天涯，开阔了视野，激发了创造灵感，给后人留下了千古传颂的诗词，成为今天的宝贵遗产。

3. 考察旅行

在我国封建时代，考察旅行分为官方和私人两个方面。其中，官方考察主要出于政治的需要，而私人考察则出于个人的原因。

(1)官方考察。

西汉时期，汉武帝为联络被匈奴压迫的大月氏一起攻击匈奴，派遣张骞于公元前 139 年率领 100 人从陇西出发，先后抵达大苑、康居、昆仑山、祁连等地，了解这些地区的情况，并对其周围的五六个国家进行了考察，回来后向汉武帝进行了回报，增强了汉武帝通西域的决心。公元前 119 年，张骞第二次又被派遣率领 300 人到乌孙、安息、身毒等国家，回国的时候将这些国家的使节带回汉朝，表示汉朝愿意与这些国家建立往来。此后，汉武帝连续派遣使节到这些国家，打开了中国通向西方的道路。中国丝绸源源不断地从这条道路运往西方，这就是著名的"丝绸之路"。东汉时，班超奉命先后开辟了通往大秦等国的道路。

三国时期，朱应、宋泰奉吴主之命乘船出使林道、扶南等国和西南大海洲，了解这些国家的情况，并与其建立联系，后来这些国家均派使臣到过吴国。

唐朝是我国封建社会的鼎盛时期，在公元 751 年发生了与大食国的战争，杜环随镇西节度使西征，在怛罗斯战败被俘。他在伊拉克住了 11 年，借机游历了阿拉伯国家，回国后将那里的经历和见闻编撰为《经行记》一书，记载了伊斯兰教礼拜的仪式和斋戒、禁酒、禁音乐等教规，以及阿拉伯阿拔斯王朝的繁荣。该书是中国关于阿拉伯民族风俗最早的记载。

明朝是我国资本主义萌芽时期，为适应政治和经济的需要，明成祖朱棣派三宝太监郑和七次下西洋，先后抵达爪哇，今泰国、苏门答腊及非洲东岸等亚非30多个国家和地区。他的随从在自己的著作中记载了所到各国的情况，并且郑和自己还在第七次出航前，在福建长乐天妃宫立碑，记述了他前六次出航的经过，不仅丰富了中国人民关于这些国家的知识，而且促进了中国与这些国家的政治和经济联系。

(2)私人考察。

私人考察主要出于个人的志向。我国地大物丰、山河壮丽、历史悠久，许多矢志求学之士，以"读万卷书""行万里路"为座右铭，自青年时代便立志游历，通过实地考察来探求学问，这种旅行称为游学。这方面的主要代表人物有司马迁、徐霞客、顾炎武等。

司马迁是西汉时期的伟大史学家、文学家和旅行家，他20岁时开始了旅行活动。后来又奉命去西南地区招抚"西南夷"，然后北上洛阳，对沿途名胜古迹、风土人情进行了调查。回都城后，又随汉武帝封禅泰山，游历山东半岛。所到之处，探古寻风，为他最终写成《史记》这部不朽的著作奠定了基础。

明代伟大的旅行家徐霞客热爱祖国的河山，自22岁起便开始出游考察，游历中国19个省市。51岁时又雄心勃勃地进行万里行。在其30年的长途旅行中，他克服了种种艰难险阻，对所到之处的山脉、水流、水质、地貌等方面都进行了考察和研究，尤其是对石灰岩的考察研究，不仅取得了重要成果，而且时间远在欧洲国家之前。他的著作——《徐霞客游记》不仅是一部游记题材的文学作品，也是一部地理学的重要文献。

明代顾炎武在参加昆山、嘉定抗清斗争失败后，一心从事学术考察旅行，写下了《天下郡国利病书》和《肇域志》两部地理著作。

4. 经商旅行

在我国封建社会时期，经商旅行虽然受到封建生产关系的制约，然而随着经济的发展而逐步发展，特别是历朝盛世时期。

西汉时的张骞和东汉时的班超开辟的丝绸之路，将我国与西亚、南亚乃至埃及和古希腊、罗马联结起来，大大方便了中国与西方诸国之间的贸易往来。

隋唐时期是我国封建社会鼎盛时期。这个时期的国内外交通发达，贸易往来十分频繁。南北大运河的修建不仅是南粮北运的漕运大动脉，而且也是经商旅行和其他各种旅行的重要通道。唐朝修筑的几条大道极大地方便了西方诸国的商人到中国来，用香料换取中国的茶叶、丝绸和瓷器。其中最著名的要数阿拉伯帝国的商人、旅行家苏莱曼，他从波斯湾航海到中国。当时的中国去海外经商、旅行和移民的人很多，旅居海外的华侨有唐人之称，重要港口是扬州和广州。

宋元时期由于发明了指南针并用于航海，使航海技术和造船技术有了高度发展，沿海的广州、泉州成了重要的商港，其中泉州在《马可·波罗游记》中被称为世界最大的港口之一，从我国到印度、波斯、阿拉伯各国的海船很多在此吞吐。

明朝时，商品货币经济发达，海上交通有了很大发展，宁波、泉州和广州是当时对外贸易的三大港口。此外，长江口上的刘家港也是一个对外港埠，郑和率领的庞大舰队就是从这里起锚的。

5. 宗教旅行

宗教旅行是以宗教朝拜、求法为目的的旅行，又可称为游方。自西汉末年佛教传入我国后，我国封建社会时期的宗教旅行便以佛教徒的旅行为主。

东汉时，洛阳建立了中国第一间佛教寺庙——白马寺。魏晋南北朝时期，佛教开始兴盛起来，所建佛寺不断增多，北魏时期仅洛阳就有大小寺庙 1 367 座，还开凿了石窟寺。隋唐时期，佛教在我国的传播处于鼎盛时期，先后出现很多宗派。为探明教理，不少僧人走上了去佛教发源地——印度求取真经的道路，使求法的宗教旅行从魏晋南北朝时期至唐代形成了高潮。其中最具代表性的是法显、玄奘和义净。

凡名山大多数都有僧寺，往往又修建在幽涧绝谷之中，风景十分秀美，其中一些名山名寺常年都会吸引众多的僧众和信徒前来朝拜。因此，以佛教为代表的宗教旅行在我国古代旅行中占有重要地位。

6. 民俗节庆游

中国自古以来便有重视节庆的民族传统，每逢佳节常常有各式各样的节庆聚会。春节的庙会、元宵节的灯市、清明节的踏青出游、端午节的龙舟庙会、中秋节的赏月家庭聚会、七夕节的鹊桥会、重阳节的登高会等，都会吸引各地的人们作长途或短途的旅行。

另外，我国有 56 个民族。每个民族有自己特殊而隆重的节日，在节日期间活动丰富。例如，蒙古族的那达慕大会、藏族的雪顿节、彝族的火把节等。

在上述几种旅行中，都不同程度包含了观光的内容，尤其是对名山大川的游历。为了适应人们游览名山大川的需要，一些类似旅行指南的图书也陆续问世。

由此可见，在我国漫长的封建社会时期，不仅存在着多种类型的旅行活动，而且伴随着多种形式的旅行图书的问世。这些旅行活动，无论是在我国还是西方的，其发展都具有以下规律性特点：

(1)旅行活动的发展与社会政治经济的发展密切相关。每当社会政治安定、生产力发展、经济繁荣时，旅行活动便会发展；而当社会发生动乱、经济衰退时，旅行活动便会出现停滞不前甚至倒退的情况。

(2)在封建社会时期，从总体来说，虽然各种类型的旅行活动都有所发展，然而经商旅行在各种类型的旅行活动中始终处于主导地位。

(3)除经商旅行外，参加旅行活动的多为帝王诸侯、封建贵族和士人等统治阶级及其附庸阶层，他们人数很少，其旅行对这个社会经济的推动作用有限。而占社会绝大多数的劳苦大众则无能力参加旅行活动。

(4)由于封建社会是农业为主体的社会，商品经济很不发达，始终处于从属地位，因此经商旅行活动缺乏坚实的基础，而其他类型的旅行活动又不具有普遍的社会意义。

(5)这时的旅行活动要么是行万里吃八方，要么是下属州县承担旅行费用；要么是仕途上受到挫折而参加旅行，要么是作为谋生的出路而从事经商。因此，我们称古时人们的这些活动为旅行，而不是旅游。

第二节 近代旅游的开端与发展

【案例导入】

英国的禁酒运动

在英国，禁酒运动大量发生在19世纪。在这之前，禁酒是相当不受欢迎的。最早的禁酒运动由爱尔兰长老宗牧师约翰·埃德加发起，1829 年他将一桶威士忌从自家的窗户倒了出去，同时主要是针对烈酒而不是普通的酒和啤酒。Joseph Livesey 是另一个倡导禁酒者，并用他从干酪生产中获得的财富支持禁酒运动。"teetotal"（绝对禁酒）这个词就是产自他的追随者理查德·透纳在 1833 年发表的一场演讲。同年，Livesey 开设了第一家不提供酒精饮料的旅馆，次年创建了第一家禁酒杂志——《普雷斯顿禁酒倡导者》（*The Preston Temperance Advocate*，1834～1837）。不列颠提倡禁酒协会成立于 1835 年。

1847 年，青年终身戒酒团在里兹成立，目标是令孩子们远离酒精。其成员必须宣誓远离一切酒精饮料。

1853 年，受美国禁酒法通过的鼓舞，约翰·巴塞洛缪·高夫领导的英国联盟成立，宗旨是令英国政府颁布同样的法律。这个组织的强硬风格没有得到其他禁酒运动组织的支持，后者更提倡精神上的节制。这种分歧也影响了英国禁酒运动的发展。1854 年啤酒销售法案导致了一场暴动。1859 年，英国下议院以压倒性多数驳回了一项禁酒法案。

1873 年，天主教枢机亨利·爱德华·曼宁成立了十字架联盟，这是一个主张完全禁欲的组织。1876 年，英国女性禁酒协会形成，目标是说服男性停止饮酒。1880 年至 1882 年间，一些美国的禁酒组织派遣成员来英国推动他们的事业发展。1884 年，与英国自由党有关系的国家禁酒联合会成立。

因为政府的介入，禁酒运动取得了意想不到的发展，1914 年第一次世界大战爆发不久，英国政府通过了《保卫王国法案》（Defence of the Realm Act），法案规定了酒吧营业时间，要求降低啤酒的度数并征收一品脱一便士的额外税收。

从整个世界的旅游发展史来看，到 19 世纪中叶，旅游活动才真正作为一个产业开始出现，而这种变化主要归功于产业革命的影响。从 18 世纪中叶一直延续到 19 世纪中叶，世界主要资本主义国家相继完成产业革命，它促进交通方式的变革、经济的快速发展、人们购买能力的提高，同时也为旅游业发展提供了巨大的需求市场，需求的发展刺激旅游供给的发展。

一、产业革命对近代旅游的影响

产业革命（industrial revolution）指资本主义由工场手工业过渡到大机器生产阶段。它首先发生在 18 世纪 60 年代的英国，之后很快向欧洲大陆和北美传播，一直持续到 19 世纪上半叶，各资本主义国家相继完成产业革命。产业革命以发明和使用机器为主要特征，它在生产领域和社会关系上引起了根本性变化，也为旅游业的诞生准备了条件。

第一，产业革命带来了生产效率的提高，促进经济的发展，提高工人的实际购买力。19 世纪 40 年代，在以纺织为代表的轻工业部门，工厂生产已占据主导地位。1770～1840 年间，英国工人的日生产率，平均约提高了 20 倍。棉纺厂工人的生产率是手纺工人的 266 倍。19 世纪 20 年代初，英国纺锭总数是法国的 3～4 倍，是德国的 10 倍，遥遥领先于世界。生铁产量，1825 年已超过法、俄、美、德四国产量的总和。煤产量，1840 年相当于美、法、德三国产量总和的 4 倍多。1840 年，英国商船吨位居世界第一；工业生产占世界工业生产总额的 47%；商品出口总额占世界贸易总额的 21%。英国把半数以上的工业品销往国外，成为名副其实的"世界工厂"。随着经济的快速发展，所有工人的实际购买力都有了提高。

第二，产业革命培育了一个巨大的商务旅行市场。产业革命带来了生产效率的提高，也积累了丰富的物质产品，因此，产业革命之后，各资本主义国家开始不断地向外输出商品。印度是受资本主义国家经济侵略的典型国家，棉纺织业首当其冲。1818～1836 年，英国输往印度的棉纱增加了 5 200 倍。1850 年，英国对印度的棉纺织品输出，占英国棉纺织品输出总值的 65%。所以，频繁的商务往来，造就了庞大的商务旅行市场。

第三，财富的增加促进人口的迅速增长，同时，工业革命极大地加速了城市化进程，促进了城乡之间人员的流动量。1760 年，英国 5 万～10 万人的城市只有 1 个，1851 年达到 13 个；1851 年，10 万人以上的大城市已经有 7 个。特别是新兴工业城市的发展迅速，如曼彻斯特、利物浦、格拉斯哥等。1851 年，英国的英格兰和威尔士的城市人口总和已经超过农村人口，城市人口比重达到 50.2%，初步实现城市化。这种人口的迁移活动间接地刺激了乡村旅游的发展。

第四，工业革命推动了新式交通工具的产生，如火车、轮船，使较大范围、较远距离的旅行成为可能。

二、旅游的蒸汽时代

近代蒸汽动力技术的产生，主要源于当时的社会生产的直接推动和当时的实验科学的长期孕育。英国资产阶级革命为资本主义的发展扫清了道路，在工厂手工业的迅速发展中，社会需要促使了早期蒸汽机的问世。1705 年，纽可门、考利和赛维利一道，终于试制出了第一台真正算得上是动力机的蒸汽机。早期蒸汽动力技术的发展，已最初向人类社会预告了即将兴起的第一次工业革命的信息，特别是预告了蒸汽时代的即将到来。1769 年，瓦特在新设计的蒸汽机上安装曲轴、连杆等器件，使它更为自动化。这些重大的改进，使工厂和交通运输等方面都能使用蒸汽机。因此，蒸汽动力的巨大潜能被逐渐地发掘了出来。从总体上来看，蒸汽时代的两项技术对后来交通和旅行业务的增长产生了持久的影响，其中一项就是火车的发明。

1814 年，英国人史蒂芬孙研制了一台蒸汽机车，能以每小时 6 千米多的速度牵引 8 辆装有 30 吨煤的货车。经过不断改进，1825 年，他驾驶自己设计的机车，运载 450 名旅客，以每小时 24 千米的速度从达灵顿驶到斯托克顿。后来，各界人士请他修建利物浦至曼彻斯特的铁路，64 千米铁路建成后，曾举行一次机车比赛，他的新机车“火箭号”，以时速 58 千米获胜。利物浦和曼彻斯特之间的铁路修建于 1830 年，1839 年开始运送旅客，每公里收费不足 1 便士，当时的速度是 30 公里/小时。铁路时代的到来，使人们逐渐抛弃了以马车为交通工具的旅行方式，使一般劳动者能够用低廉价格和较少的时间去享受旅游的乐趣，从而使大规模、远距离的外出旅游活动逐步发展起来。

之后，在英国和欧洲大陆各主要人口中心之间修建铁路干线，这些铁路干线后来又逐步延伸到布莱顿等日渐发展的海滨胜地。从此以后，大批休闲旅行者终于有条件前往这些地方了。但是，在铁路运营初期，铁路公司仅是把重点放在满足商务旅游者需求之上。随着短途旅行市场发育成熟，企业家们便开始以特种车票的方式为公众组织短途旅行，从而刺激了铁路旅行业的发展。短途旅行者一般都乘坐定期的客运列车，但铁路公司有时也增设专列，以便把旅行者运往他们的目的地。

正如 19 世纪初铁路在陆地上得到发展一样，蒸汽动力也同样被用来在海上驱动新一代轮船。1807 年罗伯特·高尔顿造出一艘长 45 米的蒸汽机船，用一台英国的博尔顿—瓦特发动机驱动两舷直径 4.5 米的明轮，由纽约溯哈得孙河，抵奥尔巴尼。240 千米航程历时 32 小时，而帆船需 4 昼夜。这艘船经加固加宽后，就是著名的“克莱蒙号”，是第一艘正式使用的蒸汽机船，又称汽船。它速度快、载量大，缩短了旅行时间，降低了旅行费用，直接推动了旅游活动的发展。

到1815年，汽船开始在克莱德河、艾冯河和泰晤士河上接纳乘客。1833年，伦敦的汽船巡游业开始用大幅广告宣传画招揽游客。到1841年，泰晤士河汽船巡游业的地位已经完全确立，有位出版商还专门出版了一份周刊《汽船巡游导游》。

之后，通往北美洲和远东的远洋航线也陆续开通，半岛与东方汽船航运公司被认为是首家提供远洋定期汽船服务的公司。该公司于1838年开设了驶往印度和远东的业务，于1840年开设了通往北美大陆的定期服务业务。英国因率先开办了这类远洋定期汽船服务业务而在19世纪下半叶掌握了世界航运业的控制权。但是，没过多久，这条受欢迎的北美洲航线就受到其他主要工业国的挑战。

三、托马斯·库克与旅游业的诞生

（一）托马斯·库克简介

1808年11月22日，托马斯·库克出生于英格兰德比郡墨尔本镇。自幼家境贫寒，三岁丧父，母亲改嫁。迫于生计，托马斯·库克十岁时不得不辍学从业。先在一家蔬菜花木店当帮工，每周的工钱仅为6个便士。后又当木工学徒，该园艺经营者一直对他很好，但因醉酒在雪地上冻死。库克后来又投奔到远方的姑父家。姑父开了一家小木器店，手艺不错，自从库克到他家后，他把一些主要事情都交给他来处理，但是，好景不长，他的姑父最后也因嗜酒而死。17岁时进入拉特兰浸礼教会做诵经人。

1826年，库克成为一名传教士，云游四方，散发浸礼教会的小册子，宣传教义。这使得托马斯·库克游历了英格兰的许多地方，由于长期传教，库克拥有良好的口才，同时又熟悉各地民情风俗。另外，出于宗教信仰的原因，他后来成为一位积极的禁酒工作者。

（二）托马斯·库克与旅游

由于文艺复兴对人们意识形态的解放，以及产业革命给社会发展带来的巨大影响，到19世纪中叶，近代旅游活动面临前所未有的机遇，具体表现在三个方面：第一，具有外出从事旅游活动支付能力的人越来越多；第二，有更多的人产生了旅游活动的需求；第三，经济社会的发展和旅游条件的放松也为更多的人外出旅游提供了机会。

然而，对于当时绝大多数人来说（基础包括新兴的资产阶级），外出旅游毕竟还是一件新事物，旅游经验的缺乏，使他们在旅游过程中会面临诸如交通、住宿、餐饮、语言、货币兑换、游览以及旅游手续的办理等一系列的问题。这些问题如果不能得到有效的解决，将会成为阻碍人们外出旅游的重重障碍。因此，当时的情况是：一方面，人们的旅游需求规模越来越大，并逐步成为社会性的需要；另一方面，由于上述制约，人们不敢贸然外出。在这样的背景下，建立专门的旅游中介机构，为旅游者提供各种便利，帮助其满足旅游需要就成为一种社会性需要。英国人托马斯·库克最先认识到这种需要，并以此为契机，从而开创了近代旅游业的先河。

1.1841年的创举

1841年7月5日，托马斯·库克通过包租火车，组织了一次规模很大的团体旅游活动。参加这次旅游活动的人数多达570人。他们从英格兰中部城市莱斯特出发，目的地是12英里之外的拉夫伯勒，当天晚上返回莱斯特城。此行的目的是去参加在拉夫伯勒举行的一次禁酒大会。

这次活动普遍被认为是世界上第一次团体火车旅游，并被认为是近代旅游业开端的标志。这是因为这次团体旅游活动具有以下一些与众不同的特点：

（1）公众性。这次活动具有广泛的公众性，参与者来自各行各业。这些人为了参加这次活动而聚合在一起，活动结束之后便离开回到自己的家。这与现代旅行社组织的旅行团的情况基本相同。与之相比，此前有组织的团体旅游活动无一例外都是某一团体为自己的会员组织的内部活动。

（2）规模大。这次团体旅游活动的参与者达到了570人，其规模之众不仅在当时是绝对空前，而且此后在世界上也不多见。

（3）全程陪同。托马斯·库克本人不仅发起、筹备和组织了这一活动，而且自始至终随团照顾。这一点可以说是现代旅行团全程陪同的最早体现。

这次旅游活动的成功使托马斯·库克有了很大的名气。他在组织旅游活动方面的才华和能力受到世人的认可和称道。

在此后的几年中，他每年都应邀为别人组织和安排团体旅游活动，甚至英国王室的夏季旅游安排也曾邀请托马斯·库克去帮助策划。但所有这些活动都一直是他尽义务的“业余活动”。

2. 1845年的商业尝试

1845年，托马斯·库克决定开办商业性的旅行社业务，并于当年夏天首次组织团体消遣旅游。这次团体旅游活动是从莱斯特出发，最终目的地是利物浦。全程为期一周，参加人数为350人。这次团体旅游活动的组织具有以下一些特点：

其一，这次旅游活动的组织不再是“业余活动”，而是出于纯商业性的营利目的。托马斯·库克从过去组织旅游活动的经历中已经认识到，人们要求参加旅游活动的积极性之高，充分证明旅游需求已经发展到一定的规模，这一市场的潜力之大仍然有待发挥。随着铁路和轮船运输的普及，其运输网络所连接地区将会不断扩大，这为以后组织人们到更远的地区旅游在交通条件上提供了便利。在此需要说明的是，此时托马斯·库克虽然已开始出于营利目的组织旅游活动，但这一工作此时还不是托马斯·库克的主要职业。直到1854年托马斯·库克开始主要经营其旅行社之前，他的主要职业一直是印刷和出版商。

其二，这次旅游活动组织的是过夜旅游。此前托马斯·库克组织的团体旅游都是当日往返的一日游，而这次组织的团体旅游则是在外过夜数天的长途旅游。

其三，这次旅游活动的组织有“专业”性质。在筹备和组织这次活动期间，托马斯·库克做了大量的实地考察工作，以便确定全程的各个停留地点和游览内容，特别是了解该地是否有足够数量的廉价住宿设施。这在当时来说至关重要。由于传统交通运输方式对住宿市场的影响，当时的住宿设施规模都比较小。在各停留地点为300多名旅行团成员妥善安排住处的确不是容易的事情。这为今后旅行社业务提供了经验。

其四，这次旅游活动编写了历史上第一本导游指南。为了让参加这次旅游的人了解全程活动的安排情况，托马斯·库克组织编写了一本《利物浦之行手册》，介绍有关这次活动的出发时间、集合方式、沿途停留的地点、参观和游览的项目、住宿设施安排以及其他有关的活动须知。据信这是世界上第一本有关旅游的指南手册。

其五，这次旅游活动首开了导游的先河。在这次旅游活动中，托马斯·库克不仅本人担任该旅行团的陪同和导游，在途经威尔士地区停留参观期间，还聘用了地方导游。据信这也是组团旅行社聘用地方导游的先例。

因此，这次活动的意义实际上是托马斯·库克此前组织旅游的活动所不能比拟的。如果说托马斯·库克在1841年组织参加禁酒大会的活动为其以后在1865年正式创办“托马斯·库克父子公司”打下了基础，那么，1845年的这次活动则是该公司未来业务的实际演练。

3. 其他开创活动

托马斯·库克对后来旅游业发展的影响之大,很大程度上是与他的很多开创性工作有关。“他的各种开拓性创举后来为世界各地所广泛效仿。”(Goeldner and Ritchie,2006:57)

1855年,托马斯·库克组织了前往法国巴黎参观世界博览会的团体旅游活动。这次旅游活动在巴黎停留4天,全程采用一次性包价,包括往返交通费和在巴黎的住宿费,总计为36先令。当时(1855年8月6日)的《曼彻斯特卫报》称此举是“铁路旅游史上的创举”。事实上,这也是世界上组织包价出国旅游的开端。

1872年,托马斯·库克首创了组织环球旅游的先例,组织了9位不同国籍的旅行者进行为期222天的第一次环球旅行。由于这种旅行团前所未有而愈发引人关注,所以在该团的环球旅游过程中,《泰晤士报》以当时最快的速度进行了全程连续追踪报道。在这次环球旅游中,该旅行团还到访了中国的上海。

在经营旅游业务过程中,托马斯·库克还创造出一种代金券。旅游者持此券可在同托马斯·库克旅行社有合同关系的交通运输公司和旅游接待企业中代替现金用于支付,并可用此券在指定的银行兑取现金。托马斯·库克推出的这一代金券便是当今旅行支票的最早雏形,实际上也可以说是最早的旅行支票。这一早期“旅行支票”的推出不仅方便了顾客,增加了外出旅游的安全度,而且开创了旅行支票这一金融业务的先河。

到库克64岁时,他在美国考察后,认为美国发展前途更好,于是把库克公司迁到纽约,后更名为通济隆旅行社,并以此为据点向世界各地拓展。

库克经营上的成功归功于他在组织活动上的精心策划,并最大限度地解决各种难题。他同世界各地的饭店、运输公司和铁路关系密切,能够得到质量上乘、价格低廉的服务。

(三)托马斯·库克对旅游的贡献

120年前的1892年,一位先驱者离开了人间,终年84岁。因为他对世界的贡献,英国发了两篇评论。他的伟大之处就是发现了一个需求,并且加以满足。这种需求不言而喻称为旅游;这种满足明明白白地告诉我们,是按照市场的需求研究产品。这位经营一辈子旅游业的库克先生,以他伟大的业绩给我们提供了契机,就是旅游从业人员必须不间断地发现游客的新兴趣,提供有特色的新服务。

托马斯·库克的活动说明人们对旅游的需求已经成熟,旅游需求市场已经开始形成。托马斯·库克创办旅行社的活动标志着近代旅游业的诞生。托马斯·库克在组织旅游业务方面的开创精神和托马斯·库克旅行社的成功经营,在世界各地都产生了很大的影响,在世界旅游业发展史中具有重要的地位。托马斯·库克的名字几乎成了旅游的代名词,特别是在欧美社会中,更是家喻户晓,尽人皆知。托马斯·库克被誉为旅游业的先驱。

托马斯·库克一生创造性地经营着新兴的旅游业,在世界旅游史上创造了许多项第一。托马斯·库克作为世界近代旅游业的创始人,他的名字已成为旅游的代名词。今天,身背印有托马斯·库克标记的各式旅行包的旅游者的足迹已遍及世界各地。托马斯·库克的名字将永载旅游史册。

在他之后,世界各地也成立了类似的旅游组织。1857年,美国成立“登山俱乐部”;1850年,美国运通公司兼营旅行代理业务;1893年,日本设立专为接待外宾的“喜宾会”,1912年这个组织开始以招揽外国游客和代办旅游业务为主,更名为“日本观光局”。到20世纪初,托马斯·库克旅游公司、美国运通公司、比利时铁路卧车公司成为世界旅行代理业的三大公司。

纵观世界近代旅游的发展,明显地具有以下特征:

第一，资本主义工业革命所带来的生产率的提高、财富的增加扩大了旅行的人数。不过，当时真正能参与旅游的毕竟还是少数人：一是少数正在成长的中产阶层，他们要求到就近的山地风景区和海滨胜地做短暂的旅游；二是中上层人物，有比较多的金钱和时间到异国旅游，如到地中海游览；三是随着对外殖民侵略和扩张到国外的那部分人。

第二，近代旅游产生于近代交通工具发明之后。陆地旅游除继续使用马车作为交通工具以外，铁路逐渐成为主要的旅游交通工具。铁路的发展不仅能运送更多的人，而且使人们可以花更少的钱到更远的地方去。轮船的大型化和高速化，也极大地便利了海上旅行。

第三，近代旅游开始成为一项经济活动。托马斯·库克开始的旅行代理业逐渐确立其地位，成为旅游业中的重要环节，旅行和旅游开始变成一项经济活动。

第四，旅游景点和旅游设施得到了迅速的发展。紧靠城市的山地型风景区和海滨，逐渐建设了一系列的娱乐设施，那些以前专供上层社会享受的风景区也开始变成普通人的游玩景点。

虽然近代旅游活动在这个时期已经得到了迅速的发展，但还未真正成为一个独立的行业。从当时来看，它还只是一种局部地区个别经营的旅游代理业。

第三节 现代旅游的发展

第二次世界大战以后，随着人们向往的和平的到来，各国积极进行国家重建和经济建设，世界经济开始持续稳定地发展，交通稳步改善。在此极为有利的大背景下，旅游业也得到快速的发展。与之前相比，世界旅游业更具有社会性的特点，旅游队伍由社会的上层人士逐步扩大至平常的百姓人家，旅游活动真正成为一种大众性活动，成为人们日常生活不可缺少的一部分。旅游需求持续稳定的扩大，促进旅游供给不断地增长，同时，各地区之间、国家之间旅游竞争也越来越激烈。并且，旅游需求的增长，也推进旅游方式的改变，在传统度假旅游的基础上，各种新兴旅游活动层出不穷，如生态旅游、绿色旅游、探险旅游等，这些特征共同构成现代旅游。

一 、现代旅游发展的背景：交通工具在旅游业中的应用

从 1903 年莱特兄弟发明飞机，在北卡罗来纳州的上空开始了第一次空中飞行开始，飞机与旅游的关系越来越密切。在飞机发明的早期，其主要是用于战争的，但不久也开始转向民用。

1919 年，德国开通了世界上第一条国内民用航线，即柏林—莱比锡—魏玛航线，这家运输公司就是后来的德国汉莎航空公司(Deutsche Lufthansa)。

1926 年，美国成立了第一家航空公司——Varney 航空公司，它提供固定的航空信件服务。后来，Varney 航空公司与另外三家航空公司合并，成立了美国联合航空公司。在公司成立的开始，除了邮件外，如果不超过限定重量的话，只允许运送一名乘客。1927 年 10 月 28 日，泛美航空公司开辟了第一条国际航空信件邮递航线，即佛罗里达的基韦斯特岛到古巴的哈瓦纳。1928 年 1 月 16 日，泛美航空公司在同一航线上运送了第一批乘客，旅途共花费了 1 小时 10 分钟，单程票价为 50 美元。

早期的飞机主要是螺旋桨飞机，其速度为每小时 400 公里。而真正空中旅游时代的到来与波音 707 的发明和使用有很大的关系。20 世纪 50 年代末，以美国波音 707 为代表的世界第一代喷气式客机诞生。1958 年，波音 707 喷气式飞机开始投入使用，每小时平均飞行 800～

1 000 公里，而老式螺旋桨飞机的速度仅为每小时 400 公里。这意味着，用同样长的时间空中旅行者可以到达远得多的地点，这对商务旅行来说具有特殊的价值。1959 年 1 月 25 日，美国航空公司首次驾驶喷气式飞机横跨美国大陆，从洛杉矶直飞纽约。70 年代初，泛美国际航空公司开始使用新型的波音 747 客机，将 352 名乘客从纽约送到伦敦，它标志着大型喷气式客机的开始。

喷气式飞机出现后，使大批状况良好的二手螺旋桨飞机涌向市场。于是，较小的公司廉价购买这些飞机，以开辟包机旅行业务。人们普遍认为，V. 赖茨是大众包机旅行形式的创建者。1950 年，他以地平线假日公司的名义，用包机组织了一次到科西嘉的实验性的包机旅行，并获得了盈利，他的思想被旅游经营商所采纳。20 世纪 90 年代末期，我国也开始尝试旅游包机业务。

自从 1908 年亨利・福特发明 T 型汽车，标志着汽车开始进入旅行的行列。老式福特汽车价格比较便宜，一般家庭都承受得起。汽车所带来的灵活性是公交服务设施望尘莫及的，所以很多度假者都选择乘私家车出行。即使在高速公路还没有问世的时候，在发达国家的一些海滨度假地都出现了车辆拥挤不堪的状况。如 1950 年，英国三分之二的度假者要在假日期间乘坐火车，到 1970 年，这个数字便下降为七分之一。在这个时期，英国拥有的私人汽车数由 200 万上升到 1 100 万辆，到 80 年代末则上升为 2 000 万辆。

随着私人交通工具的普及，人们开始积极地改善公路状况。1920 年，美国建立全国的公路网。同时，汽车旅行者的出现产生了最早的汽车旅客旅馆，后来演变为现在的汽车旅馆。

二、现代旅游的概念

在旅游研究中，现代旅游是指第二次世界大战以后，特别是 20 世纪 60 年代以来，迅速普及于世界各地的社会化旅游活动。

三、现代旅游兴起的原因

第二次世界大战结束后，旅游活动之所以能够出现如此快速的恢复和增长，是与当时的政治经济发展状况有关的。

随着第二次世界大战的结束，几乎所有的国家都开始致力于医治战争创伤，恢复和发展本国经济。就整个世界政治环境而言，和平与发展是国际主题，相对安定的和平环境，为战后世界经济的增长和旅游活动的发展提供了必要的前提条件。与此同时，科学技术的进步不断得到突破，世界经济和社会状况不断出现新的进展。所有这些变化都对战后旅游活动的迅速恢复与发展产生了巨大的促进作用。

具体来讲，促成战后旅游活动迅速恢复与发展的因素主要包括：

1. 世界人口的增加

第二次世界大战初期，全世界人口仅为 25 亿人。到了 20 世纪 60 年代，全世界人口增至 36 亿人。在战后短短的 20 年中，全世界人口增加了 44%。人口基数的扩大成为战后旅游需求迅速增长的客观基础。

2. 战后经济的发展

从经济条件看，第二次世界大战以后，特别是 20 世纪 60 年代以来，由于世界经济普遍恢复和持续发展，各阶层人民的经济收入普遍增加，生活得到了大幅度的改善。世界市场经济国家国民收入人均计在 1960 年为 520 美元，1979 年增加到 2 690 美元，20 年内增长了 5.2 倍。

随着经济条件的改善，人们除了对物质生活提出更高的要求外，对精神文化生活的要求也急剧变化。

表 2－1　　**二战前后部分国家经济增长速度的变化**　　单位：%

国别＼时期	1913～1938 年	1953～1973 年
美国	2.0	3.5
英国	1.0	3.0
法国	1.0	5.2
西德	1.3	5.9
日本	4.5	9.8

3. 个人收入的增加

社会经济在不断提高，个人收入也在逐步增加，除了必要的生活开支和储蓄外，也有可能将一部分收入用于旅游。例如，在美国，估计有 560 万人具有大学毕业的文化程度，他们每年收入 2 万美元以上，这种超过平均水平的收入使得他们可以和他们的家庭一起周期性外出旅游。他们所受的教育增加了他们对世界的兴趣，刺激他们外出旅游的欲望。人们收入的增加和支付能力的提高对旅游活动的迅速恢复和普及无疑起到了极其重要的刺激作用。

4. 交通工具和运输条件的改善

第二次世界大战后，在很多发达的工业国家，汽车和飞机逐渐成为主要的交通工具。在西欧和北美，拥有私家车的家庭比例不断增大，公共汽车的运营网络也在不断扩展和完善，汽车成为陆路旅行的主要交通工具。与此同时，民用航空运输的发展也使得人们有机会在较短的时间内进行远程旅行，加之节能技术的进步和航空公司间的竞争使得机票价格的降低成为可能，航空旅行成为人们重要的远距离旅行方式。这是旅游活动具备趋向群众性的基本物质条件。

5. 闲暇时间增多

第二次世界大战后，随着科技发展带来的生产技术进步，很多行业中的生产自动化程度都在不断提高。生产效率的提高意味着生产同样数量的产品所需要的时间大大减少，加之劳动阶层争取自身权益的努力，从而使带薪假期的出现和增加成为可能。据统计，1840 年美、英等国的工人每周劳动 70 小时，现在则为 35 小时。另外，从事家务劳动的时间也因家庭用品的现代化而大大缩短。19 世纪 40 年代，每个美国家庭主妇一日三餐要花 360 分钟，现在只要 90 分钟。闲暇时间的增多使人民能够充分安排自己丰富多彩的业余生活。闲暇时间是社会经济的产物，经济发展必然引致劳动时间缩短和闲暇时间的增多，为人们外出旅游在时间上创造有利的条件。

6. 政府对旅游业的支持

许多发达国家，如英国、法国等国家都把旅游业提到国民经济的重要位置上，有的国家和地区把旅游业看成是收入和就业的重要途径。例如，西班牙光是旅游从业人员就占当时全国人口的七分之一，旅游业收入占外汇收入的三分之一以上。当时，世界上许多国家为了创汇，在刺激旅游发展上，采取了许多优惠政策。在 1989 年，日本政府为了鼓励海外旅日游客，将所有食品、运输、观光消费和旅游的住房费的税率从原来的 10%下降到 3%～6%，从而使旅游者在吃、住、行、购等方面大为受益。当时还有很多国家通过对航空公司进行政府补贴、用国家资金来新建和扩建机场、通过国家投资兴办旅游企业等方式刺激旅游业发展。

【补充材料】

海滨度假的兴起

海滨旅游资源的开发与保健有很大的关系。在英国，直到18世纪初，那种海水与健康有关的说法才为人们所接受，于是英国海滨旅游地开始兴起，如斯卡伯勒城、布莱顿等。而海水浴的普及却归功于R. 拉塞尔医生，他于1752年发表著名的医学论文《论海水在治疗腺状组织疾病中的作用》。因此，新的海滨度假地纷纷崛起。但是，当时海上的交通工具主要是汽轮，其缓慢速度限制了海滨旅游业的发展。

第二次世界大战以后，随着全球经济稳定持续地发展，旅游活动首先在发达欧美国家流行起来。由于欧洲属于地中海气候，常年多雨，气候潮湿，所以助长了欧洲国家旅游者对海滨旅游的向往。并且，二战以后，喷气式飞机大量使用，使长距离旅行成为可能。于是，海滨成为大众旅游的目的地。

从全球海滨旅游目的地的分布来看，地中海地区是最古老的海滨目的地，它具体包括西班牙驰名世界的三大海滨旅游区，即西南部的“太阳海岸”(南海岸的阿尔梅里亚的马拉加附近)，以“幸福岛”闻名的加纳利群岛，以“地中海浴池”闻名的巴里阿里群岛；法国芒通市的“蓝色海岸”；意大利的亚得里亚海滨等。之后，加勒比海地区开始兴起，它包括美国的迈阿密、古巴的巴拉德罗、小安德列斯群岛西南的阿鲁巴、开曼群岛等。东亚太平洋地区可以说是最年轻的海滨目的地，如印度尼西亚的巴厘岛、泰国的普吉岛和帕塔亚、马来西亚的槟榔屿、菲律宾的宿务、澳大利亚的布里斯班的“黄金海岸”等。

随着海滨旅游者的迅速增加，饭店和宾馆在这些游览地也大量出现。如在美国，分时度假分布最为集中的就是在佛罗里达州。同时，海滨旅游地的开发也带来大量的环境问题，如垃圾问题、水质下降问题、涂鸦等。

第四节　中国旅游业的发展

我国旅游业的发展以新中国成立为分野，分为近代旅游和现代旅游两个时期。

一、中国近代旅游

近代中国的旅游是指1840年鸦片战争以后到中华人民共和国成立之前这段时期的旅游发展。这个时期，中国由独立的封建国家沦为半殖民地半封建国家。国家性质的变化使社会各个领域、各个方面都发生了深刻的变化。这一时期旅游业的变化具有自身的特点：一是由于西方文化的入侵，使中国人的旅游观念发生了变化，平民阶层开始步入旅游队伍。二是随着现代化交通的发展，旅游的空间形式也得到进一步拓展，参加旅游的人数越来越多，去的地方越来越远，国际旅游交往日趋频繁。三是为了适应这种旅游形势的发展，为旅客服务的民间旅游组织逐渐形成一个独立的行业。

旅游业在我国的出现可以追溯到1923年上海商业储蓄银行旅行部的设立。20世纪初，上海由于经济发达和交通便利，因而成为当时中国与外部世界联系和交往最多的城市。这为旅游业在上海的出现和发展提供了较好的环境条件。随着中外人员交往的增多，一些外国的旅行社，如英国的通济隆旅行社、美国的运通旅游公司等，已经开始进入上海开展经营。上海商业储蓄银行的民族银行家陈光甫先生面对当时旅游需求日渐明显的增长和外国旅行商社进入中国市场的现实，为了谋求给上海商业银行寻找扩大生财之道，同时也是为了创办中国人自己的旅行社，经与同仁商议，决定在上海商业储蓄银行的经营范围中增设一个旅行部。1923年8月，经当时的北洋政府批准，该旅行部宣布正式成立。该旅行部成立之初规模小，员工仅五六人。在经历了开业之初的一段艰难之后，由于全体员工的不懈努力，终于赢得市场的信任。1924年春，该旅行部组织了第一批国内旅行团，由上海赴广州观光游览。1925年该旅行部开始组织承办出国旅游业务，第一次组织了有20余人参加的赴日观樱旅行团。在历时3周的行程中，游览了日本的长崎、京都、东京、大阪等地。1927年春，该旅行部编印出版了中国第一本旅行杂志，专门宣传祖国的风景名胜和自然风光。

1927年6月，该旅行部决定以自己的名义申请营业执照，遂更名为中国旅行社。随着中国旅行社的挂牌经营，其内部组织机构也随之扩大为七部一处。所经营的业务范围也相应扩大。中国旅行社成立之后确有过较大的发展，例如该社曾在全国各大城市设立办事机构，以及在新加坡、马尼拉、加尔各答等外国城市设立驻外办事机构。

在新中国成立前的旧中国，除了成立于上海的中国旅行社之外，还曾出现过其他一些以组织集体旅游为唯一业务的地方性旅行社，但所有这些旅行社的规模都不大。

除了旅行社的出现和发展之外，在类似今天的旅游资源开发工作方面也曾有人或机构在庐山、北戴河、鸡公山等地开辟和建设过避暑度假区。

综观新中国成立前的中国近代旅游业，由于当时的国情是外有列强侵略，内有政府腐败，加上连绵战败的战祸影响，中国的旅游业终未能全面发展起来。尽管旅游业作为一个新的经营领域已经出现，但无论是从游客接待量还是经营规模上衡量，始终未能形成具有重要地位的经济部门。

二、新中国现代旅游业的发展

现代中国的旅游是指中华人民共和国成立以后的旅游发展。新中国成立以来，现代旅游业的发展历程大体上可以划分为两大时期:第一个时期的起始时间是新中国成立至改革开放之前;第二个时期是改革开放后。

（一）改革开放前的中国旅游业

在新中国成立之后的前30年，生产力水平的落后和经济的短缺不仅严重制约了国人对旅游和度假的需求，同时也限制了社会各界差旅活动的规模，从而使国内旅游业缺乏发展的市场条件。另一方面，迫于当时所处的国际政治环境，旅游部门的任务主要是服务于我国外交工作的需要，承担接待国际友人来华访问的政治任务。所以，在这一时期，旅游部门的工作为政治性接待，而非商业性经营。

1949年新中国成立后，基于巩固新生政权、扩大统一战线和贯彻侨务政策的需要，华侨服务社作为第一家国营旅行社，于1949年11月在福建省厦门市成立，专门负责接待海外侨胞归国探亲和观光旅游。在此后的几年中，其他一些主要城市也相继设立了职能与之类似的华侨服务社。后来，这些服务社大部分更名为华侨服务社。1957年4月22日，华侨旅游服务总社在北京成立，服务对象也扩大为来中国内地访问的海外华侨、港澳同胞和外籍华人。从此，新中国旅游业从早期的公费接待少量观光团，发展到组织华侨及港、澳同胞自费回国或到内地观光、旅游、探亲。侨乡探亲旅游是初创阶段的主要旅游形式。

1952年，“亚洲及太平洋区域和平会议”在我国召开。由于这次国际会议的影响，此后来华公务和旅游的外国宾客逐渐增多。考虑到接待工作的需要，在周恩来总理的提议下，经当时的政务院批准，中国国际旅行社总社于 1954 年 4 月 15 日成立，并在上海、天津、杭州、南京、汉口、广州、沈阳、哈尔滨、大连、南宁、满洲里、南昌等地建立了 14 家分社。根据当时的规定，中国国际旅行社的任务是“作为统一招待外宾食、住、行事务的管理机构，承办政府各单位及群众团体有关外宾事务招待等事项；并发售国际联运火车、飞机客票”。当时中国国际旅行社的任务在于搞好对外政治接待，而非旨在营利。

为了加强对旅游工作的领导和管理，中国旅行和游览事业管理局作为国务院的直属机构于 1964 年成立。其主要职能是：(1)负责管理外国自费来华旅游者的接待工作；(2)领导国内各地国际旅行社及其直属服务机构的业务，组织我国公民出国旅行；(3)负责有关旅游事务的对外联络工作和宣传工作。

1971 年，周恩来总理亲自部署召开全国旅游工作会议，提出旅游工作的方针是“宣传自己，了解别人”，并要求旅游部门的收入扣除成本开支后应有盈余。这次会议后，中国的旅游业才开始出现转机。随着中美、中日恢复邦交，不仅来自美国和日本的游客数量不断攀升，其他西方国家来华访问的人数也有所增加。由于形势发展的需要，中国华侨旅行社总社于 1973 年恢复成立，并于 1974 年更名为中国旅行社总社。

对于新中国这一时期的旅游业发展，可作如下归纳：

背景环境：新中国成立之后，巩固社会主义政权为第一要务，对外封闭锁国；实行计划经济，基础薄弱，生产力落后；经济短缺。

基本任务：服务于外交工作的需要，“宣传自己，了解别人”。

发展类型：有选择的入境旅游。

企业经营：不计成本，国家补贴。

产业规模：产业结构不完整，总体规模小。

政府干预形式：通过国营企业直接介入。

(二)改革开放后的中国旅游业

我国旅游业作为经济活动，则始于 1978 年实行改革开放之后。中国旅游业的发展逐步进入正轨，并开始了一个全面振兴的大发展时期。根据 1978 年以来中国旅游业的市场结构及演进过程，将改革开放后的中国旅游业发展过程分为三个阶段：

1. 以入境旅游为主的发展阶段(1978 年～80 年代中期)

改革开放以后，我国的经济建设百废待兴，急需外汇支持。为此，我国选择了以接待入境旅游为优先的旅游业发展路径。对于国内旅游，当时的政策是“不提倡，不鼓励，不反对”的政策。这主要是因为，当时我国的经济状况制约了当时国人的旅游需求，国内旅游从市场上尚未形成一定规模。因此，在这一阶段，选择优先发展入境旅游是现实可行的决策。在这一阶段，我国尚未将旅游业明确定义为经济性产业，入境旅游者的接待工作在某种程度上仍带有一定政治色彩。

2. 入境旅游和国内旅游并行发展阶段(80 年代中期～1997 年)

我国国内旅游的发展始于 20 世纪 80 年代中期。此前，国内旅游没有得到重视和发展的原因，一是老百姓还没有从事旅游活动的经济能力，因此也就没有强烈的出游意识和需求；二是政府不提倡国内旅游，以便利用有限的资源来满足刚刚开始涌入的入境游客的需要，以赢得国家急需的外汇。

3. 入境旅游、国内旅游和出境旅游全面发展阶段(1997 年至今)

随着国家社会经济的发展，满足人民群众日益增长的旅游需求引起了政府的高度重视。20 世纪 90 年代中期，我国开始实行每周五天工作制，1999 年又出台了一年 3 个为期一周的长假期政策。这些举措的主要目的之一，就在于鼓励公民的消费，促进国内旅游的发展，带动整个国民经济的增长。这对方兴未艾的国内旅游业来说，无疑是雪中送炭。虽然对长假期制度安排所产生的后果褒贬不一，但是其重要的政策效果是长假期政策的实施改变了老百姓传统的消费观念，增强了旅游度假的意识，促进了服务业的大发展。应当说，国内旅游的发展改变了我国旅游业的格局，促进了旅游业从增加外汇的单一功能向促进国民经济和增加就业等多种功能转变。

20 世纪 90 年代中期以后，我国旅游业发展又出现了一个新的变化，那就是出境旅游人数的不断攀升。应当说，这也是国民经济的发展、人民生活水平的提高和国家进一步对外开放的必然产物。20 世纪 90 年代以来，国家出台了一系列政策，不断放宽出境旅游的限制、减少出境旅游的障碍，为我国公民出境旅游创造了良好的条件。虽然目前我国出境旅游仍处于初级阶段，但其市场规模正以惊人的速度增长。从 1983 年允许自费出境旅游以来，中国人出境人次达到第一个千万，用了 17 年的时间；而到 2003 年实现第二个千万，只用了 3 年；超过第三个千万，只用了 2 年。据世界旅游组织的预测，到 2020 年，中国出境人次将达到 1 亿，居世界第四，仅次于德国、日本和美国。

从目前发展的状况看，这个规模已在 2015 年实现。国家旅游数据中心在 2016 年 10 月 18 日发布的《2015 年中国旅游业统计公报》中清楚写道：我国公民出境旅游人数达到 1.17 亿人次。纵观世界对我国旅游业发展变化的关注，如果说改革开放后的头十年国际社会普遍关注中国的对外开放，关注如何到中国来旅游，了解一个“神秘”的国度的话，那么，现在世界更加关注不断增加的外出旅游的中国游客，中国公民出国、出境旅游成为举世瞩目的“中国现象”。不少权威的预测机构提出，中国人出境旅游的发展将改变世界旅游的格局。这也是世界各国竞相成为中国公民出境旅游目的地和下大力气针对中国出境旅游市场进行促销活动的重要原因所在。

当年邓小平同志曾提出，到 20 世纪末，旅游业每年为国家赢得 50 亿美元的外汇收入，与石油一起成为国家外汇收入的支柱。当时我国的外汇储备不足 10 亿美元，50 亿美元是个不小的数字。然而，1993 年我国的国际旅游收入就接近 50 亿美元，到 1996 年超过了 100 亿美元，2002 年超过了 200 亿美元，2006 年又超过了 300 亿美元。在实行改革开放之前，我国旅游业在世界上可以说是无足轻重。

1999 年，国家对原有的法定节假日进行了调整。将“五一”“十一”放假天数分别由原来的 1 天和 2 天增加到 3 天，并通过调整前后休息时间，形成了“春节、“五一”和“十一”三个连着休息 7 天的长假。这种休假安排，为居民出行、休闲提供了时间上的便利，为促进旅游经济的增长做出了积极贡献。

2008 年，国家对原定的法定节假日进行正式调整。第一，国家法定节假日的总天数由原来的 10 天增加到 11 天，使广大民众得到更多的休息时间；第二，增加了清明、端午和中秋 3 个传统节日，同时将春节放假的时间调整为从除夕开始；第三，允许周末上移下错，与国家法定节假日形成 2 个 7 天的黄金周(春节和国庆)和 5 个 3 天的小长假，增加了假日的次数，从而为大众出行在时间上提供了更大的可能，有力地促进了国内短途游的发展。

改革开放 30 多年来，我国国民经济保持着高增长速度，国家外汇短缺的现象发生了根本性转变。到 2006 年底，我国外汇储备超过了 1 万亿美元，名列世界前茅。作为一个发展中的大国，通过发展旅游赢得外汇收入非常重要，因为这是增加国家财富的重要途径，但是，现在增加外汇不再是发展旅游的唯一目的，通过发展国际旅游，让世界了解中国的文化和历史，认识现代化的中国和中国人民，改善和提高国家形象的功能显得更为突出了。

今天，在入境旅游方面，无论是年接待入境游客的数量还是外汇收入，我国均在亚洲名列前茅，在全球范围内，也已排在前五位。这是改革开放政策实施以来坚持优先发展入境旅游所取得的重大成果。据世界旅游组织(world Tourism Organization，WTO)的预测，到2020年，我国将接待海外游客1.3亿人次，占全球市场的份额超过8%，成为世界最大的国际旅游目的地之一。

我国的旅游产业结构日益合理，旅游业的功能日趋多元化，发展模式日趋正常，旅游业逐渐走向成熟。当前旅游业的发展，不仅有着明显的经济功能，而且有着重要的社会功能。旅游业的发展不仅能够增加收入、刺激消费、增加就业，还能够平衡地区经济发展，满足人们的文化需求，提高人们的生活质量，促进社会的和谐与进步。

我国旅游业面临着良好的发展机遇，有着令人鼓舞的发展前景。我们应正确评价30多年来旅游业所取得的成就，冷静分析旅游业发展的新形势。必须认识到，我国的旅游业发展依然面临着许多新的挑战，有不少矛盾需要认真研究和处理，其中包括如何科学地制定国家和地方旅游发展的战略与政策；如何处理好发展旅游所带来的多重影响，特别是负面影响；如何充分调动公营和私营两个部门的积极性；如何协调不同利益相关者的权益；如何促进旅游发展的国际合作；如何真正实现旅游业的可持续发展；等等。越来越多的实践表明，旅游业发展，不仅仅是个经济问题，而且需要更加全面正确地去认识；发展旅游业，不仅是某个管理部门的责任，而且需要全社会的共同努力。实现从旅游大国向旅游强国转变的目标，需要付出长期、艰苦的努力。

【课后阅读】

中国旅游未来变革：旅游综合体推动旅游业休闲化

旅游综合体：生活设施一应俱全的旅游目的地

苍茫大气里夹带着水乡柔情，仿佛丽江大研古城那样，屋宇依水而建，从度假区最南端的接待中心便可坐船北上直接到达北端的司马台长城脚下——这里不是京郊一日游的密云线路，而是古北水镇国际综合度假区，整体项目投资42亿元，度假区有2家五星级酒店、6家小型精品酒店和400间民宿，银行、邮局、菜场、综合超市、药店、快递、干洗店等现代生活细节一应俱全……

如果还原分解为市场行为，其中蕴含着南方旅游小镇旅游管理模式的复制移植和资本运作的密码。2010年，中青旅开始与北京市密云县人民政府合作开发“古北水镇国际旅游综合度假区”项目，在多次增资和引入战略投资者之后，中青旅直接和通过乌镇旅游合计持有古北水镇旅游36.03%的股权，为其第一大股东。劲旅网创始人、劲旅咨询总经理魏长仁称：“之前乌镇景区给中青旅这个上市公司带来很好的示范效应，乌镇模式能不能复制到古北水镇，何时起开始为上市公司贡献业绩，这是每个股东都迫切想知道的答案。”

“旅游综合体建设，是旅游业发展走向休闲化、周边化、品质化的必然趋势。在专业的旅游开发与运营业者心里，更希望把自己打造的项目定位为‘旅游目的地’，它首先应该是以提升区域旅游品质为目的的，而不是以地产开发为根本动机。其次，它有较大的体量和接待能力，能够承载一个区域相对独特的旅游文化，对旅游者具备一个旅游目的地的核心吸引力。”中青旅战略投资部总经理丁重阳解释，"乌镇模式"是个成功的案例，自2006年底中青旅投资控股乌镇景区七年来，乌镇景区年接待游客人数从160万人次到超过600多万人次，年营业收入从不足1亿元到近8亿元，乌镇景区已成为国内首屈一指的文化型综合旅游度假目的地。

投资主体：地产商带头的跨界多元化融合

"过去一年，中国旅游业出现了很多第一次或者说是空前的情况，按照国家旅游局的不完全统计数据，2013年全国旅游直接投资达5 144亿元，同比增长26%，旅游大项目明显增加，投资100亿元以上的项目达127个。"著名旅游规划、营销专家魏小安称。

"旅游直接投资主要指的还是景区、酒店等旅游投资，我预计全国旅游相关投资额比5 144亿这个数字还大，而且会保持快增长，主要是旅游地产的发展。"魏长仁称，"主要是传统住宅型房地产和商业地产进入门槛高了，特别是二三线城市，利润在萎缩。另外，通过旅游向地方政府拿地要便宜得多，地方政府也欢迎，是GDP也是地方名片还可以带动当地就业等，所以未来几年旅游投资依然会是一个热点。"

早在2007年，万达集团总裁王健林就将旅游产业列为万达集团未来十年的主要战略方向。在保持原有竞争优势之外，万达必须考虑为今后储备新的核心竞争优势——文化和旅游就是万达要创造新竞争优势的核心项目。同时，中国旅游产业的升级，也提供了市场契机。

魏小安也表达了类似的观点，"跨界竞争、跨界融合、跨领域模式态势已经产生了，现在在旅游投资领域，主体是房地产开发商，其次是矿老板，然后才是一些我们所谓的旅游集团，最后就是各地一些比较零敲碎打的投资主体"。

一般来说，投资主体不可能单一化，投资主体的多元化有利于发挥各自优势，分散风险。以万达长白山国际度假区为例，多项目同时建设，需要充足的资金支持，为了缓解资金压力，采取了联合开发的模式。2010年，万达与泛海、联想、一方、亿利等企业签署合作协议，共同成立了长白山国际旅游度假区开发有限公司。

观光景区：二线景区建设小体量综合体

根据发达国家的经验，人均GDP达到1 000美元后，该国会进入旅游快速发展的时期，人均GDP达到2 000～3 000美元时，进入休闲发展阶段。《2011～2015年中国度假市场全景评估及投资前景研究报告》称，中国旅游业正从简单的观光旅游转向休闲度假。

"度假市场的成长需要有较完善的节假日制度安排和经济基础做保障，因此一般认为一个经济体进入发达经济阶段后，度假需求开始旺盛，产业发展随之跟进。"北京第二外国语学院旅游管理学院院长邹统钎称。

传统旅游模式在改变，景区的升级也在进行中。魏长仁称："一线景区例如黄山、峨眉山本身也是上市公司，它们有资本在景区范围内建设自己的旅游度假区综合体，进行景区的更新升级。一个值得注意的现象是，4A、3A等二线景区旅游资源也会借助于当地旅游地产的发展，建设自己小体量的旅游综合体，以景区为核心，和乐园、房地产、商场等项目结合，投资几亿或者投资几千万都有可能。"

"转型的原因大多是从经济利益角度考虑。"邹统钎分析，景观+房产，这是一种"休闲社区"的模式，将传统的景区概念打破，把旅游休闲的功能分散到社区的每个角落，组合了观光、休闲、度假、运动、娱乐、居住等不同功能，共同组成一个配套完善、个性鲜明的旅居结合的休闲度假地。观光景点在发展过程中一直面临着经济收入来源单一的问题，而转型为旅游度假区有助于打破这个困局。不过，度假区对产业配套、环境建设、资源依托等要求不尽相同，所以并非所有的观光景区都适合发展旅游度假。

投资基础：依托城市消费或者自然资源

旅游度假综合体依托的资源不尽相同，有依托城市消费为基础的旅游度假综合体，腾空而起，形成一个大而全的空间消费。例如投资400亿元的无锡万达文化旅游城，处于长三角的无锡，拥有自身和周边城市的消费基础，文化旅游城包括文化、旅游、商业、酒店四大内容，值得一提的是，为了实现全天候旅游，建设有超大型室内旅游项目，包括电影科技乐园、儿童主题乐园、室内水乐园等多个室内文化旅游项目。

依托自然资源为基础的旅游度假区，着力于度假生活的营造。例如长白山度假项目，万达将其目标定为“中国的阿尔卑斯山地度假”，无论是综合体模式还是建筑风格，一直都是在模仿欧美国家的滑雪小镇，而以滑雪场起家的北大湖和亚布力也在努力打造度假休闲、生态宜居小城。形成一种度假氛围，才能够真正点燃旅游度假区的生命内核。

我们到底要在哪里展开旅游度假生活？这也应该包括和目的地资源进行恰当的本土特色融合。旅游媒体人火花在长白山旅游度假区转悠的时候，西式的建筑、超市、各种快餐店，一切都有序整齐，某一刻很恍惚，这是在长白山吗？当然，长白山空气中的那种清冽透明，也许别处无法复制。

（资料来源：《新京报》，2014年3月10日。）

本章小结

古代旅行活动种类丰富，但是这种活动只是局限在少数人和有限的空间范围里进行，不具有今天大众旅游的意义。近代旅游的阶层虽然有所拓展，但是仍是贵族、地主和资产阶级才能享有的，再加上外在的科技水平限制，旅游存在明显的阶级性和一定的局限性。到了现代时期，旅游活动才真正成为一种普遍的现象。由旅游活动的纵向发展脉络我们可以得出结论：旅游活动是人类社会发展到一定阶段的产物。旅游活动的发展与国际环境、经济发展水平、科技发展程度和人们受教育程度等因素相关。旅游随着各国经济的不断发展和人类政治文明等的不断发展会成为更大众化的休闲方式。中国现代意义上的旅游业的发展还有巨大的发展空间。中国本身拥有众多的旅游资源。随着中国国际地位的不断提升，中国经济再经过30年的发展，中国与周边国家的关系进一步发展必将为中国旅游业的发展创造更好的发展条件。

思考与练习

1. 为什么说人类的迁移活动不属于旅游活动？
2. 人类最初的旅行需要是如何产生的？
3. 近代以前的旅行发展有哪些特点？
4. 试析产业革命对近代旅游发展的影响。
5. 为什么人们将托马斯·库克尊为“旅游业之父”？
6. 试析第二次世界大战后现代旅游迅速发展的原因。
7. 简述改革开放以来，我国旅游市场的变化和演进阶段。

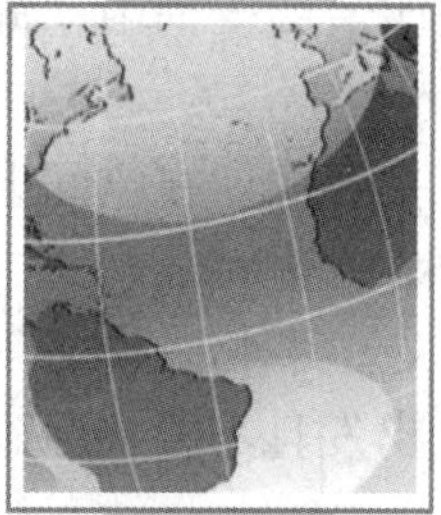

第三章
旅游活动

学习目标

通过学习本章，掌握旅游活动的标准界定，熟悉旅游活动的本质属性，了解旅游活动的几种类型划分标准，掌握现代旅游活动的特点。

教学内容

1. 艾斯特定义
2. 旅游的本质属性
3. 现代旅游活动的特点
4. 旅游的理论性定义和技术性定义
5. 国内旅游和国际旅游的区别

第一节 旅游的概念

【案例导入】

几组情景对话：

情景一：甲：假期你去干什么了？

乙：我跟几个好朋友一起去海南旅游了。

情景二：甲：你是从事什么工作的？

乙：我是搞旅游的。

情景三：甲：你大学学的专业是什么？

乙：我学的是旅游。

上述对话中，都有提到"旅游"。但是在不同的语境状态下，表达了不同的含义，每一组对话中的"旅游"都有明显的差异。

什么是旅游？这个看似简单的问题却难以得到准确而严谨的答案。在人们的生活实践中，"旅游"一词可以用在不同的场合，并含有不同的意义。例如："外出旅游"，一般是指旅游活动；"从事旅游工作"，又是指旅游业。

旅游(tour)来源于拉丁语的"tornare"和希腊语的"tornos"，其含义是"车床或圆圈；围绕一个中心点或轴的运动"。这个含义在现代英语中演变为"顺序"。后缀-ism 被定义为"一个行动或过程；以及特定行为或特性"，而后缀-ist 则意指"从事特定活动的人"。词根 tour 与后缀-ism 和-ist 连在一起，指按照圆形轨迹的移动，所以旅游是指一种往复的行程，即指离开后再回到起点的活动；完成这个行程的人也就被称为旅游者(tourist)。

“旅游”这一汉语词汇，最早出现于我国的南北朝时期。在此之前的一段时间中，“旅”和“游”分别是两个独立的词汇。直到诗人沈约的《悲哉行》中有诗句：“旅游媚年春，年春媚游人。”从诗义看，“旅游”一词当时就已有外出游览的意思了。后来，在唐宋明清的诗词中，“旅游”一词多次出现。

“旅游”一词，从字面上很好理解。“旅”是指旅行、外出，即为了实现某一目的而在空间上从甲地到乙地的行进过程；“游”是指外出游览、观光、娱乐，即为达到这些目的所作的旅行。二者合起来即旅游。而旅行偏重于行，旅游不但有“行”，且有观光、娱乐的含义。另外，旅游必须是从常住地出发且在一定时间内回到常住地，而旅行则可以是从任何地点出发且不要求回到出发地。

如果将“旅游”笼统地作旅行游览来解释，显得比较笼统，也不具科学性。一般人理解的旅游，包含了旅游活动和旅游业两个概念。前者是从需求的角度解释，后者是从供给的角度理解。这就是我们常常说的理论性定义和技术性定义。这两种方法也是长期以来国内外专家常用的对旅游定义的不同的探讨方式。

一、旅游的理论性定义

理论性定义（或者称概念性定义）是用逻辑思维的方法（演绎与归纳）给事物定义，从理论上对旅游现象进行抽象和概括，探究旅游活动最本质的特征，发生、发展的原因、趋势和规律。这种定义方法更看重旅游的“休闲、娱乐、精神享受”等接近本质的内容。近几十年来，在国际旅游学术界的有关研究中，人们对“旅游”做出过许多理论性的定义和解释，其中较为常见的如表3－1所示。

表3－1　不同专家对旅游的理论性定义

1	艾斯特定义	旅游是非定居者的旅行和暂时居留而引起的现象和关系的总和。这些人不会导致长期居住，并且不涉及任何赚钱活动	概念性或理论性定义
2	Burkart(1974)	旅游是人们离开其通常居住和工作的地方短期暂时前往某地的旅行和在该地逗留期间的各种活动	概念性或理论性定义
3	美国研究小组	旅游是人们出于日常上下班工作以外的任何原因，离开其居家所在的地区，到某个地方旅行的行动和活动	概念性或理论性定义
4	英国旅游局	旅游是人的运动和市场的运动而非一项产业运动，总之，是流动人口对接待地区及其居民的影响	概念性或理论性定义
5	世界旅游组织	指人们出于非移民及和平的目的或出于实现经济、社会、文化及精神等方面的个人发展及促进人与人之间的了解与合作等目的而作的旅行	概念性或理论性定义
6	法国学者	人们离开工作和居住的地方，暂时前往目的地的旅行和在该地停留期间所从事的活动，以及（旅游目的地）为满足旅游者的需要而创立的各种设施	概念性或理论性定义

在上述对旅游的理论性定义中，“艾斯特”定义在国际上是最为普遍接受，也是最具有代表意义的一种。

艾斯特定义是由瑞士学者汉泽格尔和克拉普夫在1942年提出来的，后来在20世纪70年代被“旅游科学专家国际联合会”(Association International of Scientific in Experts Tourism)所采用。英文缩写“AIEST”的中译文为“艾斯特”。其定义为：“旅游是非定居者的旅行和暂时居留而引起的现象和关系的总和。这些人不会导致长期居住，并且不涉及任何赚钱的活动。”

艾斯特定义之所以比较科学，并且影响广泛，缘于其表述的概括和精练使其独具特点：

(1)该定义阐明，旅游学研究的所有“现象和关系的总和”是因为“非定居者”的“旅行和逗留”活动而引起的。

(2)对“非定居者”一词的使用体现了旅游活动的异地性。

(3)强调“不会导致定居”，不仅原则上指出了旅游活动的暂时性，而且还规定了旅游活动的非定居性和非移民性。

(4)强调“不涉及任何赚钱活动”，则表明旅游活动的非就业性。

(5)指出“所有现象和关系的总和”反映出，旅游学研究的内容不仅包括旅游者的活动，更重在研究旅游者的旅游活动在客观上所导致的众多现象和关系，从而反映出旅游学研究内涵的综合性。

二、旅游的技术性定义

技术性定义是出于立法和统计的目的，为了使旅游调查和统计具有可操作性，用技术的方法，从某些具体指标上对旅游现象进行定义。这种定义大多根据人们离家外出的活动目的，在目的地停留的时间以及其他一些可能的标准去界定旅游者的范畴。这种定义方式看重广义旅游的经济推动作用和对社会的影响效果。

联合国的“官方旅行机构国际联合会”(AIGTO)认为，“旅游是指到一个国家访问，停留时间超过 24 小时的短期游客，其旅游目的属于下列两项之一：(1)悠逸(包括娱乐、度假、保健、研究、宗教和体育运动)；(2)业务、出使、开会等”。这个定义是一个国际旅游的定义。很显然，从逻辑上说，这个定义不够严密，但明显地出于技术性需要，是为了调查与统计的可操作性。因此，该定义属于技术性定义范畴。

世界旅游组织的定义是目前被旅游学界普遍接受的旅游技术性定义。1961 年 6 月 25 日在加拿大首都渥太华召开了旅游统计国际大会。会上通过了一系列协议，包括世界旅游组织在技术层面上对旅游做出了界定：“旅游是指人们为了休闲、商务或其他目的离开他们的惯常环境，去往他处并在那里逗留连续不超过一年的活动。访问的目的不应是通过所从事的活动从访问地获取报酬。”

这一定义有三个要点：(1)规定了外出目的，包括休闲、娱乐、度假、探亲访友，商务、专业访问，健康、医疗等；(2)离开其惯常环境到其他地方的旅行；(3)在外连续逗留时间不超过一年。

三、旅游定义的基本内容

前一种理论性定义我们称之为狭义的旅游概念，后一种技术性定义我们称之为广义的旅游概念。现代社会对旅游活动关注和研究的动力是从经济的角度，从产业的背景去认识市场，这也是我们学习的主要目的和动机。因此我们更倾向于从广义的立场去理解旅游。这主要是因为：

1. 任何目的的旅行常与休闲消遣相伴

公务旅行和商务旅行大多伴随着消遣旅游活动。旅途过程的消遣旅游活动符合狭义旅游活动的特征——异地性、非定居性、非职业性、消遣性，所以不能排除在旅游活动之外。

2. 任何旅行活动都有旅游经济的意义

出于任何目的到非长住地(国)访问,对接待地(国)都有经济贡献和社会影响,对接待地(国)有旅游经济或产业的意义。

3. 世界共识

国际组织公认事务(包括公务、商务等)访问者应纳入旅游统计人员的范围内。

不管是旅游的概念性定义还是技术性定义,无论站在什么角度对旅游下定义,都主要关注以下几个方面的基本内容:

其一,旅游学研究的范围。旅游学研究的范围主要包括旅游者、旅游活动、为旅游活动服务的经营产业以及旅游业对旅游目的地的影响(经济影响、社会影响、文化影响、政治影响)等。

其二,定义内容的因果关系。旅游者的旅游活动是因,旅游业及其对旅游目的地的影响是果。旅游业及其对旅游目的地的影响是由旅游活动引起的。反过来,又对旅游活动和旅游者有着反作用。旅游地开发的成败、当地居民的素质以及他们对旅游者的态度等都对旅游者在出游决策上起一定影响作用。

其三,"非就业性"的解释。定义中的旅游活动是"不牵涉任何赚钱的活动",指的是旅游者出游的非就业性质。这里指明了旅游活动有别于人类其他社会活动的排他性的规定,强调旅游活动的休闲性和消遣性。最基础层次的旅游活动主要是观光旅游。而跨地区的会议旅行、商务旅行,甚至政治旅行等往往也附带有计划消遣和观光的内容,这个内容也符合"非就业性"的特征。

基于上面几个方面的主要内容,本书对于旅游的定义是:非定居者出于移民和就业之外的目的,暂时离开自己的惯常环境,前往他地旅行和逗留所引起的现象和关系的总和,这些人不会导致在旅游地定居和就业。

四、旅游活动的构成要素

旅游活动是一个涉及诸多方面的综合性现象。

(一)旅游活动体系的构成要素

旅游活动体系的构成要素主要是旅游活动得以开展所需涉及的条件。现代旅游活动体系构成涉及三个基本要素:

1. 旅游活动的主体——旅游者

旅游活动的主体是旅游客体的浏览主体,就是通常我们所说的旅游者。旅游者是旅游计划的设计者、发起者,是旅游活动的实施者,也是旅游经历的体验者。旅游主体是旅游活动的主体,是旅游审美的主体,只有与旅游客体相观照和相审视时,它才能成为旅游主体。

2. 旅游活动的客体——旅游资源

旅游客体即旅游活动的对象物。旅游客体是指存在于自然环境和社会生活中的、对广大旅游者产生引诱力的事物和现象,主要表现为目的地的旅游资源。旅游资源是吸引旅游者产生旅游动机的直接因素,是旅游活动得以实施的载体。作为旅游客体的旅游资源是旅游业赖以生存和发展的物质基础和条件,没有旅游资源就构成不了现代旅游活动。

3. 旅游活动的媒介——旅游业

旅游业的经营活动帮助主体(旅游者)完成其旅游经历,为其提供各种便利服务。旅游业的经营活动是现代旅游活动得以开展的媒介、条件和手段。

这三个基本要素有主次之分,旅游者是主体和核心,旅游活动是中介。旅游活动的主体、客体和旅游活动媒介三者相互制约、紧密结合,构成旅游活动的展开体系。

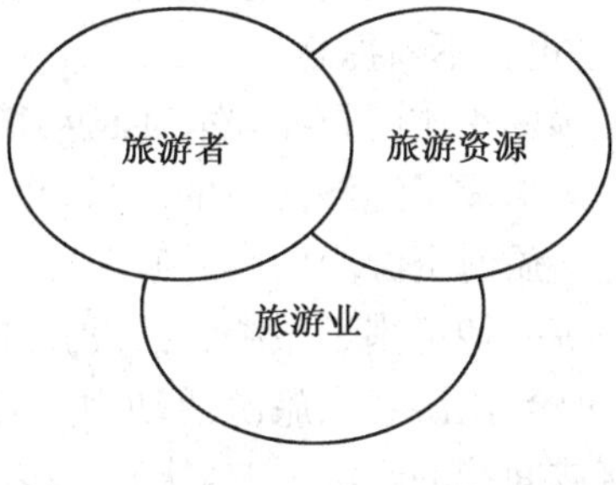

图 3—1　旅游活动体系的构成要素

（二）旅游活动内容的构成要素

就旅游活动涉及的内容来看，其基本要素一般可概括为吃、住、行、游、购、娱六个方面。这就是大家经常说的“旅游活动六要素”。这六大要素实际上指的是旅游活动的构成。

第二节　旅游活动的属性和基本特征

一、旅游的属性：旅游活动是多种现象的综合体现

从旅游发展的历史演变过程来看，旅游是人类社会、经济、文化、科技发展到一定阶段的必然产物，是人类物质文明和精神文明程度的体现。旅游从产生到现在，由于受到不同因素的影响，其活动内容、表现形式、目的、规模等在不同的历史时期有不同的表现，但是旅游活动的属性不会发生变化。

旅游活动是一种内容丰富、类型多样、涉及面广的社会经济活动，是在一定的社会环境中发生和进行的，因而旅游活动的开展也是社会环境中多种现象的综合体现。旅游是人类在基本生存需要得到满足后产生的一种精神文化追求，包括休闲、追求新奇、追求体验感受等，所以主要是人类社会的一种文化现象，但与经济、政治联系紧密。

1. 旅游活动是一种社会现象——是人的重要的休闲活动

旅游活动的主体是旅游者。在当前旅游活动中占主导位置的消遣旅游，是一种人类的休闲活动。众所周知，休闲是生产力发展到一定阶段而产生的社会现象。另外，旅游者在旅游活动中要与旅游目的地的居民进行接触和交往，这种民间接触和交往无疑也是一种社会现象。旅游活动的基本特征也表现为不同地区或国家的人员之间的交往。所以，作为人类重要的休闲活动，旅游活动表现为一种社会现象。

2. 旅游活动是一种文化现象——了解他国文化

旅游者外出旅游的重要目的之一是体验异乡风情，通过旅游能够了解别的国家或地区的文化，如旅游目的地的民族历史、生活方式、风俗习惯、文学艺术、服装和饮食等。另外，旅游者在旅游过程与目的地居民交往，接触到旅游目的地的社会文化，同时也会自觉或不自觉地表现出本国、本民族或本地区的客源地文化，这种异地文化与当地文化发生碰撞，也一定程度上影响着东道地居民。

3. 旅游活动是一种经济现象——旅游企业的经营活动

旅游与经济联系紧密：经济是前提（旅游活动产生本身就是经济发展的产物），旅游业的兴

起缘于经济。旅游从少数人的活动发展为现代大众旅游，其根本原因就在于社会生产力的发展和科技的进步，人们的生活水平也在不断提高。

旅游者在旅游过程中接触最多的是旅游企业，吃、住、游、行都需要旅游企业提供产品和服务。这种需要服务与提供服务之间形成了经济交换的现象，市场经济中的这种需求与供给关系非常明显。旅游业各个部门凭借旅游资源为国内外游客提供产品和服务，包括旅游景区、旅行社、宾馆饭店、餐厅、交通、娱乐等一切可满足旅游者的设施和服务。

另外，旅游需求创造了旅游供给，旅游者在旅游活动中所发生的消费，无论对客源地还是目的地都带来了不同程度的直接或间接的经济影响，从而使旅游表现出强烈的经济特征。

4. 国际旅游活动还是一种政治现象——旅游可增进世界和平

旅游是一种可以跨国的人员流动现象，所以与政治关系密切。具体表现为：(1)国与国之间的关系是出境旅游实现的前提；国际旅游有助于改善和提高旅游接待国的对外形象，可以增进各国间的相互了解，消除国家间的偏见和误会，有助于缓和、消除各国间的紧张局势，推进世界和平。另外，国际旅游是跨国界的，需要办理护照、签证等手续，护照和签证本身就是政治的产物。(2)稳定的政治环境是发展旅游的又一前提。(3)旅游作为交往活动，可以改善国家的政治关系，经济上还可以平衡进出口贸易。

二、旅游活动的基本特征

(一)异地性

旅游一定要离开惯常环境到另一个地方，要有空间位置的移动，即旅行。旅行和逗留发生在游客惯常环境或定居、工作之外的地方。它是旅游者离开常住地，到异国他乡进行的精神文化活动，是一种特殊的生活方式。“惯常环境”的界定，就排除了人们在自己的常住地范围之内开展的日常生活，也排除了人们在居住地点与上班工作地点之间的活动。旅游活动所带来的表现和结果与在居住地定居和工作的活动会有明显的不同。

(二)旅行和逗留的相依性

旅游活动是由旅行和逗留两大部分组成的，体现了“旅”与“游”的相互依赖性。两个因素缺一个都不是现代意义的旅游。有“旅”无“游”是出差，有“游”无“旅”是娱乐、是休闲。

(三)暂时性(或流动性)

旅游是流动的，前往旅游目的地的活动是临时的、短暂的。旅游者在旅游过程中借助交通工具在异地停留时间是暂时的(国际上一般规定不超过1年)，最终必须返回原住地。所以，移民不是旅游。

(四)综合性

旅游是人们的旅行和暂时居留而引起的各种现象和关系的总和。旅游者在外出旅游期间，对吃、住、行、游、购、娱等方面的服务都有需求，离不开旅行社的服务、餐饮设施、住宿服务、游览设施等。旅游者外出进行的活动形式多种多样，对旅游活动内容的要求也千差万别。旅游活动与社会的、经济的、文化的、自然的要素都有联系，涉及社会经济的诸多方面。多要素的复杂构成反映出了旅游活动的综合性。

(五)非定居性和非就业性

旅游不是为了到访问地定居或就业。不论是举家搬迁或移民的外出旅行，还是到异国他乡从事职业而发生的旅行，都不属于旅游活动的范畴。这个定义将旅游活动与人类其他社会活动区别开来。但要提醒的是，“就业”这一排除性条件并不适用于商务旅游活动，如出席博鳌论坛的各国嘉宾和代表。原因在于，这些差旅人员的雇主单位并不在目的地。他们出差的目的虽然也有经济目的，但是他们却不是从到访之地获得报酬。

（六）消遣性（或娱乐性）

旅游活动的目的和形式多种多样，游历名山大川、体验奇风异俗、欣赏音乐舞蹈、品尝各地佳肴、遍访名胜古迹都是人们的旅游目的。目的虽然不同，但动机都是为了追求精神愉悦、增长见识、寻求自身发展等。这些动机都表现出明显的娱乐色彩。因此，旅游活动具有消遣享受的特点。

第三节　旅游活动的类型

随着参加旅游活动人数的增多、旅游目的的多样化、人类个性化时代的来临，旅游活动的类型越来越多。

为了旅游业经营活动和旅游理论研究的需要，有必要对旅游活动进行分类，并根据需要选用恰当的划分标准以及针对所划分出来的旅游类型去分析其需求特点和行为特点。

一、划分标准

根据不同需要、不同的角度，有不同的划分标准，会得出不同的旅游活动类型。

(1)按地理范围划分，分为国内旅游、国际旅游、洲际旅游、环球旅游、太空旅游。

(2)按旅行距离划分，分为近程旅游、远程旅游。

(3) 按外出旅游的目的归属，分为消遣旅游(包括观光旅游、度假旅游、生态旅游)、事务旅游(包括商务旅游、公务旅游和会议旅游等)、个人和家庭事务旅游(主要指探亲访友和求学旅游等)。

(4)按组织形式划分，分为团体旅游(简称 GIT)、散客旅游(简称 FIT)。

①团体旅游，又称团体包价旅游，指通过旅行社或旅游服务中介机构，采取支付综合包价或部分包价的方式，有组织地按预定行程计划进行旅游消费的旅游活动。

②散客旅游，又称个人旅游，指自行安排旅游行程，零星现付各项旅游费用的旅游活动。它是相对团体旅游而言的个体、家庭或 15 人以下自行结伴的活动。与团体旅游相比，散客旅游较为灵活机动、自主独立。

【补充材料】

参加旅行社旅游团队的优、缺点

1. 优点：

(1)方便：旅行社为旅游者代办外出旅游需要的订房、订机票车票、租车、订餐等多种事务，为旅游者提供了极大的方便，旅游者省去了麻烦。

(2)顺利：旅行社在出发以前就为旅游者预订了有关的各种服务，从而保证了旅游的行程顺利进行。

(3)经济：旅行社提供的衣、食、住、行都是系统性的，低于市面价格，所以费用要比个人出游还经济。

(4)导游：旅行社的旅游有导游讲解，一般来说，有导游讲解的旅游才能算是完美的旅游。

(5)安全：随旅行社出游比较安全，原因在于团队出行，有组织，有陪同人员；个人出游在购物和行程中容易被当地人欺诈。

(6)售后服务:由于近年来对旅行社的管理比较严,一般旅行社都交有质量保证金,一旦有了问题,旅客可以到旅游局去投诉,所以,旅行社的售后服务可以说是有保障的。

2. 缺点:

不自由(行程、线路、观光停留时间等)。

【补充材料】

背包客的发展

近年来,"背包旅行"成为旅游爱好者们的热门话题,它起源于发达国家,在英语中称为"backpacker's travel"或"budget travel",意思即"背包旅行,自助旅行"。这种旅行方式最先被年轻人所接受,他们精力充沛、渴望投入大自然的怀抱,享受旅行的快乐,但又付不起昂贵的费用,于是自己背起高过头顶的背包。他们通过自助旅行手册,寻找在旅途中省钱的途径和方法,对各地的住宿、交通、值得一去的地方也有所了解然后踏上旅程。渐渐的这种自助旅行方式被世人所接受,有一定经济来源的中产阶级也加入"背包一族"中。

到了20世纪80年代,欧美发达国家逐渐兴起一种全新的旅行方式——"软背包"(soft-package)旅行,这是一种介于随团旅游和背包旅行之间的旅行方式,行程安排随意自主,旅行社根据游客需要随时提供高质量服务。旅行者既能充分享受自由旅行带来的乐趣,又可避免随团旅游的刻板和背包自助旅行的费心艰苦,对身体条件没有太高的要求,几人便可成行。虽然"软背包"旅行费用比随团旅游稍高,但越来越多希望体现个性的旅行者愿意选择这种旅行方式。

与"背包客"一词一样被广泛运用的还有其他类似的词,例如中国多称呼为"驴友",驴友的出处说法不一,一种说法是驴有耐力能走远路,所以徒步旅行者都以驴友互称,有时候数人数,以一头一头来作计量。驴友一般喜结伴出行,有的准备有帐篷、睡袋,露宿在山间旷野。另一种说法是,取自"旅友"的谐音,即旅行之友的意思。台湾多称呼他们为自助旅行玩家或自助旅游者,香港则称之为背囊友。

"背包客"在社会上的影响力越来越大,受到的关注也越来越多,越来越多的人加入"背包客"一族中。"背包客",提倡的是花最少的钱走最远的路,看别人难以看到的风景。实施的手段是自助,是一种体验,这种体验是贯穿于旅行全程的。

(5)按计价方式划分,分为包价(有全包价、半包价等形式)旅游、非包价旅游。

①包价旅游是旅行社以整体价格向市场推销组合式旅游线路产品的旅游形式。它分为全包价和小包价两种。前者包括一次旅游活动的全部旅游服务;后者只包括其中主要的几项服务。

②非包价旅游是指旅行社根据旅游者需要按单项计价的旅游活动,主要对象是散客,所以非包价旅游又称散客旅游。

(6)按年龄特征划分,分为儿童旅游、青年旅游、中年旅游、老年旅游(银发旅游)。

(7)按费用来源划分,分为公费旅游(如带薪奖励旅游)、自费旅游。

(8)按活动内容划分,分为观光旅游(我国传统的旅游方式)、民俗旅游、考古旅游、会议旅游、文化旅游、登山旅游、极限旅游等。

(9)按出游的交通方式划分,分为航空旅游、铁路旅游、汽车旅游、游船旅游等。

对于上述分类,我们可以发现其中任一种划分的类型都可能与其他标准划分出来的类型有交叉或联系。例如，银发旅游与文化旅游、青年旅游与极限旅游就有重叠与联系。

【补充材料】

国家旅游局对旅游的划分

观光旅游：以参观欣赏自然景观和民俗风情为主要目的和游览内容的旅游消费活动。

度假旅游：以度假和休闲为主要目的和内容的一种旅游消费活动。

专项旅游：为社会、经济、文化、科研、修学、宗教、保健等某一专门目的而进行的旅游活动。

会议旅游：以组织、参加会议为主要目的，并提供参观游览服务的一种旅游活动。

奖励旅游：由企业或社会团体提供费用，以奖励为目的的一种旅游活动。（与公费旅游相同的是费用均来自公家，不同在于参加人员资格限定为成绩突出者。）

特种旅游：由旅游行政主管部门和相关主管部门专门批准，并进行总体协调的具有竞技性和强烈个人体验的旅游活动。一般需要提前申报计划，如生态旅游、探险、狩猎、潜水、登山、汽车拉力赛及洲际、跨国汽车旅行等。

二、国际旅游

（一）国际旅游的概念与类型

国际旅游是指游客从自己的定居国或常住国跨越国界到一个或几个国家去访问的旅游活动。从接待国的角度，国际旅游活动又分为入境旅游和出境旅游。

（1）入境旅游：其他国家或地区的居民前来本国旅游称为国际入境旅游。

（2）出境旅游：也称出国旅游，涉及该国的常住居民在另外一个国家所进行的旅行。

在旅游统计工作中，根据旅游者在旅游目的地国的停留时间，国际旅游活动还可进一步划分为以下两类：

（1）过夜的国际旅游：指旅游者在到访国家的停留时间超过 24 小时，并在该国住宿设施中过夜的国际旅游活动。

（2）不过夜的国际一日游：指旅游者在到访国家的停留时间不足 24 小时，不在该国住宿设施中过夜，通常当日离境的国际旅游活动。

世界上很多国家在统计入境旅游人数时，统计数字一般都不包括来访的国际一日游。

（二）我国对大陆与港、澳、台地区之间旅游活动性质的界定

在严格的国家意义上，不论是港、澳、台地区居民来内地的旅游活动，还是内地居民赴港、澳、台地区的访问活动，都不属于国际旅游。但由于台湾和祖国大陆尚未统一，香港和澳门作为特别行政区实行高度自治，加上港、澳、台同胞来内地旅游时，需要交付外币，在内地发生的消费开支同样构成内地旅游业外汇收入的组成部分，这些外汇收入对大陆地区有一定的经济意义。所以，在我国的旅游统计中，港、澳、台居民前来内地开展的旅游活动仍纳为入境旅游的统计范畴。出于类似原因，大陆居民赴上述三地区旅游也被视为出境旅游。为了与外国人有所区别，我国有关部门针对这一特殊情况采用了“海外”一词，避开了“国际”一词。

- 入境旅游
  - 过夜游
  - 不过夜的一日游
- 出境旅游（或出国旅游）
  - 过夜游
  - 不过夜的一日游

图 3—2　国际旅游活动的类型

三、国内旅游

国内旅游通常是指一个国家的居民离开自己的长住地到本国境内其他地方去进行的旅游活动。外国侨民在其侨居国境内开展的旅游活动也应纳入该国的国内旅游统计。根据世界旅游组织的解释，那些长驻的外国人(在该国的连续驻留时间长达一年或以上)，如外国使馆人员、留学生等，在居住国境内的旅游活动也归为国内旅游。

国内旅游根据在目的地停留的时间，又可分为过夜旅游和不过夜的一日游。虽然世界各国的国内旅游收入统计中既包括过夜旅游者的消费额，也包含一日游游客的消费额，但是对于国内一日游是否纳入国内旅游人数统计中，各国的做法不一，具体情况取决于各国自己对国内旅游人数的统计口径。在我国的旅游统计工作中，对于国内旅游人次的统计，历来都是将过夜旅游活动和不过夜的一日游活动全部包含进去。

从需求的层面上来观察，作为旅游活动发展的普遍规律，人们在开展旅游活动的时候，所涉及的地理范围通常是由近及远地渐进式发展的。国内旅游活动的发展总是优先于出境旅游的发展。因此，国内旅游是旅游业发展的基础。

四、国内旅游与国际旅游的比较

是否跨越国界是划分国内旅游与国际旅游的根本标准。

从产业意义的角度来看，两者存在以下差别：

第一，从消费程度来看，国际旅游消费大，国内旅游消费较小。国际旅游实现的是经济总量的增加，赚取外汇；国内旅游不增加经济总量，是经济在不同地区的再分配。2012 年，我国国际旅游支出高达 1 020 亿美元，约占全球出境游消费总额的 9.5%，超过了德国和美国，首次成为全球最大的出境旅游消费国家。

第二，从停留时间来看，国内旅游逗留的时间短于国际旅游。

第三，从便利程度来看，国内旅游的开展比国际旅游便利，而且国内旅游的自由度较大。国内旅游活动的开展相对比较容易，既没有大的语言障碍，也不需要办理什么繁杂的手续。相比之下，人们在出国旅游时，往往会遇到文化和语言障碍问题，而且必须按照各相关国家的规定，办理各种必要的旅行手续，例如申办出入境证件(护照与签证)、海关的报关与验关、卫生检疫、兑换货币，以及携带机动车辆出入境时的有关手续等。

第四，从经济作用来看，国际旅游(无论是出境旅游还是入境旅游)，都意味着旅游者将其在惯常居住国所得的收入用于旅游接待国消费，从而直接造成财富在不同国家间的转移。对于接待国家来说，可以通过挣取外汇的方式增加经济总量，用于弥补国际收支逆差。国内旅游只是促使本国财富在地区间的转移和重新分配，其总量并不增加。

第五，从消费总量上看，国际旅游消费层次较高，而国内旅游消费层次较低。许多国家和地区政府之所以重视国际旅游，原因多在于此。但是，无论是国际旅游还是国内旅游，对旅居国(地区)相关生产部门都有刺激和促进作用。

第六，从文化影响上看，国际旅游的文化背景与目的地国的差距较大，异质文化的矛盾、冲突和渗透、融合较为明显，由此对双方所产生的积极作用和消极作用都比较大。国内旅游的文化背景与目的地差异较小，两者互动对彼此产生的积极作用和消极影响都有限。

基于以上原因，各国的国内旅游需求发展一般先于国际旅游需求。旅游发展的普遍规律是由近及远，因此国内旅游活动的发展总是先于国际旅游活动的发展。在当今世界上旅游业发达的国家中，其国际旅游业也大多是在国内旅游业的发展和成熟所奠定的经验和物质条件的基础上发展起来的。国内旅游市场需求的庞大规模推动着国内旅游业的蓬勃发展。据世界旅游组织估算，在全世界旅游总人次中，国内旅游约占90%以上。

只是国内旅游业不能赚取外汇，不能增加国家经济的总量，所以，一些国家在发展旅游业时也注重发展国际旅游。这主要取决于该国政府的政策导向和市场的发育程度。

表3—2　　国内旅游与国际旅游的差别

类别 差别	国内旅游	国际旅游
地域范围	居住国境	跨国
消费程度	消费层次一般较低	消费水平通常较高
逗留时间	一般较短	通常比国内旅游长
便利程度	一般很少存在语言障碍，而且不需要办理什么手续	大多会遇到语言障碍问题，而且必须办理各种规定的旅行手续
经济作用	只是促使国内财富在地区间的重新分配，并不直接带来国家财富总量的增加	直接造成国家之间的财富转移，国际旅游者到访期间的消费直接构成一种外来的经济“注入”

第四节　现代旅游活动的特点

现代旅游指的是第二次世界大战结束后，特别是从20世纪50年代开始，国际政治形势呈现相对稳定的局面，世界经济迅速恢复和发展，国民收入增多，带薪假日增加，交通的便利使旅游进入了现代化时代。现代旅游活动呈现出下列几个主要特点：普及性、规模发展的持续成长性、空间分布上的地理集中性和时间分布上的季节性。

一、普及性

现代旅游已经打破了少数富人、特权者的专利，成为不受阶层、国家、民族、性别、年龄等限制的广泛的群众性活动。普通的人民群众成了现代旅游活动的主要参与者。

1. 参与的广泛性

第二次世界大战以后，世界经济迅速发展，人们收入的增加和支付能力的提高对旅游的迅速发展和普及起了极其重要的刺激作用。有的学者称之为大众旅游的时代已经到来。大众旅游的兴起，成为现代旅游活动发展的一大特点。

大众旅游(mass tourism)的含义是大众化旅游或旅游活动的大众化，是指旅游活动参加者的范围已经扩展到普通的劳动大众。20世纪以来，由于社会生产力水平的提高，普通大众的物质生活水平也逐步提高。“提高生活质量”成为20世纪后期遍及全球的口号。因此，体现生活质量提高的旅游活动进入普通人的生活视野。20世纪50年代以后，国际旅游开始触及很多国家的大众市场。工人、农民、退休人员甚至家庭主妇成为旅游队伍的重要组成部分。许多国家的立法规定中，都赋予公民旅游的权利，并将国民对旅游活动的参与纳入本国社会发展的一项内容。根据《中国旅游年鉴2000》统计，1999年入境的外国旅游者中，专业技术人员、行政管理人员、办事员、商人、服务人员、农民、工人、无业人员及其他普通人员占了总数的

97.8%。这说明旅游活动已经成为广大民众积极参与的群众性活动。

在 1950 年，国际旅游人数共 2 528.2 万人次，到 2000 年就上升到 69 800.0 万人次，50 年增加近 30 倍。1950 年，国际旅游收入达到 21.00 亿美元，到 2000 年上升到 4 760.00 亿美元，增长 200 多倍，具体如表 3—3 所示。

表 3—3　第二次世界大战以来国际旅游增长状况

年份	国际旅游人数（万人次）	每年增长百分比（%）	国际旅游收入（亿美元）	每年增长百分比（%）
1950	2 528.2		21.00	
1960	6 020.6		68.60	
1970	15 969.0	11.6	179.00	6.5
1980	28 484.1	4.0	1 023.63	22.8
1990	41 500.0	2.6	2 300.00	10.2
2000	69 800.0	7.4	4 760.00	4.5

资料来源：根据世界旅游组织有关数据整理。

2. 内容的普及性

现代旅游的深入发展，旅游的种类、方式、内容也更加多样化、多元化、普及化，能够满足更加广泛的普通大众的旅游需求。旅游接待设施的建设也出现多种档次的趋势，既提供高级享受的豪华设施，也提供一般旅游者享用的普通设施。价格也出现豪华、标准、经济等不同的档次，拉开了消费的距离。这些都使旅游活动得以更加广泛地普及。

3. 形式的大众性

随着现代旅游活动的大规模开展，形成以有组织的团体包价旅游为代表的大众型旅游模式。这种大众型旅游就是旅游活动的标准化、规模化开展形式，特别指旅游者在旅行社的组织和安排下，借助各类旅游企业提供的产品和服务，按预定的时间、线路和活动内容，有计划地完成全程旅游活动。这种形式通常以大规模的集体活动方式开展。由于这种形式方便、价廉，很受普通旅游者的青睐，在现代旅游中非常普及，因此被称为大众型旅游。采用这种形式外出旅游的人也被称为大众型旅游者。大众旅游模式只是旅游业的初期消费形态，它以观光为主要内容，采用标准化的服务内容、套路化的运作方式。尽管现在不断有人对这种形式的旅游活动提出异议，但大众型旅游活动以其低廉的价格、便利的方式、标准化的运作，在广大民众普遍缺乏外出经验的时期，对那些刚开始参与旅游的普通大众有极大的吸引力，成为大众旅游时代最主要的旅游模式。在现代旅游兴起的相当长时期内，大众旅游这一方式的流行极大顺应了当时的社会需求。如果没有大众旅游的普及，旅游活动的参与者数量不会如此迅速地增加，也难以形成大众化的局面。

【补充材料】

奖励旅游

这是一种高级的旅游形式，开始出现于 20 世纪 60 年代的美国。某些企业为了表彰和奖励那些工作成绩突出的销售人员，组织他们携带配偶外出旅游。后来，一些研究人力资源的心理学家经过大量的调查和分析后发现，把旅游度假作为对员工的奖励，所产生的激励作用远远超过了传统的金钱等物质奖励。其主要原因在于：第一，奖励旅游的激励作用更为持久，金钱和物质奖励所产生的刺激作用时间往往持续较短，而旅游的经历往往却使人终生难忘、印象深刻，激励作用更持久。第二，就激励的对象而言，奖励旅游会起到奖励少数人，激励一大片的效果。因为富裕时代，人们不再重视物质奖励，而比较重视精神奖励。

奖励旅游往往是一种特殊的高级旅游经历。这主要表现在：第一，奖励旅游的开展一般都有本公司的高层领导作陪。这对于受奖员工来说是一种殊荣。第二，奖励旅游的出游地点往往经过了特别挑选，一般都是选择员工个人不太容易前往的目的地。第三，奖励旅游的活动内容通常都采用量身定制的方式，由专门的经营商进行特别的组织与安排。第四，在奖励旅游活动期间，会安排高层领导与受表彰者一起组织开会，共商企业发展大计。这样受奖者会更有主人翁的意识，激励作用更为显著。因此，此种奖励方式正被越来越多的企业和政府机构所运用，作为人力资源管理激励机制中很重要的一部分。目前，奖励旅游已发展成为一种高端市场，其市场规模仍在持续增大。世界各地也出现了一批专门经营这一市场的旅游企业。

【补充材料】

社会旅游

在经济发达国家中，大多数家庭都有自己的旅游预算。生活并不富裕的家庭也会在平时生活中精打细算，注意节省，以保证至少一年一度的全家旅游度假计划能够实现。当然，还有相当数量的社会下层，家庭经济收入较低，以其自身财力无法实现旅游，有些国家就采取由国家、地方政府、工作单位、工会或户主所属的其他组织团体提供资助或补助的办法，帮助他们实现外出旅游，这就是所谓的社会旅游，也称为社会性补贴旅游。这种社会性补贴旅游的组织和开展在一定程度上说明，旅游度假作为人们现代生活的必要组成部分，在不少发达国家中已经被提到社会发展的日程上来。

这种社会旅游在西欧发达国家较为普遍。具体的资助或补贴方式，各国、各地区在做法上不尽相同。有些地区是由企业给员工发放度假补贴；有的是由政府或一些社会组织出资兴建度假中心，对一部分旅游者实施减免收费；有的则是通过由工会组织度假储蓄金的方式，帮助低收入会员储蓄家庭度假基金。

同样，在一些发展中国家，参加旅游活动的人数也不断增多，旅游活动不断普及的发展也表现得比较明显。2012 年我国全国国内旅游人数 29.57 亿人次，收入 22 706.22 亿元人民币，分别比 2011 年增长 12.0%和 17.6%；接待入境旅游 1.32 亿人次。

二、持续成长性

现代旅游的另一个特点是增长趋势的持续性。自 20 世纪 50 年代起，全世界旅游(包括国际旅游和国内旅游)活动的发展呈持续增长的趋势。以国际旅游为例，虽然少数个别年份因为某些突发因素，全球国际旅游人数略为下降，但总体趋势是持续增长的。

联合国专业机构世界旅游组织 2013 年 9 月公布的统计数据显示，2013 年上半年，世界各国赴海外旅游人数达 4.94 亿人次，比上年同期增长 5.2%。其中，中东欧和东南亚旅游业增幅显著，超过了该组织年初增幅为 3%～4%的预期。虽然人们对新兴国家经济的减速有所担忧，但是全球旅游市场需求仍在持续扩大。其中，发展中国家的增幅持续超过发达国家，海外游客人数超过当初的预期。世界旅游组织表示，发达国家和新兴国家的旅游消费都将呈持续增长的趋势。世界旅游协会预测，从 2010 年到 2020 年，国际旅游业人数和国际旅游收入将分别以年均 4.3%、6.7%的速度增长，高于同期世界财富年均 3%的增长率；到 2020 年，旅游产业收入将增至16万亿美元，相当于全球GDP的10%；所提供工作岗位达3亿个，占全球就业总量的9.2%，从而进一步巩固其作为世界第一大产业的地位。所以我们可以得到结论：只要不发生新的世界大战，或者不出现全球性的严重经济危机，全世界旅游活动的增长必将持续下去。

当然，个别地区的旅游活动在受到一些因素的影响下会有所下降，如当今局部地区的战争带来的负面影响以及对当地旅游环境的破坏等。例如，20世纪70年代以前，中东地区曾是国际旅游的热点地区，但中东战争的爆发和政治局势的动荡，使这一地区许多国家的旅游业受到致命的打击。1997～1998年亚洲金融危机也导致东亚地区旅游接待人数下降1.6%，旅游收入下降10.2%。但从全球的角度来看，局部地区的停止和倒退并不能改变和影响整个世界旅游持续增长的总趋势(见图3—3)。

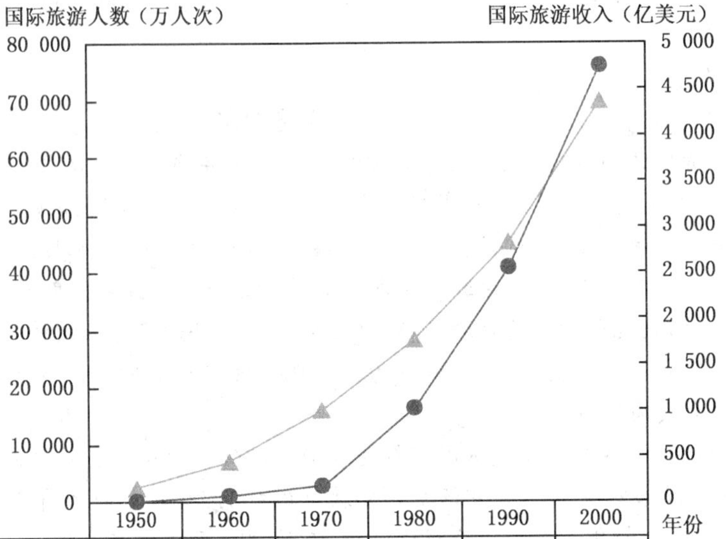

	1950	1960	1970	1980	1990	2000
国际旅游人数(万人次)	2 528.2	6 929.6	15 969	28 484.1	45 480	69 745.2
国际旅游收入(亿美元)	21	68.67	179	1 023.72	2 550	4 758

资料来源：根据世界旅游组织(WTO)有关统计数字整理。

图3—3　全世界国际旅游人次及消费额增长情况

三、地理集中性

现代旅游活动的第三个表现特点是，旅游活动的开展在空间分布上的地理集中性。随着现代交通运输工具和科技的进步，人们在世界各地之间旅行往来的时间距离在不断缩短。如今世界上的各个角落都有旅游者的足迹。

尽管现代旅游者的活动范围日趋扩大，但是通过调查发现，旅游活动的开展并不是平均分布在地球表面的各个地方的。旅游活动的开展往往相对集中在某些国家、某些地区，甚至相对集中于这些国家中的某些区域乃至某些景点。现代旅游活动的这一表现特点可称为“地理集中性”。

(一)基于全球范围的观察

以2012年全球的国际旅游活动为例。该年全世界的国际旅游人次大约为10.35亿人(见表3—4)。同全世界的人口及整个地球的面积相比较，这一数字本身并不大。然而，旅游者的活动开展并非平均分布在世界各地，而是相对集中于某些地区。例如，在2012年的国际旅游活动总人次中，在欧洲地区旅游的人次最多，其次是东亚和太平洋地区，再次是美洲地区。这三个地区合在一起，所接待的国际旅游者数量大约占全世界总量的90%。相比之下，非洲、中东、南亚等地区的国际旅游接待量较小。值得一提的是，全球国际旅游活动在世界各地区间的这一分布格局，半个世纪以来基本没有太大的变化。从表3－5所列的统计数字中，我们可以清楚地看到这一点。

表3－4　　世界旅游接待人数统计　　单位：百万

年　份	1990	1995	2000	2005	2010	2011	2012
全世界	436	529	677	807	949	995	1 035
欧洲	262.7	305.9	388	448.9	485.5	516.4	534.2
东亚太	55.8	82.0	110.1	153.6	205.1	218.2	233.6
美洲	92.8	109.0	128.2	133.3	150.4	156.0	163.1
非洲	14.8	18.8	26.2	34.8	49.9	49.4	52.4
中东	9.6	13.7	24.1	36.3	58.2	54.9	52.0

资料来源：根据世界旅游组织(WTO)统计数字整理。

表3－5　　世界各地区国际接待量份额　　单位：%

年份	1960	1970	1980	1990	2000	2005	2012
全世界	100.0	100.0	100.0	100.0	100.0	100.0	100.0
欧洲	72.5	70.5	66.0	62.6	57.7	54.8	51.6
美洲	24.1	23.0	21.3	20.4	18.5	16.6	15.8
东亚太	1.0	3.0	7.3	11.4	16.0	18.3	22.6
非洲	1.1	1.5	2.5	3.3	3.9	4.6	5.1
中东	1.0	1.4	2.1	1.6	2.9	4.8	4.6
南亚	0.3	0.6	0.8	0.7	0.9	1.0	0.3

注：由于计算时四舍五入的原因，各纵列数字之和可能不等于100%。

资料来源：根据世界旅游组织(WTO)统计数字整理。

(二)基于全国范围的观察

旅游活动的地理集中性不仅反映于全球国际旅游活动的地区分布格局，就一个国家的地域范围而言，旅游活动在该国各地间的分布情况同样也呈现出这一特点。以我国的入境旅游为例。到我国大陆来旅游的海外游客也不是平均分散于各个省市开展活动，而是沿着自己所理想的旅游线路到自己所理想的地方去旅游和访问。其中需求量较大的线路和游客数量较为集中的地区便形成了所谓的“旅游热线”和“旅游热点”。

根据国家旅游局发布的《2012年中国旅游业统计公报》，2012年，全国各省、自治区、直辖市接待入境过夜游客总计为11 626.57万人次，比上年增长8.9%。接待量超过100万人次的有广东、浙江、江苏、上海、北京、福建、辽宁、山东、云南、广西、陕西、安徽、湖北、四川、湖南、重庆、黑龙江、河南、山西、内蒙古、江西、河北和吉林23个省(区、市)。广东省接待入境过夜游客3 489.43万人次，继续居全国第一位。

2012年，国际旅游(外汇)收入超过1亿美元的有广东、江苏、上海、浙江、北京、福建、辽宁、山东、天津、云南、陕西、安徽、广西、湖北、重庆、湖南、黑龙江、四川、内蒙古、山西、河南、新疆、河北、吉林、江西、海南、贵州和西藏28个省(区、市)。广东省旅游(外汇)收入达156.11亿美元，继续居全国第一位。

按国际旅游(外汇)收入排列，31个省、自治区、直辖市的具体情况如表3—6所示。

表3—6　2012年我国各省市接待国际游客统计

序号	地区	国际旅游(外汇)收入(亿美元)	与上年比较(%)	接待入境过夜游客(万人次)	与上年比较(%)
1	广东	156.11	12.3	3 489.43	4.7
2	江苏	63.00	11.4	791.54	7.4
3	上海	54.93	—4.5	651.23	—2.6
4	浙江	51.52	13.4	865.93	11.9
5	北京	51.49	—4.9	500.86	—3.8
6	福建	42.26	16.3	493.67	15.5
7	辽宁	32.64	20.3	473.13	16.7
8	山东	28.24	14.6	469.91	10.8
9	天津	22.26	26.8	73.75	0.9
10	云南	19.47	21.0	457.84	15.8
11	陕西	15.97	23.4	335.24	24.0
12	安徽	15.63	32.5	331.47	26.1
13	广西	12.79	21.6	350.27	15.7
14	湖北	12.03	28.0	264.72	24.0
15	重庆	11.68	20.7	224.28	20.3
16	湖南	9.28	—8.5	224.55	—1.8
17	黑龙江	8.35	—9.0	207.62	0.5
18	四川	7.98	26.5	227.34	25.1
19	内蒙古	7.72	15.1	159.71	5.0
20	山西	7.20	27.0	189.18	21.8
21	河南	6.11	11.4	190.77	13.4
22	新疆	5.51	18.4	62.49	13.1
23	河北	5.45	21.7	129.32	13.3
24	吉林	4.95	28.4	118.27	19.1
25	江西	4.85	16.8	156.18	15.0
26	海南	3.48	—7.5	81.58	0.2
27	贵州	1.69	25.1	70.50	20.5

续表

序号	地区	国际旅游(外汇)收入(亿美元)	与上年比较(%)	接待入境过夜游客(万人次)	与上年比较(%)
28	西藏	1.06	−18.5	19.49	−28.0
29	青海	0.24	−8.5	4.73	−8.6
30	甘肃	0.22	28.5	10.20	12.0
31	宁夏	0.05	−12.0	1.90	−2.5

资料来源:摘自国家旅游局《2012 年中国旅游业统计公报》。

从表 3−6 可以看出,来我国大陆访问的入境游客大多集中在一定区域开展活动,其余地区接待量相对较小。这种热点与冷点的接待差别,也反映了旅游活动的地理集中性。

(三)基于城市的观察

如果我们将观察范围缩小到某一个城市,同样也能发现,到访的游客并不是平均分布在城市的各个地点开展旅游活动的,往往是集中在城市的某些区域展开。近年来,随着中国经济的发展和人民生活水平的提高,地理位置相近、自然景观秀丽、购物条件理想、大众文化深具魅力的韩国,成为中国人首选的旅游目的地。首尔市政府 2013 年 8～9 月面向中国、日本和中国台湾等亚洲 6 个国家和地区访韩游客进行的《首尔旅游项目实态调查》显示,93.8%的中国游客访韩路线中包括韩国故宫景福宫,其次为青瓦台和清溪川。访韩中国游客大部分是第一次来访韩国,旅游路线多由最具代表性的景点构成。事实上,不仅韩国首尔的情况如此,在我国乃至世界上的很多旅游城市中,都有类似的情况普遍存在。

了解和认识旅游活动的地理集中性特点,不论是对于微观层次的旅游企业经营,还是对于宏观层次上的旅游规划与管理,都有重要的现实意义。

在微观层次上,认识地理集中性这一特点的意义在于,它将有助于指导旅游企业经营者的营业地点选址。根据这一特点,旅游经营者应将营业地点选择在旅游者活动比较集中的区域。特别是对于宾馆、饭店、餐厅、旅游商店等旅游服务类企业来说,传统上一直都将“地点,地点,还是地点”作为其成功经营的“黄金法则”。

在宏观层次上,地理集中性的认识意义更为重要。它将有助于指导旅游目的地的旅游规划工作,从而有助于促进可持续发展。每一个旅游目的地都有承载力极限,如果超过了承载力极限,将会给旅游目的地带来各种负面影响。要解决好现在各大景区日益突出的“人满为患”和“旅游超载”等现象,只有通过科学的规划和有效的游客管理才能控制。

四、季节性

旅游活动的开展不仅在空间上具有地理集中性的特点,而且在时间分布上也呈现出不均衡的特点。这种在时间分布上的不均衡特点称为旅游活动的季节性。旅游活动的季节变动性是指旅游者外出旅游时间的选择和旅游接待地企业经营业务上所体现的明显淡、旺季差异性。

(一)旅游活动的季节性表现

就全世界绝大多数旅游目的地而言,观察一下来访游客在全年各月份的分布情况便会发现,无论是哪一年,都会呈现出有的月份游客来访量较大、而有的月份游客来访量稍小这样一种变化格局。

表 3−7 是我国 2007 年入境游客接待量在各月间的分布情况。

表 3－7　　中国 2007 年各月入境外国游客人数统计

全年	1月	2月	3月	4月	5月	6月	7月	8月	9月	10月	11月	12月
26 109 668	1 798 551	1 465 227	2 192 916	2 232 729	2 251 221	2 174 629	2 293 980	2 396 060	2 218 320	2 610 779	2 303 727	2 171 529
100%	6.9%	5.6%	8.4%	8.6%	8.6%	8.3%	8.8%	9.2%	8.5%	10%	8.8%	8.3%

资料来源：摘编自《中国旅游统计年鉴 2008》。

在旅游业中，人们把一年中旅游者来访人数（或某地人口外出旅游的人数）明显较多的时期称为旺季，人数较少的时期称为淡季，其余时期可称为平季。例如，根据表 3－7 所列出的，综合参考近几年我国在各月接待入境游客的情况，5～11 月份可认为是外国游客来访的旺季，因为这几个月中平均每月的入境游客来访量占全年总量约为 8%。而 12 月、1 月和 2 月则一般认为是入境游客来访的淡季。因为这三个月中游客到访量占全年总量的比重较小。

以“季节性”为表现的这种需求波动不仅存在于一年之四季以及各月之中，而且一周之间的平日与周末，甚至于一日之中的不同时段，也同样可以发现这种变化。对于许多景点，每逢周末接待的游人量远大于平日。而餐饮企业，即使是一天中，不同时间段的业务量也会有差别。

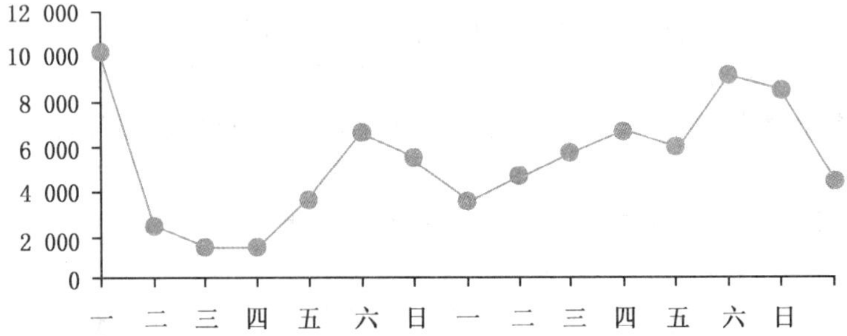

资料来源：据东方明珠娱乐总公司提供资料绘制。

图 3－4　东方明珠一周游客日流量变化（10 月 2～16 日）

（二）季节性的成因

旅游活动的季节性是旅游资源季节性、旅游活动季节性及旅游业季节性综合作用的结果。对于旅游目的地来说，游客来访量的季节性波动既有目的地自身的原因，同时也有客源地的因素。

1. 旅游目的地方面的原因

就旅游目的地方面而言，导致游客来访出现季节性波动的主要原因是目的地的旅游资源条件，特别是当地的气候条件。自然旅游资源常常受到季节性自然条件的影响，如地理位置、气候变化、日月运动、四季变更等，具有明显的季节性特点。一般来说，主要依赖自然旅游资源吸引游客的国家和地区，旅游接待量的季节性波动比较大。四季分明的国家和地区，四季中接待游客的波动量比较大些；四季不太分明的国家和地区，四季中接待游客量就比较稳定一些。

人文旅游资源民俗风情中的岁时节令、生养婚娶、游艺竞技等也往往会集中在某一个时期进行，如重大的节庆活动等。

2. 旅游客源地方面的原因

就客源地方面的原因而言，主要有三个原因：一是人们的出游目的；二是人们带薪假期的放假时间；三是人们在选择出游时间方面的传统习惯。

(1)出游目的。一般来说，以商务活动为代表的差旅性外出受季节影响会很小。公务型的旅游者对于旅游的目的地、出行的时间没有选择的余地，因此没有旅游季节性。文化知识型的旅游者对旅游产品的文化内涵、旅游计划的科学性具有较高要求，外出旅游的季节性相对比较弱。在以探亲访友为代表的因私事务型出游活动，尽管此种活动的出游时间会受某种传统节假日的影响，但总的来说，这类目的的出游时间季节性差异不大。

对客源地居民的出游季节性的形成，以及对出游季节程度具有重大影响的是以消遣为目的的出游活动。消遣型的旅游者追求观赏、娱乐和消遣享受，在旅游决策方面具有较大的自主权，喜好的变化或客观因素的影响都会导致旅游行程的变更，主要选择在闲暇时间集中、旅游景点气候条件佳的时间出游，所以他们的出游活动季节性较强。如果一个客源地的外出旅游者中，因消遣目的外出的比重大，那么该地区市场的出游季节性较明显。

(2)放假时间。影响客源地居民出游季节性的另一因素是带薪假期的时间分布。如果一个地区的带薪假期放假时间相对集中，那么该区域居民出游的季节性通常也会很强，旅游活动往往集中在这个时期。反之，带薪假期的时间分布较分散，那么该地区居民旅游外出的季节性较弱。在我国，每年的“十一”黄金周假期、企业年终发放奖金收入等时期，恰恰就是广大游客“十一”和新年旅游的高峰期。

(3)传统习惯。除了上述两项影响旅游季节性的主要原因外，在近年来的旅游市场调研中，还发现在一些国家中，尽管带薪假期的放假时间分布日趋灵活，但实际上，一定数量的家庭仍然选择在传统的度假时节外出旅游。45%的英国家庭依然愿意在7～9月外出度假。这说明人们在选择出游时间上仍受到传统习惯的影响。

【课后阅读】

2012年中国旅游业统计公报(节选)

2012年，我国旅游业总体保持平稳较快发展。国内旅游市场继续较快发展，入境旅游市场基本持平，出境旅游市场继续快速增长。全国国内旅游人数29.57亿人次，收入22 706.22亿元人民币，分别比上年增长12.0%和17.6%；接待入境旅游1.32亿人次，实现国际旅游(外汇)收入500.28亿美元，分别比上年下降2.2%和增长3.2%；中国公民出境人数达到8 318.27万人次，比上年增长18.4%；全年实现旅游业总收入2.59万亿元人民币，比上年增长15.2%。

一、国内旅游

全国国内旅游人数29.57亿人次，比上年增长12.0%。其中：城镇居民19.33亿人次，农村居民10.24亿人次。

全国国内旅游收入22 706.22亿元人民币，比上年增长17.6%。其中：城镇居民旅游消费17 678.03亿元，农村居民旅游消费5 028.19亿元。

全国国内旅游出游人均花费767.90元。其中：城镇居民国内旅游出游人均花费914.50元，农村居民国内旅游出游人均花费491.00元。

在春节、“十一”两个“黄金周”中，全国共接待国内游客6.01亿人次，实现旅游收入3 119.00亿元。

二、入境旅游

入境旅游人数13 240.53万人次，比上年下降2.2%。其中：外国人2 719.16万人次，增长0.3%；香港同胞7 871.30万人次，下降0.8%；澳门同胞2 116.06万人次，下降10.7%；台湾同胞534.02万人次，增长1.5%。

入境过夜游客人数5 772.49万人次，比上年增长0.3%。其中：外国人2 194.87万人次，与上年持平；香港同胞2 671.00万人次，下降0.8%；澳门同胞431.57万人次，增长0.9%；台湾同胞475.04万人次，增长6.9%。

国际旅游(外汇)收入500.28亿美元，比上年增长3.2%。

(资料来源：国家旅游局，2013年9月。)

本章小结

旅游活动是一种内容丰富、类型多样的社会经济活动。本章通过对旅游活动的基本概念进行探讨，初步认识了旅游活动的本质属性。在对旅游活动进行了不同分类后，重点对比了国内旅游和国际旅游的差异，并从现代旅游的发展中总结了其显著特点。

思考与练习

1. 名词解释：国际旅游、国内旅游、大众旅游、奖励旅游、社会旅游、旅游收入。
2. 请问下列哪些活动属于旅游活动？分别属于哪一种旅游活动？
(1)周日到球馆打球；
(2)周末去郊外采摘草莓；
(3)春节回老家过年；
(4)到海南参加学术会议；
(5)去上海进行商业考察；
(6)去近郊泡温泉。
3. 试分析旅游的概念性定义与技术性定义之间的区别。
4. 分析"艾斯特"定义。
5. 试分析国内旅游和国际旅游的区别和联系。
6. 旅游活动的构成要素是什么？
7. 旅游活动有哪些基本特征？
8. 现代旅游活动的特点是什么？认识这些特点的意义何在？

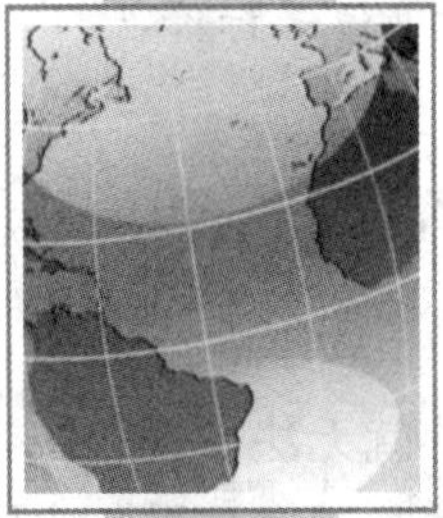

第四章 旅游者

学习目标

通过学习本章，了解旅游的概念、本质与特征，了解对旅游者的不同界定，掌握决定个人旅游需求的客观要素和主观要素，了解旅游者的类型及需求特点。

教学内容

1. 旅游者的概念
2. 我国旅游统计中对游客范围的划定与解释
3. 国内外旅游统计口径的异同
4. 影响个人旅游需求的客观因素和主观因素及其意义
5. 旅游者的类型的划分目的和方法，不同类型旅游者的需求特点

【案例导入】

旅游者案例：承诺不现，再游一遍

［中国旅游法律网，2009 年 5 月 12 日发布］ 在 1999 年“五一”黄金周期间，安徽省的张先生等 13 名旅游者乘坐武汉某游船公司的游轮游览长江三峡。该公司重庆售票点在销售宣传时说：“在重庆—武汉段可安排游览丰都鬼城、张飞庙、白帝城、大小三峡、岳阳楼等七个旅游景点，船上住宿三等舱为 6～8 人间，配有空调和彩电。然而，实际上游客住的是 10 人间，没有空调和彩电，仅有的两台电扇还是坏的，且安全、卫生条件很差。整个旅途过程只游览了丰都鬼城和小三峡，其余的景点均没有组织游客游览或观看。当得知最后一个景点（岳阳楼）也不能游览时，整艘游轮上的游客表示强烈不满，纷纷要求船长出面说明情况。而船方仅派出一名服务人员出来稍作解释，答应给每位游客退还 25 元人民币的景点门票费作为补偿。

旅游者一致认为在“五一”期间挤出宝贵时间，并每人花费 570 元，慕名而来，游览长江三峡。实际却在船上熬过了三天四夜，除了吃饭和睡觉就是看江水，时间和精神上的损失是 25 元钱远远不能弥补的。游船公司虚假宣传是对消费者的欺骗行为，故联名对此进行投诉。

处理结果：

质监所经调查核实，被诉方游船公司售票人员在宣传中夸大其辞，误导旅客，虚假宣传，致使游客享受不到应有的服务，合法权益受到侵害。因此，质监所要求该公司对其内部各项经营行为和服务质量进行整改。责成公司领导亲自带队前往淮北市向张先生及所在单位赔礼道歉，以求得游客谅解。根据双方协商，达成了如下补偿协议：(1)游船公司免费安排投诉人乘坐游船再次游览三峡。(2)船费及武汉—淮北返程硬座火车票由游船公司承担，其他费用由投诉人自行负担。投诉人对处理结果表示满意。

案例评析：

旅游企业对其服务项目、服务质量的说明及所售各类票据等，都被视为与旅游者所签订合

同的组成部分，具有法律效应，应依照条款严格履行。我国消费者权益保护法规定，经营者应当向消费者提供有关商品或者服务的真实信息，不得作引人误解的虚假宣传。《禁止价格欺骗行为的规定》也明确指出，使用欺骗性或者误导性的语言、文字、图片、计量单位等标价，诱导他人与其交易的属于价格欺骗行为。

第一节 旅游者的概念

旅游者是构成旅游的主体，是旅游的基本要素，没有旅游者，自然旅游就无法实现。旅游者，从字面上解释，就是游客，即从事旅游活动的人们。在英文中写作“tourist”，意思是出于一种好奇心，为了得到愉快而进行旅行的人。如何给旅游者下一个科学而准确的定义，成为旅游学难以回避的问题。围绕旅游者的概念，至今仍无法统一，究其原因，一方面，由于旅游学研究起步较晚，研究者从各自不同的学科角度提出旅游者的概念；另一方面，又由于旅游本身的开放性、边缘性，以及关联性较大等原因造成旅游者的概念内涵十分丰富。

一、国际旅游者的界定

（一）国际联盟的定义

早在1937年，国际联盟的统计专家委员会曾对旅游统计中外国旅游者的界定标准和范围加以解释如下：外国旅游者“就是离开自己的居住国，到另一个国家访问至少24小时的人”。该委员会特别界定下列情况为旅游者：

（1）为了消遣、娱乐、家庭事务，包括为了健康方面的目的而进行出国旅行的人；

（2）为出席会议或作为公务代表而出国旅行的人（包括科学、行政、外交、宗教、体育等方面的会议或公务）；

（3）为商务原因而出国旅行的人；

（4）在海上巡游度假过程中登岸访问的人员，即使其上岸停留时间不足24小时，也视为来访旅游者（停留时间不足24小时的人应分开作为一类，必要时可不论其通常居住地为何处）。

根据委员会建议，下列人员不属于旅游者：

（1）抵达某国就业谋职（不管是否订有合同）或者在该国从事营业活动者，均不能列为旅游者；

（2）到国外定居者；

（3）到国外学习、寄宿在学校的学生和青年人；

（4）住在边境的居民及定居者，越过边界到邻国去工作的人；

（5）临时过境而不停留的旅行者，即使在境内超过24小时也不算旅游者。

（二）罗马定义

1963年，联合国在罗马举行了一次国际旅行和旅游会议，会议对来访旅游人次的统计范围作了新的规定。出于统计工作的需要，会议提出采用“游客”（visitor）这一总体概念，然后把游客划分为两大类：一类是旅游者，或称过夜旅游者（tourist）；另一类则是游览者，或称不过夜的当日往返旅游者（excursionist），并继续承认国际联盟专家统计委员会规定的不属于旅游者的五种人。

罗马会议对此所作的具体解释和规定如下：

游客是指除为获得有报酬职业以外，基于任何原因到一个不是自己常住国家去访问的人。

游客包括过夜旅游者和当日往返旅游者。过夜旅游者是指在访问国至少逗留24小时的人。其旅行目的可属于下列之一:闲暇的消磨(包括娱乐、度假、保健、学习和运动等);商业业务、探亲访友、公务出差、出席会议等。当日往返旅游者是指在访问国停留不足24小时的人(包括航海环游的旅客)。

1967年联合国统计委员会的专家研究小组采纳了罗马会议对游客下的定义,1968年该委员会与国际官方旅游组织联盟(世界旅游组织前身)都通过了这个定义。1970年欧洲经济合作与发展组织旅游委员会也采纳了罗马定义。

1976年联合国统计委员会第19次会议又通过了关于国际旅游者暂时性准则方案。对国际旅游者作出了更为明确的规定,认为国际旅游者可分为:一是从外国到某特定国访问的人(来自外国旅游者);二是从某特定国去国外访问的人(出国旅游者)。

1984年,世界旅游组织又对国内旅游者作了下列规定:"任何以消遣、闲暇、度假、体育、商务、公务、会议、疗养、学习和宗教等为目的,而在其居住国,不论国籍如何,所进行24小时以上、一年之内旅行的人,均视为国内旅游者。"

(三)渥太华会议的定义

在1991年6月,世界旅游组织与加拿大政府在渥太华联合召开"国际旅游统计工作会议",公布了《关于旅游统计的建议》。1993年3月,经联合国统计委员会批准后,被世界大多数国家认可。

《关于旅游统计的建议》(简称《建议》)界定:

国际游客为:任何前往其常住居住所在国以外某个国家进行旅行,并且离开自己常住环境的时间不超过12个月,其前去访问的目的不是为了从事获取报酬的活动的人。国际游客包括国际旅游者和国际一日游游客。

国内游客为:任何前往位于其常住国国内,但离开自己的常住环境,到该国家内的某些地方及在该地停留,但连续不超过一年的活动的人。《建议》把国内游客者分为过夜旅游者与一日游游客两种。

"过夜游客"指在目的地的"集体旅游住宿设施与私人旅游住宿设施"中过夜者,一日游游客指当天返回惯常环境的游客。由于各国国情千差万别,因而UNWTO并没有对一日游游客出游的时间与距离作统一规定。

(四)我国的统计口径

1979年,中国国家统计局和国家旅游局根据我国的实际情况,从统计工作的需要出发,对国际旅游者作了如下的规定:

国际旅游者是指来我国探亲访友、度假、观光、参加会议或从事经济、文化、体育、宗教等活动的外国人、华侨、港澳台同胞。其中,外国人是指属外国国籍的人,包括加入外国国籍的中国血统华人;华侨是指持有中国护照,但侨居外国的中国同胞;港澳台同胞是指居住在我国香港、澳门地区和台湾省的中国同胞。

为了便于界定,我国规定来华国际旅游者是离开其常住国(或常住地区)到我国大陆访问,连续停留时间不超过12个月,并且在我国大陆活动的主要目的不是通过所从事的活动获取报酬的人。其中,常住国(或地区)是指一个人在近一年的大部分时间内所居住的国家(或地区),或虽然在这个国家(或地区)只居住了较短的时间,但在12个月内仍将返回这个国家(或地区)。

根据游客在我国停留时间的不同,分为国际旅游者(过夜游客)和国际一日游游客(不过夜游客)。

我国统计中还规定,下列8种人不属于国际旅游者:

(1)应邀来华访问的政府部长以上官员及其随行人员;

(2)外国驻华使馆官员、外交人员及其随行人员和受赡养者;

(3)常驻我国1年以上的外国专家、留学生、记者、商务机构人员等;

(4)乘坐国际班机直接过境,不需要通过护照检查进入我国口岸的中转旅客、机组人员、在口岸逗留不过夜的铁路员工和船舶驾驶人员及其他人员;

(5)边境地区往来的边民;

(6)到我国定居的华侨、港澳台同胞;

(7)到我国定居的外国人和原已出境又返回在我国定居的外国侨民;

(8)归国的我国出国人员。

以上国际组织和我国有关部门对旅游者的定义尽管表述不一,但实质内容是一致的。目前,世界各国在对国际旅游者进行界定和统计时,都是以罗马会议定义或者世界旅游组织的解释为基准的。

二、国内旅游者的界定

(一)国际上的定义

从旅游活动产生和发展的规律来看,人们的旅游活动是先近后远、先国内尔后才能走出国门。由此来看,应该是先有国内旅游,后有国际旅游,也即先有国内旅游者,后有国际旅游者。对国内旅游者的技术界定,涉及旅游者的旅行目的、移动距离、外出的时间等问题。目前,人们对这些问题的看法还不很一致,导致人们对国内旅游者的技术界定也不完全相同,也因此造成了各个国家和地区间关于旅游数字统计的不可比性。

在世界各国,人们都有自己的关于国内旅游者的定义,甚至在同一国家的不同部门或机构中使用的旅游者定义也不相同,归纳起来主要有两种类型。

一种是以外出距离为标准来区分是否是旅游者,如加拿大和美国。

加拿大政府部门对国内旅游者的定义是:旅游者是指到离开其所居社区边界至少25英里以外的地方去旅行的人。这个定义同美国劳工统计局(USBLS)在其"消费者开支调查"中所使用的旅游者概念基本一致。

美国使用较广的旅游者定义是1978年美国国家旅游资源评审委员会(the National Tourism Resource Review Commission)提出的定义:旅游者是指为了出差、消遣、个人事务或者出于工作上下班之外的其他任何原因而离家外出旅行至少50英里(单程)的人。而不管其是否在外过夜。

另一种是以旅行者在外滞留的时间长短(是否在外过夜)来区分是否是旅游者,如英国。英国旅游局在每月一度的旅游调查中对国内旅游者的定义是,基于上下班以外的任何原因,离开居住地外出旅行过夜至少一次的人,而对于外出旅行的距离未作明文限制。这一定义的合理之处,是以是否在外过夜为标准统计旅游人次,基本可以真实地反映出国内旅游的发展状况。

(二)世界旅游组织的定义

为了求得国际间对国内旅游者的统计的可比性,1984年,世界旅游组织给国内旅游者下了这样一个定义:"任何因消遣、闲暇、度假、体育、商务、公务、会议、疗养、学习和宗教等为目的，而在其居住国，不论其国籍如何，所进行的24小时以上、一年之内旅行的人，均视为国内旅游者。”

同样，国内游客也分为过夜旅游者和不过夜游客。

（三）我国对国内旅游者的界定

在我国的国内旅游统计中，对纳入国内旅游统计范围的人员统称为国内游客。国内游客是指任何因休闲、娱乐、观光、度假、探亲访友、购物、参加会议或从事经济、文化、体育、宗教活动而离开常住地到我国境内其他地方访问，连续停留时间不超过6个月，并且访问的主要目的不是通过所从事的活动获取报酬的人。国内游客中包括在我国大陆境内住满一年后，离开其常住地到我国大陆境内其他地方旅游和访问的外国人、华侨和港澳台同胞。规定中的一些限定：①外国人，是指外国国籍的人，加入外籍的中国血统华人也包括在内。②华侨，是指持有中国护照，但侨居外国的中国同胞。③港澳台同胞，是指居住在我国香港、澳门地区和台湾省的中国同胞。

我国的国内旅游统计对国内游客分为以下两类：

(1)国内旅游者，是指我国大陆居民离开常住地，在我国大陆境内其他地方的旅游设施内停留至少一夜、最长不超过6个月的国内游客。

(2)国内一日游游客，是指我国大陆居民离开常住地10公里以外，出游时间超过6小时但不足24小时，并未在我国大陆境内其他地方的旅游设施内过夜的国内游客。

下列人员不属于国内游客：

①到各地巡视工作的部级以上领导；

②驻外地办事机构的临时工作人员；

③调遣的武装人员；

④到外地学习的学生；

⑤到基层锻炼的干部；

⑥到其他地区定居的人员；

⑦无固定居住地的无业游民。

我国对国内游客的定义与世界旅游组织的定义是基本一致的，但是我国对国内旅游方面所做的统计并未将在亲友家过夜的国内旅游者包括进去。所以，我国关于国内游客人次的统计数字可能低于实际规模。

【补充阅读】

云南拓宽“旅游者”概念　“一站式”发展会奖旅游

在去年年末结束的第六届中国会议产业大会(以下简称会议产业大会)上，云南获评“2013年最受欢迎国际会奖旅游目的地”、“最受欢迎会奖旅游目的地宣传片”等多项殊荣。尤其是，会议产业大会期间，在北京国家会议中心召开的云南会奖旅游专场推介会上，云南省旅游发展委员会向海内外嘉宾、买家推介了云南会奖旅游市场，云南会奖旅游产业发展备受瞩目。

云南旅游实现“二次创业”

改革开放以来，云南地方政府强势主导旅游发展，云南省旅游业完成了从“接待事业型”到“经济产业型”，再到“支柱产业型”的转变升级，全省旅游经济总量不断扩大，产业体系逐步完善，综合带动效应日益增强，云南成为名副其实的旅游大省。

自1999年世界园艺博览会以来，从昆交会到昆明国际农业博览会、首届南博会，再到

2013年中国国际旅游交易会，每年都有一大批会议、会展活动选择在昆明举办，昆明也步入了会展城市的行列。除昆明外，腾冲、普洱、西双版纳、大理、丽江等州市也成为云南重要的会议目的地。云南每年举办的具有一定国际国内影响力和知名度的节、会、展在10个以上，产生直接经济效益超过10亿元，拉动包括旅游业在内的间接经济效益超过100亿元。百个国际性、全国性活动的举办，极大地提升了云南举办大型展会的能力和水平，培养和造就了一批大型展会的组织经营人才团队，为云南省进一步发展会奖旅游积累了经验。

由于云南旅游起步早，作为"含金量最高"的旅游产品，会奖旅游无疑成为云南旅游实现"二次创业"、旅游业转型升级的一大突破口。通过发展会奖旅游，可以对现有旅游产品进行整合、提升和改造，实现云南旅游从单一的观光型旅游向观光、休闲、度假、专项旅游复合型的转型。

突破"旅游者"概念

对于云南会奖旅游业的长足发展，云南省旅游发展委员会党组书记、主任段跃庆作出了深入的思考。他认为，长期以来，人们对旅游者定义的理解往往都加上了一个"从事非营利性活动"的界定，为了研究便利而缩小了旅游者的范畴或者是把旅游者片段化。随着旅游产业与商贸经济的融合深入发展，在现实的市场运作中，人们是很难把商人、公务人员和旅游者截然分开的，或者说旅游者只是公务人员、商务人员片段化的身份。也许他上午是商人谈生意，中午他去景区景点游览成为游客；或者他上午是打高尔夫球的游客，下午成了指导区域产业发展的公务人员。因此，会奖旅游的全面发展，要求业界"突破"传统游客概念的束缚，认识"完整的人"，而非"旅游的人"，综合考虑"完整的人"的综合需求，这样才能更好地为会奖游客提供服务。

段跃庆谈出了自己对发展会奖旅游产业的心得，他认为发展会奖旅游要把营利片段与非营利片段结合起来，把片段的旅游者拓展成完整的旅游者，把片段的旅游产业要素、产业链设施拓展成完整的旅游产业要素、产业链设施，从而提供满足客户需要的产品、服务。旅游不是片段性的，而是与其他行业、经济行为密切联系在一起的，"因此，我们要从以往割裂的旅游观向整体的旅游观转变。这样整个旅游产业才能融合式发展，旅游业才能渗透到社会经济的方方面面，同时利用社会经济的方方面面资源来支撑旅游业的大发展。"段跃庆表示。

"对旅游者概念的'突破'，我个人认为是加快入境旅游发展的一个新起点和新契机，它能让我们在市场营销的过程中通过采用新的手段和方法，实现入境旅游新突破的目标。"段跃庆表示。

"拿云南来说，南亚、东南亚是我们的近邻，前些年我们推动形成了GMS、孟中印缅区域旅游合作机制，加强了云南与这些周边国家的旅游合作和经贸往来。现在来看，马来西亚、新加坡、菲律宾、泰国、印度、越南都是我们重要的入境市场，印度等南亚国家旅游人数增长迅速。面对传统入境旅游市场增长乏力的现状，除以传统的市场营销办法吸引大众游客之外，我们更要研究如何吸引那些对价格不敏感，将旅游和商务、公务融合在一起的细分市场群体，这其中既包括准备通过云南走向东南亚、南亚做生意、卖产品的中国企业和第三国企业，也包括从南亚、东南亚国家准备进入中国市场的企业集团，会奖旅游就是一个很好的平台和工具，能真正形成'会奖搭台，商贸旅游唱戏'的共赢局面。"段跃庆说。

"一站式"发展会奖旅游

段跃庆最后表示，云南应走"一站式"的路子发展会奖旅游。众所周知，会奖旅游产业的发展需要政府、企业、行业协会、教育培训机构等的共同支撑，通过汇聚各行业的信息与资源要素，激发各创新主体的活力，完善市场环境，并建立相应的信任与利益协调机制，才能实现各行业的深度合作与相关产业间的融合。

"发展MICE产业一方面要加强旅游要素企业间的内部协同，聚合会展中心、会议酒店、餐饮企业、景区景点、交通运输、购物娱乐等产业要素，在会奖策划公司、旅行社的组织协调下，进一步密切配合，开发出有特色、定制化、满意度高的会奖旅游产品。另一方面要完善与非旅游要素企业之间的协同，既要加强与场地搭建、设备提供、能源供应等提供商的合作，还要加强与人才教育、人力培训机构的联系，更要深入分析委托企业产业链结构、研究企业的市场开发诉求，让会奖旅游成为这些企业更高、更好、更快发展的纽带和催化剂，为委托企业创造更多的产出。"段跃庆表示。

段跃庆还强调，要推动有一定资源整合能力、有一定旅游要素产业基础的旅游集团成长为会奖旅游专业运营商和区域性会奖旅游集团，以更好地实现区域内相关产业的融合及旅游企业的内部和外部协同创新，为会奖旅游批发商、会奖旅游客户提供"一站式"服务。并通过更多智力成本和技术手段的投入，让会奖旅游引领旅游产业发展的"智慧化"升级，引导旅游产业从目前的劳动密集型产业向智慧密集型产业转型。

（资料来源：《中国贸易报》，2014年1月28日。）

第二节　旅游者形成的客观条件

一个人要实现旅游活动、成为旅游者是需要一些条件的，既包括客观条件，也包括主观条件。概括地说，要成为旅游者，必须具备一定的可支配收入、闲暇时间等客观条件，同时在主观上也应有外出旅游的动机。

一、足够的可随意支配的收入

一个人的收入水平，或其家庭的收入水平和富裕程度，往往决定着他能否实现外出旅游及其外出旅游消费水平的高低。所以，家庭收入达到一定水平乃是一个人产生旅游需求和实现旅游活动的前提之一，也是实现旅游活动的重要物质基础。

西方经济研究中，常把家庭收入划分为可支配收入和可随意支配收入两个部分。可支配收入是指个人或家庭的收入中扣除全部应纳所得税后的剩余部分；可随意支配收入也称可自由支配收入，是指个人或家庭收入中扣除全部纳税及社会消费（如健康人寿保险、老年退休金和失业补贴的预支等）以及日常生活必须消费部分（衣、食、住、行）之后所余下的部分。

很明显，个人及家庭收入必须首先购买生活必需品，满足生存需要，然后才能用于其他支出。当一个家庭的收入不足以支付必需的社会消费和日常生活消费时，则该家庭外出旅行的可能性很小。当收入超过一定水平后，用于旅游的消费便会迅速增加。我们可以把能够进行旅游活动的收入水平称为临界收入水平（或临界点）。据美国人口统计局、美国旅游资料中心等机构的调查结果显示，在20世纪60年代初，美国的旅游临界收入约为每年15 000美元，年收入在15 000美元以上的家庭外出旅游的可能性比低于这一水平的家庭大两倍。收入越多的家庭，外出旅游的可能性越大，这充分说明了人们外出旅游与家庭收入水平有着直接的关系。

收入水平直接影响着旅游活动过程中的消费水平。家庭收入超过临界点后，每增加一定比例的收入，旅游消费会以更大的比例递增。据英国有关部门统计，旅游消费的这种收入弹性系数为1.5，即每增加1个单位的收入，便会增加1.5个单位的旅游消费，国际官方旅游组织联盟(世界旅游组织前身)估计这一系数高达1.88。

收入水平还会影响到人们的旅游消费结构。家庭富有的旅游者除了支付交通费用以外，尚能在食、宿、购、娱等方面有较高的支付能力，从而使交通费用在其全部费用中所占的比例变小，而食、宿、购、娱开支所占比例增大。而经济条件不很充裕的旅游者交通费用占整个支出的比例较大，因为交通费用在旅游过程中不容易节省。而食、宿、购、娱等方面的开支所占比例相对较小，因为这些开支较易节约和控制，弹性较大。

至于各类公费旅游者，由于其费用报销或享受补贴的缘故，个人或家庭的收入水平不再是构成实现旅游活动的必要条件，而经济发展水平成为以差旅型旅游者为代表的公费旅游者产生的重要条件。比如发达国家和不发达国家、效益好的公司和效益差的公司，他们的员工因公出差，会受到国家和公司客观条件的限制，在选择住宿、交通工具等方面会有差异。一些效益好的公司的工作人员为了公司形象的考虑，在旅游消费上会选择符合公司形象的消费。

总之，收入水平意味着支付能力，它影响着旅游实现的可能性，影响着旅游者的消费水平及其消费构成，影响到旅游者对旅游目的地及旅行方式的选择，等等。所以，收入水平是旅游者形成的重要客观因素，但不是唯一因素。

【补充阅读】

2011年我国城镇家庭恩格尔系数统计

2011年，城乡居民家庭恩格尔系数分别为36.3%和40.4%。此前国家统计局发布的数据显示，我国恩格尔总体下降的格局没有改变，但降幅在逐步缩小。同时，部分年份出现反弹，如2008年明显高于2007年。相较于2010年，2011年城镇家庭恩格尔系数为35.7%，上升0.6个百分点，出现反弹。

恩格尔系数反映的是食品支出占个人消费支出的比重。随着家庭和个人收入的提高，收入中用于食品方面的支出比例将逐步缩小。

根据联合国粮农组织的标准划分，恩格尔系数在60%以上为贫困，50%～59%为温饱，40%～49%为小康，30%～39%为富裕，30%以下为最富裕。从国外来看，美国自1980年以来，恩格尔系数平均为16.45%，日本1990年以来平均为24.12%。

二、足够的闲暇时间

很多事实表明，不少人已经具备了足够的支付能力，但仍然不能实现外出旅游，造成这种情况的重要原因之一是缺少闲暇时间，在影响人们能否外出旅游的客观因素中，闲暇时间也占有举足轻重的地位。拥有闲暇时间的多少不仅决定着一个人能否实现外出旅游，而且还会影响到对旅游目的地的选择以及在目的地逗留时间的长短。

那么，什么是闲暇时间呢？让我们先看看人生的时间构成。以就业人员为例，人生时间是由以下5个部分构成：

(1)法定的就业工作时间，比如我国目前实行的每周5天、每天8小时的法定工作时间。

(2)必需的附加工作时间，比如必要的加班加点以及必要的第二职业时间。

(3)生理上需要调剂的时间，比如吃饭、睡觉等，这部分时间的付出是必不可少的，否则一个人将无法维持生命。

(4)必需的社会活动时间，比如参加必要的社交约会、学校召开的学生家长会等。这部分时间不容个人自由支配。

(5)闲暇时间,也称为余暇时间,是指个人可随意支配的时间,正因为有闲暇时间,才有可能把它用于旅游,成为旅游活动时间。

从人生时间的构成可以看出,闲暇时间并不是人们通常所说的“8 小时以外”的时间,《韦氏第三版新国际字典》把闲暇时间定义为:“由于暂时免除工作或责任而带来的自由时间。”1970 年 6 月在欧洲娱乐委员会上通过的《消闲宪章》指出:“消遣时间是一种自由的时间,但在这个时间里,人们能掌握作为人和作为社会的有意义的成员的价值。”马克思和恩格斯多次指出:闲暇是人的全面发展所需要的自由时间,“这种时间不被直接生产劳动所吸收,而是用于娱乐和休息,从而为自由活动和发展开辟广阔天地”。

综上所述,可以认为闲暇时间是人们在工作、学习、生活以及其他必须占用的时间之外,剩余下的个人可自由支配的时间。

闲暇时间按时间长短可分为三种,即每日工作之后的闲暇时间、周末闲暇时间和公共假日闲暇时间、带薪假期闲暇时间。时间长短不同,使用的方式和效果也就不同。

1. 每日闲暇

每日闲暇即每天在工作(学习)和生活之余的闲暇时间,零散地分布在一天中的几个时段中,虽可用于休息或娱乐,却很难用于旅游活动。

2. 周末闲暇和公共假日

周末闲暇通常是指周末休息日或每周轮休日。目前,全世界除少数国家实行 6 天工作制外,绝大多数国家已实行 5 天工作制,周末休息两天。我国从 1995 年开始实行每周 5 天工作制。一些发达国家还在延长周末假日,如美国规定每年有 4 次为期 3 天的周末假日。周末闲暇时间虽然比较集中,但由于时间短,一般只适合开展一些近距离旅游活动。

表 4—1　　时间类别与活动类别的关系

活动类别 时间类别	限制性活动	自由活动
工作时间	法定的工作活动、必需的附加工作	工间休息
非工作时间	生理生存活动、必需的社会活动	休闲活动

公共假日即通常所说的法定节假日,由于各国不同的历史文化和宗教信仰方面的原因,其公共假日的分布也有所不同。就欧洲而言,不同国家的公共假日就不尽相同,具体情况参见表 4—2。西方最典型的公共假日是圣诞节、复活节。目前,我国的公共假日有元旦、春节、清明节、劳动节、端午节、中秋节、国庆节。从 2009 年开始,我国的公共假日延长为 11 天,分别是:元旦、清明节、劳动节、端午节、中秋节均为 1 天,春节和国庆节均为 3 天。在实际操作过程中,政府把假日前后两个周末双休日合并在一起,公共假日通常连续多日,这为人们外出探亲访友或旅游度假提供了好时机,在这段时间里易形成旅游的高峰期。

3. 带薪假期

目前,一些经济发达国家以法律的形式规定,对就业员工实行带薪休假优惠制度。这种假期时间较长。法国是世界上第一个以立法的形式规定就业员工享有带薪假期的国家,它在 1936 年宣布劳动者每年可享有带薪假期至少 6 天。这种假期时间长,如瑞典为 6 周,美国一般为 2～4 周,欧洲每年平均带薪假期期限是 22～25 个工作日,欧洲部分国家的带薪假期参见表 4—2。带薪假期是人们开展旅游活动的绝好时机,西方国家大多数出游者都是利用带薪假期开展远程旅游的。我国已于2008年1月在全国正式实行带薪休假制度，虽然该制度最初一年还不可能得到全面推行，但已有40%左右的实施率，是一个良好的开端。

表4—2　欧洲部分国家的带薪假期和公共假日

国　家	带薪假期（周）	公共假日（天）	国　家	带薪假期（周）	公共假日（天）
奥地利	5	13	比利时	4～5	10
丹麦	5	10	芬兰	5～6	14
法国	5	11	德国	5～6	10
希腊	4	12	爱尔兰	4	10
意大利	4～6	10	荷兰	5	7～9
挪威	4	10	葡萄牙	4～5	12
西班牙	4～5	14	瑞典	5～8	11
瑞士	4～5	6	英国	4～6	8

资料来源：中国驻各国大使馆商务参赞处。

【补充阅读】

国务院关于修改《全国年节及纪念日放假办法》的决定（国务院令第644号）

国务院决定对《全国年节及纪念日放假办法》作如下修改：

将第二条第二项修改为："（二）春节，放假3天（农历正月初一、初二、初三）"。

本决定自2014年1月1日起施行。

《全国年节及纪念日放假办法》根据本决定作相应修改，重新公布。

全国年节及纪念日放假办法

（1949年12月23日政务院发布，根据1999年9月18日《国务院关于修改〈全国年节及纪念日放假办法〉的决定》第一次修订，根据2007年12月14日《国务院关于修改〈全国年节及纪念日放假办法〉的决定》第二次修订，根据2013年12月11日《国务院关于修改〈全国年节及纪念日放假办法〉的决定》第三次修订）

第一条　为统一全国年节及纪念日的假期，制定本办法。

第二条　全体公民放假的节日：

（一）元旦：1月1日放假1天。

（二）春节：1月31日至2月6日放假调休，共7天。1月26日（星期日）、2月8日（星期六）上班。

（三）清明节：4月5日放假，4月7日（星期一）补休。

（四）劳动节：5月1日至3日放假调休，共3天。5月4日（星期日）上班。

（五）端午节：6月2日放假，与周末连休。

（六）中秋节：9月8日放假，与周末连休。

（七）国庆节：10月1日至7日放假调休，共7天。9月28日（星期日）、10月11日（星期六）上班。

第三条　部分公民放假的节日及纪念日：

（一）妇女节（3月8日），妇女放假半天。

（二）青年节（5月4日），14周岁以上的青年放假半天。

（三）儿童节（6月1日），不满14周岁的少年儿童放假1天。

（四）中国人民解放军建军纪念日（8月1日），现役军人放假半天。

第四条　少数民族习惯的节日，由各少数民族聚居地区的地方人民政府，按照各该民族习惯，规定放假日期。

第五条　二七纪念日、五卅纪念日、七七抗战纪念日、九三抗战胜利纪念日、九一八纪念日、教师节、护士节、记者节、植树节等其他节日、纪念日，均不放假。

第六条　全体公民放假的假日，如果适逢星期六、星期日，应当在工作日补假。部分公民放假的假日，如果适逢星期六、星期日，则不补假。

第七条　本办法自公布之日起施行。

（资料来源：中国新闻网，2013年12月。）

三、其他客观条件

拥有足够的可随意支配收入和足够的闲暇时间是实现旅游活动的两个重要基本条件，但这并不等于说，一个人只要具备了这两项条件就肯定会成为现实的旅游者。事实上，一个人能否成为现实的旅游者还会受到许多其他因素的制约和影响，主要有旅游目的地的可进入性、受教育程度及职业、旅游者的身体状况和家庭所处生命周期等几个方面。

1. 旅游目的地的可进入性

旅游客源地与旅游目的地之间的距离、交通状况以及国际旅游中的旅游入关签证、服务效率等会影响旅游者前往该地。随着现代科学技术的不断发展，交通运输取得了突飞猛进的发展，高速公路的开通、大型宽体飞机的运营以及高速火车的普及，有效地解决了外出旅游的时空矛盾。比如，以前珠江三角洲到粤东交通不便，两地互相往来的旅游者不多，高速公路建成后，来往的旅游者倍增。

2. 受教育程度及职业

职业与受教育程度，二者往往彼此相关，并且此二者同收入通常也都会有一定关联。一般来说，受教育程度越高，求知欲望越强，收入越高，外出旅游可能性越大。

3. 旅游者的身体状况

一个人的身体状况是其能否成为现实的旅游者的客观因素，外出旅游客观上要求旅游者必须具有健康的身体，否则可能难以成行。旅游者中以身强体壮的中青年人占多数，老年人在旅游者中所占比例较低。根据国家旅游局对来华国际旅游者的统计，50岁以下的旅游者占旅游总人数的80%左右。许多老年人虽然有退休收入、有充分的闲暇时间，但其外出旅游的比例仍较低，根本原因是，随着年龄增长，老年人身体能力状况会每况愈下，参加旅游活动会感到体力不支，而且突发疾病的危险性也比较大，不宜进行远距离和过分消耗体力、精力的活动。

4. 家庭生命周期

我们把家庭生命周期分为单身阶段、新婚阶段、初为父母阶段、空巢阶段、分解阶段。

单身阶段是人们大多数在经济上已经自主，脱离开原有家庭的阶段。没有家庭拖累，消费比较自由，用于娱乐和旅游的时间相对较多，思想活跃，乐于追求新潮。此阶段，人们往往乐于外出旅游，特别是乐于参加带有探险、体育、新奇色彩的旅游活动。

新婚阶段是从结婚到第一个孩子出生阶段。这个阶段一般没有其他经济负担，闲暇时间较多，乐于寻求快乐的生活方式。此阶段，人们往往乐于外出旅游，特别是乐于参加带有消遣娱乐性质的旅游活动。

初为父母阶段是第一个孩子出生到子女独立生活前阶段。许多调查结果显示，家中有4岁以下婴幼儿的家庭外出旅游的可能性很小。因为婴幼儿体质稚弱，需要特殊照顾，不宜长途颠簸，在外出旅游期间也不容易找到适合婴幼儿生活所需要的特殊接待措施，麻烦颇多。

空巢阶段是子女在经济上已经自主，离开父母，家中只留下老夫妇阶段。这个阶段家庭收入丰厚，没有其他负担；闲暇时间较多(大多数已经退休)。此时，往往大量外出参加疗养、观光旅游活动。

分解阶段是老年夫妇丧失配偶阶段。这个阶段孤独的老年人在情感、生活习惯、经济条件等方面发生很大的变化。分解阶段的老年人是否愿意外出旅游，要具体情况具体分析。很多市场调查结果都显示，老年人参加旅游活动的比例有了很大的增加，并且已经形成了令各国旅游业瞩目的“银发市场”，处于这一阶段的老年人更需要外出旅游散心、交朋友、驱赶孤独。

综上所述，如果从上述因素对旅游起障碍作用的大小来看，真正可孤立起作用的则是一个人的身体健康状况和家庭拖累状况，它们和收入水平及闲暇时间一起构成影响一个人成为现实旅游者的客观因素。当然，这四个因素是相互联系、相互作用、缺一不可的。

第三节　旅游者形成的主观条件

旅游是人的主观能动的实践活动，一个人能否成为旅游者，不仅需要客观条件，而且也需要旅游者自身的主观条件，即人的旅游需要和旅游动机。

一、旅游需要和旅游动机

何谓动机？通俗地讲，动机就是激发一个人行动的内在驱动力，旅游动机也就是一个人为了满足自己的某种需要而决定外出旅游的内在驱动力，即促使一个人有意于旅游以及到何处去、作何种旅游的心理动因。一个人的行为动机总是为满足自己的某种需要而产生的，在这个意义上，动机是需要的表现形式，有什么样的需要，便会产生与之相适应的动机。人的需要是多方面的，不同的人以及不同的时间需要是有很大差异的。心理学家从不同的角度对人类的需要进行了分类。在各种分类方式中，美国心理学家马斯洛的需要层次理论最具影响。

马斯洛的需要层次理论认为，人的需要是有层次之分的，这种需要层次是由低向高递进发展的，对于任何个人而言，只有当其较低层次的需要得到满足之后，才会向上一层次的需要发展，才会产生上一层次的需要。马斯洛把人的需要由低到高划分为5个层次，即：

(1)生理需要，即衣、食、住等人类生存最基本的需要，这是最低层次的需要。

(2)安全需要，即希望未来生活有保障，如免于受伤害、免于受剥夺、免于失业等。

(3)爱的需要，即感情的需要、爱的需要、归属感的需要。

(4)受尊重的需要，即需要有自尊心以及受别人的尊重。

(5)自我实现的需要，即出于对人生的看法，需要实现自己的理想，这是最高层次的需要。

这些需要之间的关系可如图4—1所示：

马斯洛的需要层次理论是研究旅游动机的基础。当人们在满足了温饱之后，就自然而然地追求更高层次的享受，旅游动机就是人们在满足了最低的生理要求之后提出来的。一般来说，一个人不大可能会为了满足较低三个层次的需要而外出旅游。这是因为：

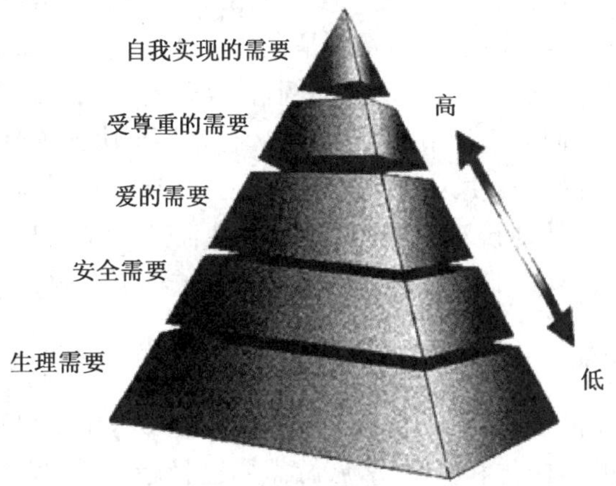

图 4—1　马斯洛的需要层次

第一，一个人或其家庭的经济收入达到一定水平后才能旅游。因此凡在经济上有能力外出旅游者，其温饱等基本问题早已得到解决，所以不可能为满足生存需要而旅游。

第二，待在自己的家乡比去任何其他地方都更有心理上的安全感，所以为了安全需要而计划外出旅游的可能性也很小。当然旅游者在旅游期间也需要安全，但这显然不是其外出旅游的目的。

第三，一个人爱的需要的满足，只有在其通常生活和工作的长期接触中，人们才能真正相互了解和产生感情，只有在这一基础上，才能使一个人的地位在群体中得到承认，才能获得真正的爱和友谊。因此，人们不大可能在外地短暂旅游期间使自己爱的需要得到满足，也不大可能为了这种需要而外出旅游。

事实表明，人们决定外出旅游与马斯洛的需要层次理论中两个较高层次的需要有联系。例如，所谓受尊重的需要，除了包括在他人心目中受到重视、赏识或尊重之外，也包括取得成就、提高地位和自信心等表现自己的需要。在欧美社会中，某些形式的旅游，特别是到外国名胜地区旅游的经历常为人们所羡慕和崇敬，因而有助于满足个人受人尊重的需要。在另一方面，某些由于社会地位等原因在本国或家乡地区不为人所尊重的人到了某些旅游地区，特别是到了某些社会经济比较落后的地区之后，则可能会享受到自己乡土内不曾得到过的受人尊重之感。因此不难理解，有的人外出旅游很可能是为了满足尚未得到满足的受人尊重的需要。按照马斯洛的解释，需要的层次越高，到达这一层次的人数就越少，这一点我们可以从图 4—1 的金字塔图示中看到。许多权威学者，包括马斯洛本人在内，都认为很少有人到达了自我实现的需要层次，因此我们有理由相信，这种需要只对有限数量的旅游者起着相当大的激励作用。

从人们外出旅游的目的看，需要层次理论可以对旅游需要作出一定程度的解释。但需要层次理论只是一个典型模式，是对人类普遍需要的一种抽象概括。现实生活中，人们的旅游需要是多种多样的，旅游需要可具体表现为躲避现实、摆脱压力、解除紧张、追求适宜气候、消除疲劳的需要；追求好奇的需要；为友好交往、为提高声望、获得尊重及展示才华的需要；等等。我们把这些需要归纳起来，可分为两大类：

一是探新求异的需要。在现实生活中，人们容易对不同于自己乡土的或自己不熟悉的风光、习俗和文化产生兴趣。随着现代信息传播手段的迅速发展及教育水平的不断提高，人们对外部世界的了解不断增加，这就更增强了人们对外国或外地的好奇心，渴望自己能够亲身体验一下异国他乡的新奇之处。现实生活中相当多的旅游者的出游都出自这种探新求异的需要。

二是逃避现实的需要。现代社会中,特别是在那些高度城市化和工业化的社会中,人们的生活不分季节,千篇一律;人们的生活活动如同例行公事,公式化而缺乏灵活性和变化。此外,在竞争和效率的迫使下,人们的生活节奏不断加快,有时甚至快到了难以忍受的程度。生活上的这种单一化和近乎狂热的节奏使人在精神上产生一种单调的紧张和厌倦。为了消除紧张和摆脱厌倦,人们只好千方百计地设法躲避这种现实,从而产生了定期改变一下生活节奏的要求。而就躲避的形式而言,外出旅游比任何其他消遣方式都更有效(李天元,2003)。

二、旅游动机的类型

旅游动机是旅游需要的表现形式,人类社会发展到今天,旅游已成为许多人生活的一部分。随着人们生活需要的多样化和复杂化,旅游需要也日趋丰富多样。而这种需要一旦被认识,便会以旅游动机的形式表现出来。如为了放松、游玩、保健、探亲访友、开阔眼界、了解异域文化等。由于旅游动机的这种多样化,其分类很难统一。美国学者约翰·A. 托马斯曾提出促使人们外出旅游的十八种动机,而实际可能还有更多直接的动机。

美国著名的旅游学教授罗伯特·W. 麦金托什提出,这些具体需要导致的旅游动机可划分为四种基本类型。日本学者田中喜一也将旅游动机分为心理动机、精神动机、身体动机、经济动机四类。根据有关的研究,我们将旅游动机归纳为以下几类:

(1)身体健康方面的动机。包括为了调节生活规律,促进健康而进行的度假休息、体育活动、海滩消遣、娱乐活动,以及其他直接与保健有关的活动。此外,还包括遵医嘱或建议做异地疗法、洗温泉浴、做医疗检查以及类似的疗养活动。属于这方面的动机都有一个共同特点,即通过与身体有关的活动来消除紧张不安和疾病以摆脱工作的紧张状态,达到松弛身心的目的。

(2)文化动机。这种动机表现了求知的欲望,是人们为了认识、了解自己生活环境和知识范围以外的事物而产生的动机,其特点是希望了解异国他乡的情况,包括了解其文化、历史、音乐、艺术、语言、民俗、舞蹈、绘画及宗教等。

(3)社会交往方面的动机。人们通过各种形式的社会交往,保持与社会的接触,包括希望接触他乡人民、探亲访友、结交新友、逃避日常的琐事及惯常的社会环境、逃避社会的压力等。

(4)地位与声望的动机。这方面的动机主要与个人成就和个人发展的需要有关。属于这类动机的旅游包括事务、会议、考察研究、追求个人爱好以及求学等类型的旅游。旅游者通过旅游实现自己受人尊重、引人注意、被人赏识、施展才华、获得好名声的愿望。

(5)经济方面的动机。包括购物目的和商业目的,如购买比常住地物美价廉的商品,或者进行业务谈判、商业考察、贸易往来等,进行旅游活动的同时获取经济利益。

事实上,由于人的旅游是一种综合性的活动,能够满足人们多方面的需要,而人们外出旅游时,也很少是出于单方面的动机。因此,人们在决定外出旅游时,除怀有某一主要方面的动机外,往往还会涉及其他一些方面的动机。旅游动机是人们对认识到的旅游需要的表现形式,人的需要的形成是多种因素共同作用的结果,由于外因总是通过内因起作用的,因此,人们不同动机的形成从根本上说是个人方面的因素影响的结果。

三、影响旅游动机的因素

动机是需要的表现形式,需要决定着动机的形成,由于个人需要千差万别,导致人们的旅游动机不尽相同。所以,那些影响个人需要的因素,往往也就成为个人旅游动机形成的影响因素。

(一)个性心理因素

在影响旅游动机的个人方面的因素中,一个人的个性心理特征起着重要的作用,不同个性心理特征的人有着不同的旅游动机,进而产生不同的旅游行为。在这一领域的研究中,美国的心理学家斯坦利·C. 帕洛格(Plog)的研究较有代表性。帕洛格以数千美国人为调查样本,对他们的个性心理特点进行了详细的研究,将他们划分为五种心理类型,这五种心理类型分别被称为自我中心型、近自我中心型、中间型、近多中心型和多中心型,如图 4—2 所示。

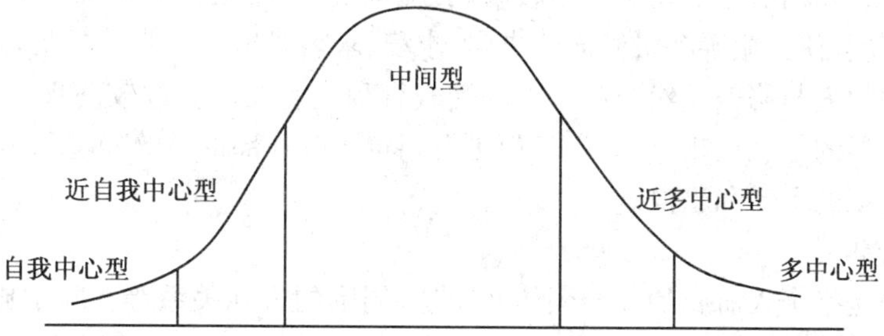

资料来源:Plog(2003:48—53)。

图 4—2　旅游消费者的心理类型

自我中心型和多中心型代表处于两端的两种对立的性格。心理类型属于自我中心型的人,其特点是思想谨小慎微、多忧多虑、不爱冒险。他们最强烈的旅游动机是休息与轻松。在行为表现上,他们喜安逸,好轻松,活动量小,喜欢熟悉的气氛和活动,理想的旅游是一切都事先安排好的,比较欣赏团体旅游的方式,旅游的习惯做法是乘车到他们所熟悉的旅游地。处于另一端的属多中心型心理类型的人,特点是思想开朗,兴趣广泛多变。行为表现上为喜新奇,好冒险,活动量大,不愿随大流,喜欢与不同文化背景的人相处,喜欢到偏僻的、不为人知的旅游地体验全新的经历。这类人虽然也需要旅游业为他们提供某些基本的旅游服务,如交通和住宿,但是更乐于有较大的自主性和灵活性,有些人甚至会尽量不使用或少使用旅游企业的服务和产品。除了这两个极端类型外,中间型属于表现特点不明显的混合型,近自我中心型则分别属于两个极端类型和中间型中略倾向于各极端特点的过渡类型。帕洛格的这一模型,虽然大体将人按个性心理特征划分为五种类型,但是划分并非绝对。他也肯定了人在心理上存在某种连续性,表现在行为上就是人的行为具有明显的弹性或灵活性。这一模型也显示,属于中间型心理类型的人占大多数,而两个极端心理类型的人在总人数中只占很小的比例,呈两头小中间大的正态分布。

不同的心理类型对人们旅游活动的影响,除了前面提到的那些,也可以看出,越靠近多中心型的人,外出旅游的可能性就越大。帕洛格还发现,不同心理类型的旅游者,在旅游活动中扮演的角色也不同。多中心型心理类型的人往往是新旅游者和开拓者,是旅游者大军的先行者和侦察兵。其他心理类型的旅游者随后陆续跟进,自我中心型的人也会在很长时间后到追求新奇的多中心型的人曾经到过的地方旅游。在这一过程中,该地渐成旅游热点。此时,多中心型的旅游者也逐渐失去对该地的兴趣,而转向其他地区。

(二)年龄、性别、受教育程度

个性心理因素只是影响旅游动机的个人因素中的一个。除此以外,还有很多个人因素会影响人们旅游动机的形成。这些个人因素主要有:性别、年龄、个人的文化程度与修养。

由于男女性别在家庭和社会两方面所处地位和作用的不同，使其旅游动机的产生和发展也有较大区别。如男子的主动性、冒险性、猎奇心理等，使之容易萌发外出旅游的愿望，并容易将其动机付诸实施。女性出于其被动性、求实性等心理，使其旅游动机的产生容易受其他因素的影响和制约，在将旅游动机向旅游行为转化方面，也显得犹疑、迟滞和稳重。另外，在选择旅游地、旅游工具、旅游价格方面，也有较大的心理差异。

从年龄来看，年轻人活泼好动，对自然和社会的探索要求较强，好奇心和好胜心较重，他们易于接受新思想、新观念，旅游动机产生较易，实施也快；中年人在工作和事业上有一定基础，有较多的生活经验，使其旅游动机倾向于求实、求稳、求名或出自专业爱好及享受方面。

个人的文化程度与修养显然与一个人的受教育程度有关。受过较高程度教育的人，掌握的知识和关于外界的信息也相对较多，从而更有亲自了解外部世界的兴趣和热情，同时也有助于克服对陌生环境的不安和恐惧。

（三）微社会环境

微社会环境是指个人所属的社会团体及阶层、周围的人际关系等。除了旅游者的个人因素外，微社会环境条件也会对人的旅游动机产生影响。例如，对于一个自我中心型的人而言，如果他所属群体中的大部分人都要去某地进行某种旅游活动，受到相关群体的影响，也可能到这个他并不熟悉的地方旅行度假。

综上所述，影响旅游动机的因素是多方面的，随着现代社会经济的发展，人们外出旅游的动机呈多元化、个性化发展的趋势。对这一问题进行研究，有利于我们认识旅游市场的特点，开展市场营销。

第四节　旅游者的类型

有关旅游者的分类，目前在学术界还没有统一标准，由于研究角度和研究目的的不同，人们对旅游者的类型划分难免有差异，因而划分出来的旅游者类型自然会不相同。对旅游进行分类，关键在于对旅游者类型的划分是否有益于我们分析各类旅游者的特性，进而认识他们的需求特点，从而为我们做实践操作和理论研究服务。

一、旅游者类型的划分

常见的分类方法有以下几种：

（1）按是否在目的地过夜划分，有过夜旅游者和当日往返旅游者。

（2）按消费水平划分，有经济型旅游者、大众型旅游者、豪华型旅游者。

（3）按计价方式划分，有包价旅游者、非包价旅游者。

（4）按旅游活动内容划分，有观光旅游者、度假旅游者 、会议旅游者、疗养旅游者、体育旅游者、探险旅游者、文化交流旅游者。

（5）按组织形式分，有团体旅游者、散客旅游者、包价旅游者。

（6）按乘坐交通工具划分，有航空旅游者、铁路旅游者、汽车旅游者、游船旅游者。

（7）按费用来源分，有自费旅游者、公费旅游音、奖励旅游者。

（8）按地域范围划分，有国内旅游者、国际旅游者、洲际旅游者、环球旅游者。

（9）按出游目的划分，有消遣型旅游者、事务型旅游者、个人和家庭事务型旅游者。

世界旅游组织对旅行者的分类：首先将旅游者分为两大部分，一部分是应纳入旅游统计的旅行者，另一部分是不能纳入旅游统计的旅行者。不能纳入旅游统计的旅行者包括难民、游牧民、过境工人、过境游客、永久入境移民、临时过境移民、外交人员、领事馆代表、武装部队成员。纳入旅游统计的旅行者统称为游客，游客分为两类：一类是旅游者，即在访问目的地至少过夜一次的游客；另一类是游览者，即在访问目的地不过夜的游客。具体参见图4—3。

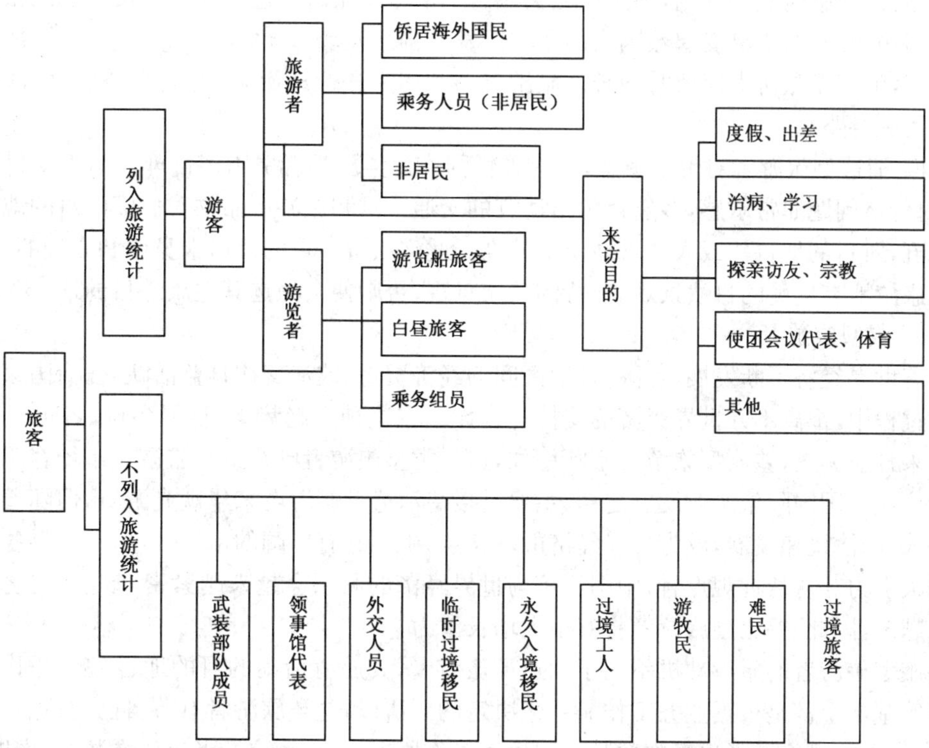

图4—3　世界旅游组织对旅行者的分类

以上所述远不包括对旅游者的所有分类方法，因为怎样对旅游者分类，是一个应用性的问题，完全可以依照研究者或资料使用者的不同目的为转移。不同的政府部门、企业或研究机构都可以根据需要，对旅游者进行不同的分类。

二、按出游目的划分的旅游者类型

从旅游经济管理、研究的角度来看，旅游业的发展主要取决于旅游者的需求及消费特点。而旅游者需求及消费特点的差别主要是由于旅游者不同的旅游目的造成的。因此，我们主要按照旅游目的将旅游者划分为消遣型旅游者、差旅型旅游者、家庭及个人事务型旅游者三种基本类型，分别分析其需求及消费特点。

1. 消遣型旅游者

这种类型的旅游者主要是追求享乐，他们是目前国际旅游者的主体，在全部外出旅游者中所占比例最大。我国旅游企业接待的入境旅游者，绝大多数属于此种类型，从整个世界旅游业情况来看也是如此，他们的需求及消费特点对旅游业的发展至关重要。这类旅游者主要有以下几个特点：

第一，消遣型旅游者外出旅游的季节性强，造成世界旅游业普遍存在着季节波动。这类旅游者除退休者外都是利用带薪假期外出旅游。一般来说，带薪假期安排多受季节因素影响，主要选择旅游目的地气候宜人的季节前往旅游目的地度假或进行观光活动。

第二，消遣型旅游者在对旅游目的地和旅行方式的选择以及对出发时间的选择方面，拥有较大程度的自由。如果某个旅游目的地的不安全因素增加或者旅游产品质量下降或提价过高，旅游者便会临时改变计划，另选他处去旅游。消遣型旅游者这一特点使接待地的旅游业处于非常脆弱的地位，极易受偶然因素的影响而发生剧烈波动。

第三，消遣型旅游者停留时间长。旅游者多利用带薪假期旅游，时间充裕，多会选择需时间较长的旅游路线。

第四 消遣型旅游者对价格敏感，需求弹性强。此类旅游者费用多自理。出于支付能力的考虑，对价格问题非常敏感，多选择价格适宜的交通工具和旅游产品物美价廉的目的地。

第五，对目的地自然或人文景观要求较高。此类旅游者目的是追求身体和心理的享受，必然要求旅游地有优美的自然景观、独特的人文景观，否则便会另选其他旅游目的地。

2. 差旅型旅游者

随着世界经济不断发展，各国、各地区间的经济贸易、政治交往日益活跃，任何国家在发展经济的过程中，都离不开世界经济的支持与合作。在这种大趋势下，世界各国、各地区间人员交流往来日益频繁，差旅型旅游者不断增加，这一类型旅游者已在世界旅游业市场客源中占有重要地位。我国国际旅游业发展之初，主要是接待消遣型旅游者来华观光游览，但随着改革开放的深入，经济迅速发展，成为世界经济的增长点，中国又有广阔的市场容量，对世界各国具有巨大的吸引力。从长远观点看，中国经济与世界经济的联系会越来越紧密，政治、文化交往也会越来越多，因此，差旅型旅游者将有很大增长潜力。

差旅型旅游者的旅游动机不同于消遣型旅游者，其旅游活动的目的地、停留时间、交通工具选择等基本上都是根据业务工作需要来决定的。所以，这类旅游者有着自己的特点：

第一，差旅型旅游者出行次数频繁。由于工作原因，差旅型旅游者出访次数多、密度大，尤以工商业者表现更为突出。

第二，差旅型旅游者对旅游目的地及出访时间的选择度小。由于出访目的是从事工商业务及其他公务活动，因而目的地是一定的，一般不受其他因素影响，出访时间也是受业务决定的，不受季节因素影响，此类旅游者的活动无明显季节性。

第三，差旅型旅游者对旅游产品价格变化承受力较强。由于旅行费用不由个人支付，而且旅游活动是为了业务需要，即使旅游产品价格较高或价格上涨快，只要在企业或组织可以承受的范围以内，差旅型旅游基本不受影响。

第四，差旅型旅游者消费水平相对较高。由于差旅费由企业或组织支付，旅游享有一定经济补助，因此有较多的金钱可以用于其他消费。此类旅游者对接待服务水平要求较高，强调舒适、方便，便于进行业务活动。

3. 家庭及个人事务型旅游者

旅游目的是为处理家庭及个人事务，此类旅游者的主要特点是：

第一，他们对价格敏感。处理家庭及个人事务，旅游费用需要自理，如旅游产品价格过高，旅游者就可能取消旅游计划而采取其他处理事务的方法与途径，或减少旅游活动的某些项目。

第二，他们对旅游目的地无选择的自由，有时在时间紧迫或其他因素影响下，甚至没有选择交通工具的余地。从总体上看，这类旅游者兼有消遣型旅游者和差旅型旅游者两方面的特点，所以这类旅游者的情况需要具体情况具体分析，难以一概而论。

【课后阅读】

亚太地区豪华旅行者在社交媒体上最活跃

全球的旅行者中，亚太地区的豪华旅行者对在线点评的贡献最大。

Brand Karma 与 International Luxury Travel Market 针对全球豪华旅行者进行了调查，研究了他们使用社交媒体的方式以及在不同渠道中的表现，得出了上述结论。

不同地区的在线点评及社交媒体使用情况：

一个豪华旅游品牌的社交媒体健康度可以从两种渠道获得的正面评价或分享看出来，即在线点评网站和社交网络。

亚洲（由于亚太地区间的差异性，该地区在此报告中被划分为三个部分：中国大陆、除中国以外的亚洲地区以及大洋洲）豪华旅行者撰写豪华酒店点评更为积极，贡献了全球 49%的豪华酒店点评数量，北美和欧洲分别为 27%和 15%。

2013 年，中国豪华旅行者的豪华酒店全球点评数量比 2012 年增加了 89%。

中东地区的豪华酒店在 Facebook 上获得的"赞"最多，平均次数为 19 316 次，平均评分为 4.3。

除中国外的亚洲地区豪华酒店在 Facebook 上的曝光率也很高，平均获得 11 759 个赞和 4.2 的评分。

尽管 Facebook 在中国被禁用，但中国的豪华酒店依然在 Facebook 上平均获得了 2 240 个赞。中国大陆的豪华酒店在诸如微博等社交媒体上十分活跃。

北美、南美和大洋洲的豪华酒店得到的"赞"次数相近，平均评分各为 4.5、4.4 和 4.5。

（资料来源：《环球旅讯》，2014 年 6 月 11 日。）

本章小结

世界上各种组织和各个国家对旅游者都有自己的一些规定。国际上比较有影响的旅游者定义有：国际联盟定义、罗马定义、世界旅游组织定义。我国政府对旅游者也根据自身国情做出了相应的界定。一个人要成为旅游者，必须要具备一些相应的条件，一般有主客观两方面条件。客观条件有：一是有足够的可自由支配收入；二是足够的闲暇时间。主观条件是要必须有旅游动机。目前影响旅游者的旅游动机主要源于多个方面。同时，影响旅游动机的因素也有许多方面。我们根据不同的需要将旅游者划分为不同的类型，不同类型的旅游者其需求特点不一样。

思考与练习

1. 名词解释：可支配收入、可自由支配收入、闲暇时间、旅游动机。
2. 我国对海外来华入境旅游者以及对国内游客是如何界定和分类的？有哪些具体规定？
3. 一个人要成为现实的旅游者应具备哪些条件？
4. 简述旅游动机的基本类型。
5. 影响旅游需求的个人因素主要有哪些？这些因素如何起作用？
6. 试分析消遣性旅游者以及差旅型旅游者群体的基本特点。
7. 简述心理类型的种类以及不同心理类型者的思想和行为特点。

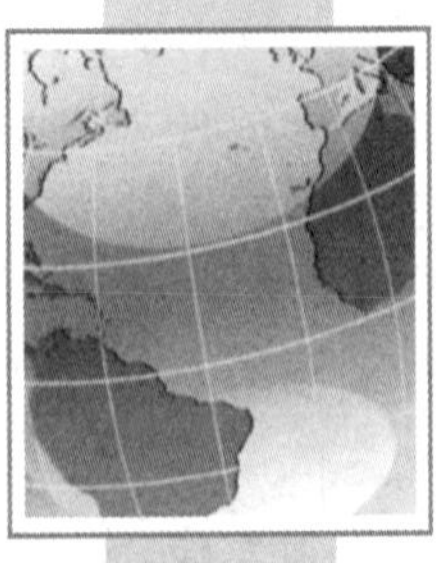

第五章 旅游资源

学习目标

通过学习本章，认识旅游资源的含义，了解其特点；熟悉旅游资源的各种分类方法；掌握旅游资源评价的内容和方法；认识旅游资源开发的特点、原则及主要内容；认识旅游资源保护与开发的关系，熟悉旅游资源保护的基本措施。

教学内容

1. 旅游资源概念
2. 旅游资源分类
3. 旅游资源开发的内容
4. 旅游资源评价
5. 旅游资源保护的措施

【案例导入】

澳媒：澳黄金海岸拟进一步开发钓鱼资源吸引中国游客

澳大利亚《新快报》2016年5月15日报道，渔业将是澳大利亚旅游一个重大发展领域。黄金海岸旅游业将受惠于其钓鱼资源和海岸风光。澳大利亚旅游局总经理John O'Sullivan说，去年，31.5万国际游客参与垂钓活动，占了总游客的5%。他说，渔业将是提升澳大利亚旅游业竞争力的一个重大领域。黄金海岸渔业营运商热塔拉克(Ash Rettallack)称，他非常欢迎渔业能够得到振兴，其Hooker 1的预订也来自世界各地，包括德国、俄罗斯、中国。据悉，中国已成为澳大利亚第二大游客来源国，仅次于新西兰。他说："我们现在有越来越多的中国人了，他们并不喜欢深海垂钓，因为他们容易晕船。"热塔拉克说，在Sundale桥下的Broadwater附近的租船服务较受中国人欢迎。澳大利亚旅游局北亚地区总经理Andrew Hogg说，他支持更多的本地渔业旅游开发。"我们的调研发现，中国人认为我们的海产是世界上最好的。他们也很喜欢我们的自然风光、户外生活。所以，我认为，毫无疑问，渔业将非常受欢迎。"他还说，想要吸引更多的中国游客，必须要有Wi-Fi和支持银联信用卡付款。

"旅游资源"是现代旅游活动发展的伴生产物，它是旅游活动产生的基础，也是旅游目的地吸引旅游者的重要因素，是确保地区旅游开发成功的必要条件之一。一个地区旅游业的兴旺发达，在一定程度上取决于该地旅游资源的价值和丰富程度。在旅游开发的过程中，旅游资源是否得到了有效的利用和保护，也备受关注。

第一节　旅游资源的概念及其特征

一、旅游资源的概念

旅游资源的内涵十分丰富，近几十年来，许多学者从不同学科角度对旅游资源的含义、价值、应用等理论与实用问题进行了研究。由于研究的侧重点和角度的不同，形成了多种不同的定义。所以，目前对旅游资源的界定仍无统一定论。

旅游资源是人类社会中广泛存在的一种资源。当前人们对旅游资源的解释，主要是从需求和供给两种角度来认识的。

从需求的角度去认识和解释，认为旅游资源是旅游活动的对象物，如：

"旅游资源就是吸引人们前往游览、娱乐的各种事物的原材料。这些原材料可以是物质的，也可以是非物质的。它们本身并不是旅游的目的物和吸引物，必须经过开发才能成为有吸引力的事物。"（黄辉实，1985）

"旅游资源是指对旅游者具有吸引力的自然存在和历史文化遗产，以及直接用于旅游目的的人工创造物。"（保继刚，1999）

"凡是能够造就对旅游者具有吸引力环境的自然因素、社会因素或其他任何因素，都可构成旅游资源。"（李天元，1991）

从供给的角度去认识和解释，认为旅游资源是旅游业能够借以开展经营活动的凭借物，如：

"凡是足以构成吸引旅游者的自然和社会因素，亦即旅游者的旅游对象或目的物都是旅游资源。"（邓观利，1983）

"自然界和人类社会凡能对旅游者产生吸引力，可以为旅游业所利用，并由此产生经济效益、社会效益、环境效益的各种事物和因素都可视为旅游资源。"（国家旅游局资源开发司和中国科学院地理研究所，1992）

应该说，从上述任何一种角度去认识和解释旅游资源的做法均有其逻辑依据。但是，在本节的讨论中，我们将侧重强调从需求角度出发对旅游资源所做的定义。这是因为，从这一角度去定义，能够反映出旅游资源理论的核心，即吸引力因素。

旅游资源具有对旅游者的吸引力这一根本属性。在现代旅游活动中，作为客体的旅游资源与主体（旅游者）的关系密不可分。旅游者之所以愿意去某地或某国旅游，是因为旅游地对他们有吸引力。具体而言，一国或一个地区之所以能够成为旅游目的地，是由于旅游者能够获得在其常住地或本国所不能获得的收获、经历或体验。这些"异国他乡"由其特殊的自然因素、文化因素、社会因素或其他任何因素构成的新奇内容和理想环境，对游客有强大的吸引力。这些因素就构成了现代旅游活动的客体即旅游资源。

在西方国家，学者常常使用"旅游吸引物"这一概念。多数情况下，旅游吸引物与旅游资源的概念通用。我国学术界对于旅游资源的认识也不尽相同。尽管表述五花八门，但实质都一样。

经过多年的研究与探讨，人们对旅游资源的内涵取得了一些共识，主要表现在：

1. 旅游资源的核心内涵是具有吸引功能

旅游资源应与其他资源一样，具有一定的利用价值，即对人类有某种用处。旅游资源的这种利用价值主要体现在对游客的吸引力上。旅游资源对旅游者具有吸引力，是区别于其他类型客观资源的重要标志。游客之所以从客源地到某一旅游地去旅游，就是因为这一旅游地有吸引游客的事物，旅游资源成为旅游者从客源地到旅游地间流动的推动因素。

【补充阅读】

对于“劳务”能否成为旅游资源的争议

对于“劳务”能否成为旅游资源不能笼统地一概而论，而应进行具体分析。对于那些在旅游活动中仅仅起着中介作用的一般劳务，如一般的导游、服务员、司机、经营管理人员等，尽管他们的劳动是必不可少的，但并不是吸引旅游者前来旅游的主要对象，因此，这些一般劳务不应属于旅游资源的范畴。但对于一些特殊的劳务，由于它们已与其他旅游资源相互结合成一个整体，成为当地旅游资源不可分割的一部分，如某些造诣较高的传统文化和民俗文化风情表演者、艺术家和特殊工艺品的能工巧匠等，不仅他们的技艺或产品为旅游者所欣赏或享受，而且他们的劳动服务(创造或制作)过程也可吸引游人参观，旅游者对他们的技艺和劳动有着很大的兴趣，这样他们即成为吸引游客前来旅游的重要因素之一，已经构成了真实的旅游吸引力。在此情况下，这些特殊劳务就具有了旅游资源的本质属性，应该归入旅游资源的内容范畴。并且，有时候仅仅特殊劳务本身，也可以形成颇具吸引力和影响力的旅游资源。

2. 旅游资源是客观存在的，而且形态多种多样

旅游资源既有自然形成的，也有人类社会创造的，其存在是客观的。无论是湖光山色、动物植物、奇幻的天象，还是文物古迹、民俗风情、诗词歌赋、神话传说等，其实质都是客观存在性。

旅游资源既有有形的物质资源，如山川、河流，也有无形的非物质资源，如神话传说。更多的则是有形的物质资源和无形的非物质资源的结合体。如长城与孟姜女哭长城、故宫与历朝王朝的故事、泰山与历代皇帝封禅的故事、杭州的雷峰塔与许仙和白娘子的故事等。

3. 旅游资源的范畴在不断扩大

旅游资源是一个动态的概念。随着社会的进步、经济的发展、科学技术水平的提高，人们的旅游需求也日趋多样化和个性化，人们对旅游资源的认识也在不断深入，不断有新的突破。旅游资源的范畴在不断扩大。

首先，旅游资源的界定有一定的技术前提。今后，随着科学技术的发展，原来不可能被旅游业开发利用的许多东西，将有可能成为旅游资源，如太空旅游、南北极探险、登月旅游等。

其次，随着经济的发展，大众生活水平的提高，人们的旅游需求发生变化，过去不是旅游资源的事物今天也划归到旅游资源的范畴。如一些地区的工业旅游，使得一些著名工厂成为人们参观访问的对象。随着人们健康意识的增强，像一些药膳房、长寿村等陆续成为旅游吸引物，出现保健旅游、养生旅游等新的形式。旅游范畴几乎达到了无所不包的程度。

【补充材料】

太空旅游

太空旅游是基于人们遨游太空的理想，到太空去旅游，给人提供一种前所未有的体验，最新奇和最为刺激人的是可以观赏太空旖旎的风光，同时还可以体验失重的感觉。而这两种体验只有太空中才能享受到，可以说，此景只应天上有。太空游项目始于 2001 年 4 月 30 日。第

一位太空游客为美国商人丹尼斯·蒂托,第二位太空游客为南非富翁马克一沙特尔沃思,第三位太空游客为美国人格雷戈里·奥尔森。专家表示,未来的太空旅游将呈大众化、项目多样化、多家公司竞争、完善安全法规四大趋势。从广义上来说,常被提及的太空旅游至少有四种途径:飞机的抛物线飞行、接近太空的高空飞行、亚轨道飞行和轨道飞行。

抛物线飞行并非真正意义上的太空旅游,它只能让游客体验约半分钟的太空失重感觉,宇航员在训练时为了体验失重通常也是采用这种方法。游客如果乘坐俄罗斯宇航员训练用的"伊尔一76"等飞机作抛物线飞行,费用约为5 000美元。

接近太空的高空飞行也非货真价实的太空旅游,但它能让游客体验身处极高空才有的感觉。当游客飞到距地面18千米的高空时,便可看到脚下地球的地形曲线和头顶黑暗的天空,体会到一种无边无际的空旷感。计划用来实施这种旅游的飞机有俄罗斯的"米格一25"和"米格一31"高性能战斗机。这些飞机能飞到24千米以上的高度,乘坐它们旅游的每张票价约为1万美元。

亚轨道飞行能产生几分钟的失重,美国私营载人飞船"宇宙飞船一号"和俄罗斯计划研制的"C一XXI"旅游飞船就是从事这种飞行的典型,它们在火箭发动机熄火和再入大气层期间能产生几分钟的失重。这种飞行的价格约为每人每次10万美元。

美国人奥尔森此次体验的是真正意义上的太空旅游——轨道飞行。哥伦比亚号航天飞机失事后,美国太空旅游机构大多将目光转向了"联盟"系列飞船。乘坐它们旅游的每张票价约为2 000万美元。

发展太空旅游业,不仅仅只是让普通平民体验太空生活,它还有着重要意义,例如可以利用太空旅游的收益继续发展航天事业,保证昂贵的资金来源不仅限于政府资助,加快人类航天技术的发展,也可以让普通平民,特别是有较强经济实力的个人,让他们更加了解航天事业的重要性和优越性,使他们尽自己的有限能力参与其中。由于太空旅行是针对平民的,所以更符合今后人类踏入宇宙的要求。在太空旅行中,专家可以利用这个机会研究人类移民太空所遇到的困难和麻烦。所以,太空旅行不只是少数人的奢侈消费,它对于人类的航天事业有着非常重大和深远的意义。

在地球旅游业非常发达的今天,飞出地球体验遨游太空的美妙越来越引起人们的兴趣。随着经济的发展和文化的进步,旅游的形式和种类也日益丰富,相信在不久的将来,太空旅游将成为大众可以选择的旅游形式。有关专家表示,未来的太空旅游将呈现大众化、项目多样化、多加公司竞争、完善安全法规四大趋势。

4. 旅游资源能为旅游业所利用,并能产生经济效益、社会效益和环境效益

资源一词,本身属于经济学范畴,离开资源的经济价值来谈资源是毫无意义的。旅游资源具有资源的一般属性。旅游资源的开发利用必然应该带来一定的经济效益。

中国科学院地理科学与自由研究所和国家旅游局规划发展与财务司2003年共同起草的《旅游资源分类、调查与评价》国家标准定义旅游资源为:"自然界和人类社会凡能对旅游者产生吸引力,可以为旅游业开发利用,并可产生经济效益、社会效益和环境效益的各种事物和因素都可视为旅游资源。"此概念在强调旅游资源具有吸引力的同时,还重点强调了旅游资源产生的三大效益:经济效益、社会效益和环境效益。这种提法是符合现代经济"可持续发展"原则的,在实际操作中具有积极的作用。

【补充阅读】

休闲养生旅游将成主流趋势

随着物质生活水平的提高,人们对"健康、愉快、长寿"的欲望越来越强烈,但单纯的养生已难以满足人们对高品质生活的追求。融合时下发展迅猛的休闲旅游,养生休闲应运而生,并开始在国际范围内成为一种趋势。

养生旅游起源于20世纪30年代的美国、墨西哥。养生旅游开发较为完善的旅游目的地主要是非传统欧美区域的发展中国家,而主要的客源市场则是欧美国家。2007年3月24日,在塞浦路斯南部城市利马索尔举行的第二届世界健康(养生)旅游大会上指出,健康(养生)旅游在世界范围内有很大市场,健康(养生)旅游发展完善的国家主要为古巴、新加坡、泰国、印度等国,这些地区吸引大量的欧美游客,这些国家的健康旅游不仅能唤醒人们对健康的关注,还能转变人们治疗疾病、改善关于健康问题的观念。其在休闲健康旅游过程中不仅需要提供有品质的健康旅游产品来改善人们的健康,同时还需要一系列的配套设施来支持,调动对人们健康有帮助的一切要素来开展生态养生休闲旅游。

养生旅游是现代旅游发展的一种趋势。养生旅游是一种建立在自然生态、人文环境、保健体验基础上,结合观赏、品尝、休闲、游乐、避暑、避寒、康体等形式,以达到延年益寿、强身健体、修身养性等目的的新兴旅游。

在欧美国家,养生(wellness)这一新生词汇产生于1961年,由美国医师 Halbert Dunn 提出,是将 well being(幸福)和 fitness(健康)结合而成的。Halbert Dunn 医生认为,自我丰盈的满足状况为较高的养生境界。这一理念由 Ardel、Travis 等作家在有关健康的出版物中采用,Travis 强调养生的动态性,认为养生是一种状态、过程与态度,而不是静止不变的状态。

随着人口结构的老龄化与亚健康现象的日渐普遍,以及全球整体健康理念的革命性影响,人们对健康养生的需求成为继温饱需求之后的又一市场主流趋势和时代发展热点。养生旅游集养生资源与旅游活动交叉渗透,实现融合,以一种新型业态形式的出现,满足了人们对身心健康的全方位需求,开始受到全球性关注。如今的国际养生旅游业已粗具规模,在很多国家都形成了具有核心竞争力和独特卖点的产品,可谓异彩纷呈,各有特色。如中国文化养生、日本温泉养生、泰国美体养生、法国庄园养生、瑞士抗老养生、美国养老养生、韩国美容养生、阿尔卑斯高山养生等,同时也发展出不同的养生旅游开发模式。

与传统的观光旅游和养生旅游相比,现代养生休闲活动具有以下特点:

普适性:传统观念认为养生旅游者主要针对的是"亚健康人群"或老年人群,但实际上,养生休闲涵盖所有追求健康快乐生活的人群,他们不是"病人",又不同于普通的游客,具有较强的养生目的性。因此,对其进行的康复保养不宜在医院或养老院进行,而应根据不同的心理需要进行目的地的选择。

游乐体验性:养生休闲形式丰富多样,包括人们生活中的方方面面,更易于使游客产生亲切感和归属感,其游憩方式更易于为大众接受,形成一种游客与其习惯性生活方式相近的游乐体验性互动。

综合性:养生休闲是将我国传统的养生方法、理论同现代生活中有益于人体健康的多种休闲方式结合起来而形成的,既注重养生的功能,也注重养生过程的休闲性和体验性。它是将养生这一康复过程娱乐化、休闲化。

科学专业性:养生休闲活动开展的本身是以中医为理论核心基础的,强调自然生态的要素,逐步融入了西方现代康疗方法,具有较强的科学性特点。某些养生休闲活动的开展需要在专业人员的主持指导下，按专业规范和规定程序进行。

教育性：通过养生休闲活动的参与能够获得“健康教育”，提高“认知水平”，达到增强体质、愉悦身心、提高科学素质和良好的社会适应能力的目的，同时促进人们转变自己的生活方式，以提升人们的生活质量。

（资料来源：安辉，中新网，2014 年 1 月 23 日。）

二、旅游资源的特征

（一）综合性

旅游资源的综合性首先表现为旅游资源是由不同的要素组成的综合体。如山岳景观是由高耸挺拔的山体与林地、云雾等组成的；峡谷景观是由谷地、河水及林地组成的；一些气象、天象景观更是多种因素共同作用的结果，如彩虹、夕阳、佛光等，都是阳光光线与一定质量的大气作用的结果。

旅游资源的综合性还表现在旅游资源的开发上。单一资源的开发往往对旅游者的吸引力有限，因此在实际开发过程中，常将不同类型的旅游资源组合起来共同开发，以形成互补优势。如西湖风景区虽然以湖泊为主，但还包括山丘、林地、古建、古桥等一系列资源类型。这些资源在类型上虽所属不同，但在开发中都应服从于一致的主题，资源类型间彼此达到协调统一。

综合性还要求在旅游资源的开发与保护中具备整体的眼光，用联系的方法来看待问题。旅游资源的开发不能只见树木，不见森林，进行破坏式开发建设；旅游资源的保护不能头痛医头、脚痛医脚，而应从联系中寻找解决问题的方法。

（二）地域性

地域性是指旅游资源分布具有一定的地域范围，存在地域差异，带有地方色彩。旅游资源的地域性是由以下方面引起的：首先，由于地域分异因素（纬度、地貌、海陆位置等）的影响，自然环境因素如气候、地貌、水文、动植物出现地域分异，从而导致自然旅游资源出现地域性。如赤道雨林景观、温带大陆内部的荒漠景观、南极的冰原景观等分别出现于不同的地表区域。其次，由于人文景观与自然环境有紧密的联系性，这种联系性在农业社会及其以前的历史时期，甚至表现为强烈的依赖性，自然景观的地域性也导致了人文景观的地域性。如不同民族具有风格各异的文化活动、风俗习惯、村镇民宅等。

旅游资源地域性也日益受到挑战，尤其是人文景观的地域性正在削弱。科学技术的发展，使得大工业生产中的标准化、规范化受到重视，而地方知识、地方技能、地方价值观遭到忽视。从全球范围来看，随着经济全球化、一体化浪潮的掀起，人文景观正在经历景观趋同、特色消失的过程。因此，在旅游开发过程中，保护具有当地特色和文化的景观资源迫在眉睫。

（三）不可移动性

其他资源一旦经过开发，其本身或其产品，都可以运输到其他地方以供利用。但旅游资源一般在地域上是固定的，是不可移动的，这样便形成了旅游资源的地域垄断性。

旅游资源的不可移动性可以从以下方面来理解：第一，自然旅游资源是大自然的杰作，它们都是在一定的自然地理环境下形成的，由于其规模往往巨大或与地理环境的紧密联系性，使其难以发生空间位移。如长江三峡、壶口瀑布、桂林山水等资源产生于特定的地理环境，无法用人工力量来搬迁或异地再现。第二，人文旅游资源是在特定的地域环境和特定的历史条件下的人类社会产物，它们的价值主要体现在包含人类社会、历史信息的丰富性上。由于这类资源与其生成环境紧密联系，人为割裂其环境联系，势必会影响到旅游资源所承载信息的完整性、原生性和真实性，使资源的价值降低。如中国巍巍群山中蜿蜒不断的万里长城、意大利罗马古城中的斗兽场、埃及茫茫沙漠中的金字塔都是与其自然和人文环境紧密联系的。第三，在现代经济和技术条件下，在其他地方仿制有名的旅游资源是可能的，如建造微缩景观、园林建筑等，但由于其脱离了原本生存的历史和自然环境，仿制品往往失去了原有的魅力和意义，生命力非常有限。

旅游资源的不可移动性使得旅游资源的开发一般应在当地进行，对于搬迁、移动资源，建设仿制景观应审慎对待。由于在当地开发，旅游者必须离开常住地前往资源地才能完成旅游活动，因此，使得旅游地的一些服务设施、行业纳入旅游业之中，成为旅游业的重要组成部分。旅游地或旅游产品的质量除受旅游资源质量影响外，还受到交通、住宿、接待等服务行业的影响。

（四）可重复开发性

大多数其他类资源都不能重复利用，在人们消费其产品的同时，资源也随之消耗掉。而旅游资源相反，只要在妥善保护的情况下，大多可长期反复利用。旅游者通常不能带走旅游资源本身（一些旅游商品除外），所带走的只是用旅游资源所开发出来的旅游产品的体验。旅游资源是可供几代人反复利用的资源。

旅游资源可重复性开发的因素有：首先，任何旅游资源开发出的旅游产品都存在生命周期，即存在引入、成长、成熟、衰退等的发展时期。当旅游产品处于成熟或衰退期时，应积极开发新的适销对路的产品。其次，由于旅游业的发展和人们的旅游需求的变化，同一旅游资源或旅游地必须针对市场需求不断地进行调整，只有进行深度开发，才能适应市场需要。

很多现有的旅游资源在重新开发过程中，不断创新，可焕发出对游客新的吸引力。如在原有的观光旅游地，对于原先观赏的悬崖，配套一些相应的设施以后，可用于开展攀岩活动；一些河道，在水深、地形允许的条件下，可开展漂流活动。从为观光旅游而进行的旅游资源的开发，到为特色旅游、专题旅游而进行的旅游资源开发，开发活动不断深化、不断发展。

今后一段时间内，高科技在旅游资源开发中的作用和地位也显得越来越重要，增加科技含量成为深化旅游资源开发及创新的重要内容。科技的应用可提高旅游产品质量，并能使旅游资源的潜能得到进一步发挥。

（五）观赏性

旅游资源同一般资源的主要区别，还在于它的美学特征，即旅游资源具有观赏性。尽管旅游动机因人而异、旅游内容丰富多彩，但观赏活动几乎是一切旅游过程都不可缺少的内容，有时也是全部旅游活动的核心内容。无论是“水光潋滟晴方好，山色空蒙雨亦奇”的西湖美景，还是“大漠孤烟直，长河落日圆”的塞外风光，还有多姿多彩的文物古迹、民族风情，以及美食佳肴等，都无不具有观赏价值。

观赏性构成旅游资源吸引力的最基本要素。资源的观赏性影响旅游资源的品质，一般来说，旅游资源的观赏性越强，对旅游者的吸引力就越大。如我国的万里长城、秦兵马俑、桂林山水，埃及的金字塔，古罗马的斗兽场，法国的埃菲尔铁塔，日本的富士山，美国的自由女神像等，都因观赏性较强，成为世界著名的旅游资源。

由于观赏性的基础地位，美学价值一般作为重要的开发内容。从一定意义上说，旅游资源的开发就是将资源中蕴涵的美充分体现出来，使游人能够察觉、享受，并在这一过程中发现美、提高美、创造美，从而产生愉悦感。美学效果成为衡量旅游资源开发利用效果的主要标准之一。合理的开发应使旅游者在旅游过程中获得生理、心理两方面美的享受，起到陶冶性情、锻炼意志、树立理想、提高素质、培养情趣的作用。

由于旅游者性格、气质及审美能力、水平的差异，以及自然旅游资源和人文旅游资源的美感、丰度、价值、结构和布局因时因地的不同，旅游资源欣赏也是多层次和多样性的，旅游开发应注意满足不同类型、不同阶段旅游市场的需求。旅游审美涉及主体与客体两个方面，因此，要取得好的旅游效果，除了要对旅游景观进行美化外，还必须加强美育工作，提高全民的审美能力和鉴赏水平，这样才能使旅游活动更加富有意义。

第二节　旅游资源分类

一、按旅游资源的基本属性分类

属性一般指旅游资源的性质、特点、存在形式、状态等。一般可以将旅游资源分为"自然旅游资源"和"人文旅游资源"两大类，我们也将此方法称为"两分法"。这是目前最常见、应用最为广泛的一种分类方案。在两个大类的基础上还可以划分出各自不同的基本类型，以及进一步列出不同类型下的具体旅游资源种类(见表5—1)。

表5—1　　旅游资源分类(按景观属性分类)

大　类	基本类型	种　类
自然旅游资源	地文景观类	山岳、洞穴、海岸、特异地貌等
	水域风光类	海、江、河、湖、瀑、泉等
	气象气候类	宜人气候、冰雪雾凇、天象奇观等
	生物景观类	动、植物景观
人文旅游资源	古迹和建筑类	遗址、古都名城、古建筑、陵墓、石窟、园林等
	现代景观类	大型工程、博物馆、公园、游乐场、娱乐康体设施等
	民俗风情类	节会庆典、民间工艺、习俗、服饰等
	文化艺术类	宗教文化、文学、曲艺、书法碑楹等
	购物饮食类	特产、著名店铺、佳肴等

(一)自然旅游资源

自然旅游资源通常是指以大自然造物为吸引力本源的旅游资源。在由各种自然要素、自然物质和自然现象所生成的自然环境或自然景观中，凡是具有观赏、游览、疗养、科学考察或可以开展其他活动的价值，从而能够引起旅游者来访的，都属于自然旅游资源的范畴。其主要类型有：

(1)地表类：包括典型的地质构造、标准地质剖面、古生物化石点、山岳、峡谷、石林、火山、沙漠、海滩、岛屿、洞穴、丹霞景观、海蚀风光等。

(2)水体类：包括海洋、冰川、河湖、瀑布、名泉、浪潮等。

(3)生物类：包括森林、草原、古树名木、花卉、园艺、珍稀动植物群落、特殊物候景观、野生动物栖息地等。

(4)气象气候类：包括宜人气候旅游资源(如避暑胜地、避寒胜地等)及冰雪、佛光、蜃景、云海、雪景、雨成景观、风成景观等气象旅游资源。

（二）人文旅游资源

人文旅游资源主要是指以文化事物为本源的旅游资源。人文旅游资源的构成比较复杂，既涉及有形的人文旅游资源，也涉及无形的人文旅游资源。此外，在有形的人文旅游资源中，既包括作为历史遗产的人造资源，也包括当代有意识建造的人造旅游资源。根据人文旅游资源的表现形式，一般可作如下类别划分：

（1）古迹和建筑类：包括人类历史遗址、古建筑、古园林、古陵墓、石窟岩画、古代工程建筑、古都名城等。

（2）现代景观类：包括纪念馆（塔）、大型工程、娱乐康体设施等。

（3）文化艺术类：包括宗教文化、宗教艺术、民间工艺、节会庆典及有地方特色和民族特色的服饰、歌舞、风俗等。

（4）购物饮食类：风物特产、风味佳肴、著名店铺等。

二、中国国家旅游局标准

由国家旅游局提出，国家质量监督检验检疫总局2003年2月24日发布，2003年5月1日实施的国家标准GB/T 18972－2003《旅游资源分类、调查与评价》（见附录），将旅游资源划分为8个主类、31个亚类、155个基本类型。每个层次的旅游资源类型都有相应的汉语拼音代号，前4个主类在属性上属自然旅游资源，后4个主类属人文旅游资源。这种分类方法主要用于旅游资源全面调查和科学分析，是我国各地开展旅游资源调查、评价和研究的基本方法。

三、按资源的等级及管理范围分类

资源的等级是指由资源的规模、级别和价值决定的在整个旅游资源体系中某种旅游资源所占的位置；管理范围则是指某一旅游资源的所有权、使用权、经营权属于何种组织机构。

（一）世界级旅游资源

这类旅游资源主要包括经联合国世界遗产委员会批准列入《世界遗产名录》的名胜古迹、列入联合国“人与生物圈”保护区网络的《世界自然保护区网》和列入《世界地质公园》的一些旅游资源。它们具有全球性的艺术观赏、历史文化和科学研究价值，是世界上品位和知名度最高的旅游资源，同时也是全人类的宝贵遗产，在海内外享有极高的社会知名度。

截至2013年9月，我国已有45处文化和自然景观被列入《世界遗产名录》，包括泰山、黄山、武夷山、峨眉山—乐山、九寨沟、青城山—都江堰、三江并流、安阳殷墟等。这些进入《世界遗产名录》的旅游资源包括文化遗产31项，自然遗产10项，自然和文化双遗产4项。

【补充材料】

2013年6月21日在柬埔寨金边举行的第37届世界遗产大会上，中国今年两项“申遗”项目之一新疆天山21日通过审议，列入联合国教科文组织世界自然遗产，22日对本届会议中国第二个申遗项目进行了表决，申请世界文化遗产的中国红河哈尼梯田文化景观成功入选，中国的世界遗产地数量增至45处，超过西班牙，成为拥有世界遗产地数量第二多的国家，仅次于拥有48处世界遗产的意大利。

（二）国家级旅游资源

这类旅游资源主要包括由国务院审定并公布的国家级重点风景名胜区、国家级森林公园、国家历史文化名城、国家级自然保护区、国家级重点文物保护单位、国家级地质公园等。它们是中国壮丽山河和精粹中华文化的瑰宝，具有重要的艺术观赏、历史文化和科研价值，在国内享有较高的知名度。

（三）省、市级旅游资源

这类旅游资源包括各省、市已审定和公布的省级重点风景名胜区、森林公园、自然保护区、文物保护单位等。这类旅游资源在其所在的省市内具有较高的知名度和美誉度。主要客源为本省、市的居民。

（四）县级以下或小型旅游资源

这类旅游资源主要包括市（县）级风景名胜区和市（县）级文物保护单位。它们具有一定的艺术观赏、历史文化和科学研究价值。这类旅游资源的等级相对较低，客源几乎为本地居民，通常作为本地居民和周边地区居民平时及周末的休闲度假场所。

四、按资源特征与游客体验分类

1966 年，克劳森和尼奇（M. Clawson and J. L. Knetsh）根据资源自身特征及游客体验的不同，把旅游资源分为以下几种：

（一）利用者导向型游憩资源（市场推动型）

市场推动型旅游资源，就是市场对旅游资源有重要的推动作用，即根据市场利用者的使用导向来进行旅游资源的开发与利用，以满足利用者的需求与保证资源价值的实现。以利用者需求为导向，靠近利用者集中的区域（城镇），通常满足的主要是人们的日常休闲需求，如球场、动物园、一般性公园。要求其面积在 40～100 公顷，由地方政府（市、县）或私人经营管理，距离城市在 60 公里的范围内。

这类资源拥有良好的区位条件，处于人口密集、经济发达的地区，交通便利，开发效益回报高，但资源环境往往先天不足。

（二）资源基础型游憩资源（资源依托型）

资源依托型旅游资源是以资源为基础的，对游客吸引力大。高品位的资源是其核心所在。这类资源可以使游客获得近乎自然的体验。这类资源相对于客源地一般比较远，主要在旅游者的中长期度假中得以利用。如风景、历史遗址以及远足、露营、垂钓用资源等，一般面积在 1 000公顷以上，主要是国家公园等。

高品位的资源是其核心，能够吸引大量的旅游者。但是其相对偏远的区位、较低的经济发展水平，要使当地能拥有完善的旅游配套设施，开发者需要投入较多的资金，导致旅游开发的成本相对较大。受限于旅游资源的特性，旅游活动往往具有明显的季节性，全年游客量不均衡。

（三）中间型游憩资源（资源—市场兼顾型）

资源—市场兼顾型旅游资源介于两者之间，兼有两者的某些优势和不足，因而具有最佳的效益。该类旅游资源主要为短期（1 日游或周末度假）游憩活动所利用。

中间型旅游资源既具备客源优势，又拥有良好的资源条件，开发利用价值高，能够全面满足旅游者的需求，让他们获得满意的旅游经历。另外，旅游淡旺季现象不明显，客源比较稳定，而且还拥有完善的配套设施和旅游设施。该类旅游资源的所在地区，往往既是旅游客源地，又是旅游目的地，旅游业在该地区的经济结构中占有重要地位。

五、按旅游资源的利用情况分类

根据旅游资源的利用情况，又可将旅游资源划分为现实的旅游资源（realistic tourism

resources)和潜在的旅游资源(potential tourism resources)两大类。

不论是自然旅游资源还是人文旅游资源,都有现实和潜在的两种情况。现实的旅游资源是指不仅本身具有魅力,而且已有条件并且正在接待大批游客前来访问的旅游资源。潜在的旅游资源则是指那些本身可能具有某种诱人的特色,但由于受该地交通条件或其他接待条件的影响,尚不大为人们所知或者暂时无法使很多游客前来观赏的吸引因素。

这里我们需要注意的一点是,现实的旅游资源并非仅仅指已经为旅游业所利用的旅游资源,或者说是已经开发的旅游资源,而是应包括所有已经为旅游者所利用的旅游资源。首先,旅游资源是能够造就对旅游者具有吸引力的各种因素的总称,但这并不是说只有为旅游业所利用的才属于旅游资源的范畴,而是说只有为旅游者所利用或向往者才属于旅游资源。因为早在旅游业问世之前,旅游活动便已经存在。即使在今天,很多探险式旅游者和漫游式旅游者也根本不使用旅游业的旅游服务。难道吸引他们前往的魅力所在不是旅游资源?其次,有些旅游资源,不论是自然旅游资源还是人文旅游资源,未必经过人为开发,也能为旅游业所利用,例如某些旅行社组织的探险式的南极观光以及某些登山旅游都属此例。所以,只要本身具有吸引游客的魅力,并且事实上已在吸引旅游者源源前来的旅游资源,即可称之为现实的旅游资源。

第三节 旅游资源的调查及评价

【案例导入】

昭山风景区开展生态旅游资源调查

生态旅游是当今最受欢迎的健康旅游方式,生态旅游资源则是开展生态旅游的基础。5月10日,昭山风景区围绕创建省级生态旅游示范区开展了生态旅游资源调查。

良好的生态旅游环境是生态旅游开展的基础,景区有多少生态旅游资源亮点,需要进行什么样的保护性提质改造措施,这要有一个基础的生态资源数据库作为基础。

最近,景区管理处对昭山古蹬道、古栈道等生态游道进行了系统的丈量登记;对桃林花雨、枫林晚秋等生态景观进行了测量;对景区的古树名木、植物资源丰富的区域进行梳理;景区双井清泉、日月双井等都是景区很有历史文化底蕴的生态资源,并围绕其历史文化渊源进行了考证。

景区负责人表示,对于地处长株潭生态绿心核心的昭山,生态资源是最宝贵的资源,全面调查是保护的基础;建立保护档案,树立保护标志是主要环节;加强日常保护是关键;在保护中利用,在利用中提升是景区生态旅游发展的模式;服务游客健康旅游,打造国家级生态旅游示范区是目标。

(资料来源:摘自红网昭山站,2014年5月13日。)

一、旅游资源调查的目的

旅游资源调查是进行旅游资源评价、开发规划及合理利用与环境保护的最基本工作。其主要目的是:了解一个地区旅游资源的数量、分布、类型、特点、功能、价值等,并建立一个较为全面的资源信息系统,从而为旅游资源开发导向、开发规划提供有力的参考依据。

二、旅游资源调查的步骤

旅游资源的调查工作分三个阶段,即室内准备阶段,野外考察阶段,整理总结、形成成果阶段。

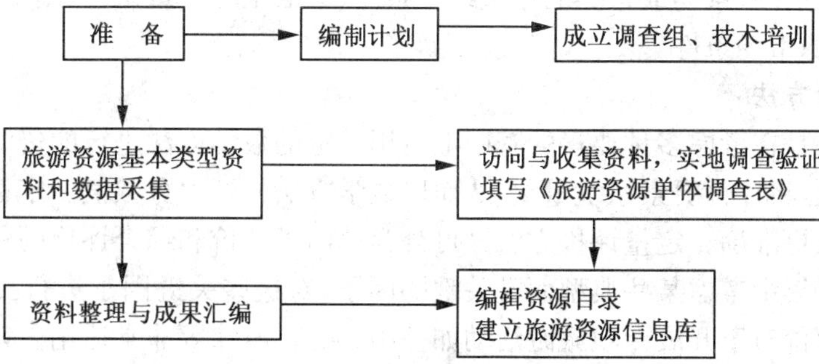

图 5—1　旅游资源调查的阶段

三、旅游资源评价的定义及目的

旅游资源评价是科学开发和利用旅游资源的前提，是指在旅游资源调查的基础上，以调查区中的旅游资源、资源环境及其开发条件作为评价的对象和内容，采取一定的方法，对旅游资源的特点及其开发做出评判和鉴定，并为调查区旅游资源的规划、开发和管理工作提供理论依据。旅游资源评价的目的可以归纳为以下三个方面：

(1)通过对旅游资源类型、规模、等级、功能、价值等多方面的评价，为确定旅游发展目标、市场定位、旅游开发导向、主题形象及发展规模提供参考依据。

(2)通过对旅游资源规模、品位的评价，为国家和地区进行旅游资源分级规划和管理提供系统资料和判断对比标准。

(3)通过对区域旅游资源的综合评价，为合理利用资源、保护环境、发挥整体效应提供支持，为确定不同旅游地的建设顺序准备条件。

四、旅游资源评价的方法

旅游资源评价及其理论研究始于 20 世纪 70 年代，评价方法分为两类：①定性评价(经验分析法)。在大量调查、考察的基础上，凭经验进行评价。②定量评价。将评价指标数量化，建立量化模型，一般采用旅游资源质量等级加权，即评价值为各评价指标的标准值分别加权后的数值和。

旅游资源的多样性、复杂性，给定量评价带来许多困难，纯粹的定量评价往往带有机械性，而单纯的定性评价包含主观成分，只有将两者有机地结合起来，才能做出科学评价。

(一)定性评价

定性评价又称经验法，是在资源调查的基础上，基于评价者(旅游者或专家)的主观判定，对旅游资源的质量体验。定性评价通常从旅游资源的价值、景观类型、旅游资源的综合开发条件等方面进行评议。常用的有一般体验性评价和美感质量评价等方法。

一般体验性评价是在统计大量的旅游资源信息的基础上，凭经验来主观判定旅游资源的价值。如 1985 年《中国旅游报》主持的“中国十大名胜”和 1991 年国家旅游局主持的“中国旅游胜地 40 佳”等的评选，就是运用这一方法的。这种方法仅限于少数知名度较高的旅游资源(地)。一般的或尚未开发的旅游资源(地)无法采用这一方法。

另外，北京师范大学教授卢云亭提出“三三六评价法”，即“三大价值”(历史文化价值、艺术观赏价值和科学考察价值)、“三大效益”(经济效益、社会效益和环境效益)、“六大条件”(景区的地理位置和交通条件、景物或景类的地域组合条件、景区旅游容量条件、施工难易条件、投资能力条件、旅游客源市场条件）。

（二）定量评价方法

定量评价方法是在考虑多种要素的基础上运用一定的数学方法进行的资源评价。可以在定性评价的基础上，将评价要素系统量化，从而以数学方法得到评分数值。定量评价相比定性评价，结果更直观、更准确。定量评价方法又可分为单因子评价和综合评价两种。

单因子评价是集中考虑某些典型而又关键的因子，对这些关键因子进行技术性的适宜或优劣评判。这种评价对于开展专项旅游活动如登山、滑雪、游泳等非常适用。针对不同的评价对象，现在较为成熟的方法有海滩和海水浴场的评价（乔戈拉斯，1970）、地形适宜性评价（日本洛克计划研究所，1980）、滑雪旅游资源评价（美国）等。

综合评价是在考虑多因子的基础上，运用一些数学方法，通过建模分析，对旅游资源及其环境和开发条件进行综合定量评价，评价的结果为数量化的指数值，便于不同资源评价结果间的比较。与前述两种方法相比，具有更为客观、准确和全面的优点。这类评价方法也较多，有菲什拜因—罗森伯格模型（M. Rosenberg，1956 & M. Fishbein，1963）、综合价值评价模型（李功阳和丁文魁，1986）、层次分析法（保继刚，1989）、价值工程法（罗成德，1992）和指数分析法（弗朗哥·佛·费拉里奥）。

保继刚将旅游资源的评价分成若干层，构成旅游资源评价模型树（见图 5—2）。然后邀请专家以填表方式按重要、稍重要、明显重要等评判级别，分别以 1、3、5、7、9 或其倒数作为量化标准，对同一层次的各因素间相对于上一层次的某项因素的重要性给予判断，提出意见，再在计算机上进行整理、综合、检验，排出最后的结果。

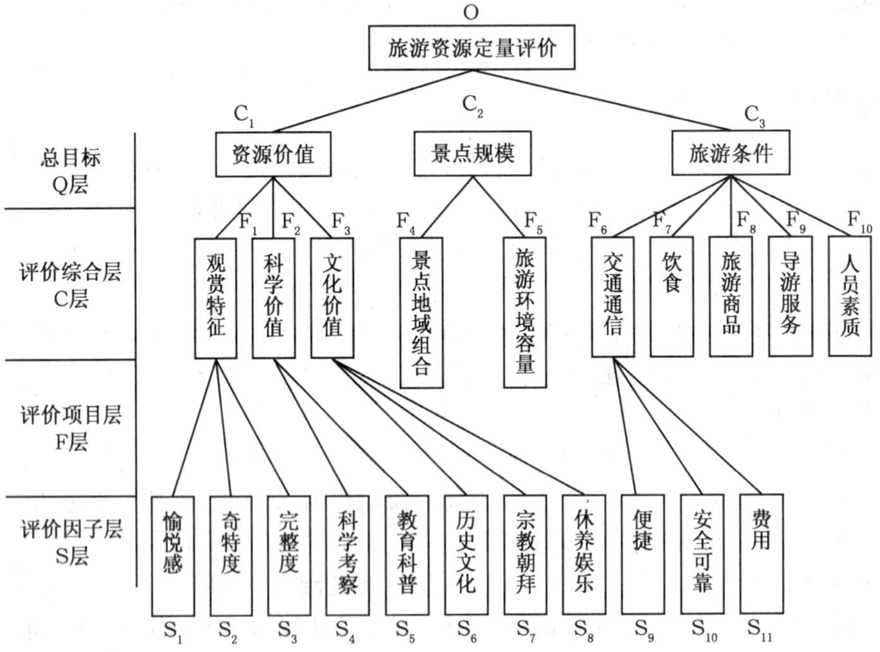

资料来源：引自保继刚：《北京旅游地理》，中国旅游出版社 1989 年版。

图 5—2 旅游资源评价模型树

表 5—2　　　　　　　　　　　　评价因子权重

评价综合层	权重	评价项目层	权重	评价因子层	权重
资源价值	0.72	观赏特征	0.44	愉悦感	0.20
				奇特度	0.12
				完整度	0.12
		科学价值	0.08	科学考察	0.03
				教育科普	0.05
		文化价值	0.20	历史文化	0.09
				宗教朝拜	0.04
				休养娱乐	0.07
景点规模	0.16	景点地域组合	0.09		
		旅游环境容量	0.07		
旅游条件	0.12	交通通信	0.06	便捷	0.03
				安全可靠	0.02
				费用	0.01
		饮食	0.03		
		旅游商品	0.01		
		导游服务	0.01		
		人员素质	0.01		
合　计	1.00	1.00			

第四节　旅游资源的开发

【案例导入】

防城港江山半岛开启“智慧”之旅

今年为国家旅游局确定的“智慧旅游年”，为了加强服务，防城港市江山半岛旅游度假区率先在全市开启了“智慧旅游”项目，推出了微信公众平台，在市交通要道的广告牌内印上二维码，游客只需轻轻一扫，就可获知江山半岛景点、路线、食宿等旅游信息。

此外，江山半岛旅游度假区还建设了一个官方网站、推出了自助旅游 APP、在淘宝网上开设了一家淘宝直营店等。为了增强服务，江山旅管委正在开发一个 0 流量的导游系统，目前这个系统开发还在进行技术攻关。

江山半岛旅游度假区位于防城港市防城区江山乡南部，规划面积 95.96 平方公里，是东兴试验区国际经贸区（珍珠湾国际旅游区）的地理核心。江山半岛开发建设始于 1992 年，经过 20 余年的集中打造，度假区的旅游资源开发与保护已初见成效。2013 年，江山半岛游客接待量超 500 万人次，成功举办了自行车公路赛、“美丽江山半岛”摄影赛、汽车越野赛等系列赛事活动。2014 年年初，江山半岛获得“中国十佳海洋旅游目的地”、“中国最美自驾旅游目的地”

和"中国最佳健康休闲旅游目的地"美誉。

今年,该度假区以"创5A景区,建国际海岸"为目标,通过抓好江山半岛东岸土地的收储工作,促进一条道路、一条岸线、四个景区、八大项目和百项工程的建设。

(资料来源:摘自新华网广西频道,2014年5月。)

一、旅游资源开发的含义

旅游资源开发是指借助现代科学技术手段把资源改造成为旅游吸引物,并使旅游活动得以实现的技术经济活动。开发的目的是使旅游资源对游客具有吸引力,以将旅游资源的潜在资源优势转化为现实的经济功能。旅游资源开发具有重要意义。旅游资源只有经过开发形成旅游产品才能进入旅游市场,发挥旅游资源的经济效益。旅游资源在开发前可进入性差,旅游服务和基础设施缺乏,不能适应大规模的旅游活动。通过开发后,可以改善交通条件,增大对旅游者的吸引力。通过旅游开发还能对旅游资源实施有效的保护。旅游开发可以延长旅游地的生命周期,减缓旅游地衰退。

从开发、建设状况角度看,旅游资源开发可分为尚未开发利用和已经开发利用两大类。其中,尚未开发利用的旅游资源也称为潜在的旅游资源,是指那些对游客能产生吸引力然而缺乏交通和接待条件或不大为人所知的旅游资源。对这类旅游资源的开发就是以其现状为依托,通过必要的加工和建设,使之成为对游客具有使用价值的旅游吸引物。已经开发利用的旅游资源也称现实的旅游资源,它分为两种情况:一是目前尚未有计划的开发但已被利用的旅游资源,如已被探险者或科学考察者所光顾的某些深山密林、人迹罕至的沙漠地区,像我国的雅鲁藏布大峡谷等;二是已经过有计划的开发和利用的旅游资源。

二、旅游资源开发的原则

(一)特色性原则(独特性原则)

这是旅游资源开发的中心原则。"个性=特色=吸引力"。有特色,才有生命力和竞争力,才能吸引更多的旅游者。一项旅游资源的价值在很大程度上取决于它所具有的与众不同之处。这既是其能够对旅游者产生吸引力之根本,也是其吸引力大小的影响因素。在一定地域范围内,如果存在同类型资源的竞争,独特性往往就意味着不可替代性。因此,在旅游资源的开发过程中,注重旅游资源的独特性,有意识地保存和突出这些方面的特征,具有重要的意义。

旅游资源的特色性原则,要求在旅游资源开发中首先挖掘当地富有特色的旅游资源作为出发点,尽量选择开发那些在某些方面堪称"最"的旅游资源。如历史"最悠久"、规模"最大"、造型"最古朴"、工艺"最精湛"等。在旅游开发中要认识到所拥有资源的优势,并通过开发强化其特色性,从而形成强大的吸引力和完整、独立的旅游形象。

特色性原则,还要尽最大可能突出旅游资源的特色,努力反映当地文化包括民族特色、地方特色。特定区域内的民族风情、民族风俗、民族文化,是旅游资源开发中取之不尽、用之不竭的源泉。"只有民族的旅游资源,才是世界的旅游吸引物。"突出民族化、保持某些传统格调也是为了突出自己的独特性,同时也有利于当地旅游形象的树立。以旅游开发地的建筑风格为例,如果在开发过程中片面追求西方现代建筑式样,那么西方游客来此地后就不会有新异之感。但这并不是说一切只能"土"而不能"洋",更不是说一切只能"旧"而不能"新"。旅游开发中应突出的民族文化和地方文化主要是指在环境外观上要使人有民族和地方的特点。对于旅游服务设施的内部环境和设施则非但不宜"旧",而且必须要以符合游客的生活习惯并使其具有熟悉感为原则。总之，应力求外“土”而内“洋”，外“旧”而内“新”，使来访游客在精神上有置身于异国他乡的新奇感，在生活上又享有如居故里的便利。

（二）市场导向原则

旅游资源本身不是商品，只有开发成旅游产品后才能销售给旅游者。市场导向原则，是指旅游资源在开发前一定要进行市场调查和预测，准确掌握市场需求和竞争状况，结合资源状况，积极寻求与其相匹配的客源市场，确定目标市场，以市场需求变化为依据，最大限度地满足旅游者的需求。例如，当前旅游需求正在由大众型观光游览式向个性化、多样化、参与性强的方向发展，因此旅游资源的开发应增加活动项目品种，设计多样的、参与性强的旅游活动项目，以适应市场的变化趋势。

（三）保护性开发原则

无论是对自然旅游资源的开发还是对人文旅游资源的开发，都会对旅游资源造成一定的破坏。因此，必须在旅游资源开发的同时，强调对旅游资源的保护问题。所谓合理开发，是指开发和建设不得超过该资源所在地区的环境容量和资源的承载力。因此，在开发旅游资源的同时，要切实制订保护资源的方案，防止资源原貌和环境的破坏。另外，开发和建设项目的性质、布局、规模、体量、造型、色彩等都应与周围环境和自然景观相互协调，开发中不能对周围环境造成损坏。

（四）效益原则

旅游资源开发的目的是发展旅游业，从而达到挣取外汇、回笼货币、解决就业、发展地区经济等目的。因此，旅游资源的开发首先必须要服从当地社会经济发展的需要。但是，并非所有拥有旅游资源的地区都可以或者都应该发展旅游业。如果开发旅游资源所付出的机会成本大于它能带来的收益，这种开发对当地全局来讲显然是不经济的。

其次，在国家或地方决定发展旅游业的情况下，也要根据自己的经济实力和有关开发项目的投资效益预测，分期分批有计划、有重点地优先开展某些项目，不能不加选择地盲目开发，更不能不分先后地全面开发。

再次，对开发项目投资的规模、建设周期的长短、对游客的吸引力、回收期限及经济效益等方面，进行投入—产出分析。

但经济效益并非旅游资源开发追求的唯一目标，在讲求经济效益的同时，同时还要兼顾社会效益和环境效益。旅游开发还要考虑开发活动是否会超过社会和环境的限度，是否会给旅游地带来资源破坏、环境质量下降、社会治安混乱等负面影响。因此，旅游资源开发应遵循经济、社会、环境三项效益统一的原则。

三、旅游资源开发的内容

旅游资源开发的主要内容包括：

（一）解决和提高旅游资源所在地的可进入性

任何一个旅游景区（点）的开发，都必须解决游客来访的交通问题，使游客能够比较顺畅地进出。这对于开发之初的旅游地更为重要。可进入性是指旅游地同外界的交通联系以及旅游地内部的交通运输要能够做到便利和畅通无阻，能够有效地缩短空间上的时间距离，即“进得去、出得来、散得开”。便利的交通条件对于一个地区旅游开发的成功无疑至关重要。即使旅游资源自身的品质再好、品位再高，如果该地的交通运输得不到解决，其作为旅游吸引物的市场价值也难以实现。因此，提高可进入性就是要让旅游地同外界的交通联系以及旅游地内部交通运输做到便利和畅通无阻。解决和提高可进入性程度,不仅包括陆路、水路和空中通道的基础设施的建设,而且还必须包括各种交通运输工具、手段的合理安排。

(二)建设和完善旅游基础设施

旅游基础设施是指旅游者在逗留期间必须依赖和利用的不可缺少的设施,是游客进行基本生活活动与获得安全的保障。其主要使用者为当地居民,同时也向游客提供。游客的旅游活动必须依赖的有关设施。主要包括:第一,一般公用事业设施,如供水、供电、排污、通信系统以及景区景点内的游览道路系统等;以及与此有关的配套设施如停车场、机场、火车站、港口码头、夜间照明设施等。第二,满足现代社会生活所需要的基本设施或条件,如治安管理机构、医院、银行、公园等。

对于少数需原始开发的旅游资源,建设旅游基础设施是必需的。不过多数情况下,被开发地区已存在一定的基础设施。在对这些地区进行旅游开发时,伴随着大量游客的涌入,当地很可能会出现供应能力不足的局面,当地需要进一步增建或扩建,此时就应该根据当地的需求规模来设计和建造适当的基础设施。

(三)建设旅游上层设施

旅游上层设施是指那些虽然也可供当地居民使用,但主要供外来旅游者使用的服务设施,如宾馆饭店、餐馆、旅游问讯中心、旅游商店和某些娱乐场所等。这些设施兴建的初衷就是主要供游客使用。如果没有外来旅游者,这些设施也便失去了存在的必要。因此,其设计和建造应根据旅游者的需要、生活标准和价值观念来设计建造,并据此提供相应的服务。

对于少数处在初始开发阶段的旅游区域来说,建设旅游上层设施的必要性显而易见。对于大多数旅游开发地区来说,随着当地旅游者数量的增多,原有设施可能会出现供应能力不足的状况,因此需要根据实际进行扩建和增减。

(四)建设和完善旅游服务设施

这类设施主要包括宾馆饭店、旅游商店及某些娱乐场所等。由于这类设施主要供旅游者使用,因此必须根据旅游者的需要、生活标准和价值观念来设计建造,并据此来提供相应的服务。

(五)完善旅游服务体系

旅游服务,是旅游产品的核心。旅游者购买并消费旅游产品,除了在餐饮和旅游生活中消耗少量有形物质产品外,大部分是接待和导游服务的消费。所以,旅游资源只是旅游活动的吸引物和旅游产品的基本条件,其开发必须注重旅游服务的完善。从旅游供给的角度来看,旅游服务包括商业性的旅游服务和非商业性的旅游服务。商业性的旅游服务主要是当地旅行社的导游和翻译服务、交通部门的客运服务、饭店业的食宿服务、商业部门的购物服务,以及其他部门向旅游部门提供的营业性接待服务。非商业性的旅游服务则包括当地为旅游者提供的旅游问询服务、出入境服务,以及当地居民为旅游者提供的其他义务服务。这两方面都需要不断加强和完善。

第五节　旅游资源的保护

【案例导入】

新疆首部旅游规划法规出台 注重对旅游资源保护

近日,《新疆维吾尔自治区旅游规划管理办法》(以下简称《办法》)出台,这是新疆首部关于旅游规划的法规。

27日，记者从新疆维吾尔自治区旅游局了解到，《办法》对各级旅游发展规划、各类旅游区规划、旅游专项规划，以及景观设计、活动策划、营销规划、资源开发方案等作出了明确的规定。

据介绍，在自治区行政区域内开发旅游资源、建设旅游项目、发展旅游业，必须编制旅游规划，并按规划实施。

《办法》规定，旅游规划须注重对旅游资源和旅游环境的保护，应当与各级国土规划、土地利用总体规划、城市总体规划，以及风景名胜区、自然保护区、文化宗教场所、文物保护、交通、林业、水利、环保等相关专项规划相协调。

在申报程序上，编制或修编县级以上旅游发展规划、3A级以上(含3A级)旅游景区规划需向自治区旅游局上报立项申请及项目任务书，经同意后方可组织编制。未经立项备案的规划，自治区旅游局将不予组织评审。

(资料来源：摘自人民网，2014年2月28日。)

旅游资源是旅游业发展的基础，旅游业要长足持续发展，就必须认真做好旅游资源的保护工作。旅游资源的保护不仅包括旅游资源本身的保护，使之不受破坏、特色不受削弱，而且还涉及其周围自然生态环境的保护问题。目前，世界各国在大力开发利用旅游资源的同时，十分重视旅游资源的保护工作，并把其视为旅游业能否持续兴旺发展的根本保证。

一、旅游资源破坏的原因

在旅游业发展的历史进程中，旅游资源遭受破坏的情况时有发生，尤其是在早期不成熟的旅游开发下，旅游资源的损坏成为旅游业获取经济利益的代价。造成旅游资源损害的原因有很多，基本上可以划分为自然的破坏和人为的破坏。

(一)自然因素造成的资源破坏

旅游资源是自然的组成部分之一，自然条件的变化会影响旅游资源。

1. 突发性自然灾害

这主要有地震、火山、海啸、水灾、飓风等自然灾害。这些自然灾害对旅游资源的破坏力是巨大的，而且这种破坏在短时间内完成，破坏力度大，有时会导致旅游资源在一夜间化为乌有。如2005年，罕见的印度洋海啸使得印尼的旅游业严重受挫，部分旅游资源被摧毁。2008年四川汶川发生8级地震，周边一些地区的旅游景点受到不同程度的破坏。曾经美丽的“天府之国”满目疮痍，无论是秀丽的自然风景还是历史悠久的人文遗产，都遭受了空前的浩劫。

【补充阅读】

汶川地震重伤128处国宝，四川568个旅游景区损坏

据国家文物局最新消息，初步统计显示，受此次汶川8级地震的影响，四川、重庆、陕西、甘肃四个省(市)155个市县(区)有128处全国重点文物保护单位受损严重，大批珍贵文物被毁坏。四川两处世界遗产地都江堰·青城山、大熊猫栖息地卧龙景区受到了严重的破坏，该省超过一半的全国重点文物保护单位受损。此外，据四川省旅游局数据显示，在此次地震中，四川省4 000多个旅游景区被损坏了568个。四川省文物局表示，地震中损毁的绝大多数都是古建筑，修复至少需要一到两年时间。

附：

二王庙(为纪念修建都江堰的李冰父子所建)：大部分古建筑倒塌，庙内的文物大多也被毁坏。

都江堰水利工程(战国时期修建)：基本保存完好，鱼嘴出现裂缝，已经加固。

青城山(道教发源地之一)：古建筑群大部分倾斜。

武侯祠(中国唯一的君臣合祀祠庙)：部分屋脊断裂，墓碑、墙体开裂。

杜甫草堂(唐代诗人杜甫故居)：房屋垮塌10余间。

三星堆博物馆(保存大量青铜时代文物)：有两件陶器被震落，上部鸟头装饰断裂。

张飞庙(始建于蜀汉末年)：整个建筑倾斜，墙体严重开裂、垮塌。

大熊猫栖息地(已被列入世界自然遗产)：周边道路断裂受阻。

(资料来源：整理自搜狐新闻，2008年5月。)

2. 缓慢性破坏：自然风化

这主要表现为以自然的方式，如流水侵蚀、寒暑变化、风水雨淋等对旅游资源的形态和性质慢慢改变，这种缓慢的变化就是自然风化。一些露天的建筑、塑像等因风吹、日晒等引起表面的磨损、木质结构的腐朽破败、壁画的褪色等。在我国，包括山西云冈石窟、甘肃敦煌莫高窟、河南洛阳龙门石窟和重庆大足石刻在内的中国岩石雕像都在不同程度地受到风化和渗水作用的严重困扰。水与岩石长期而缓慢的相互作用是中国石窟艺术遭受破坏的主要原因。

(二)人为因素造成的资源破坏

1. 战争因素的破坏

战争是破坏旅游资源最直接的方式，同时也是非常时期破坏程度最严重的一种。由古至今，无数的人工奇迹都在战火中被损毁。如阿房宫、圆明园均为遭受战争破坏的例子。

2. 建设性破坏

建设性破坏主要指在工、农业生产中，市镇建设和旅游资源开发建设中规划不当引起的破坏。这主要表现为：

(1)直接拆毁、占用文物古迹。我国历史悠久，具有旅游价值的文物古迹比比皆是。但是，这些文物古迹在建设中遭到了极大的破坏。如我国的古城墙，除西安及少数地方仍保留有城墙外，很多地方的城墙均在城市改造中被拆毁。又如苏州在城市建设中，一些古典园林和庭院被破坏，昔日有“十八景”盛誉的洽隐园被某单位占用后，假山石被烧成石灰，楼阁不见踪影。苏州很多园林也都就此逐步消失。

(2)工程建设对风景区自然美的破坏。在风景区，由于工程建设不当，破坏了风景区的周围景观的和谐及古建筑的风格意境。如苏州拙政园周围盖了6个工厂，烟囱、高楼等建筑挡住了人们的视线，站在园内已不能见到昔日雄伟的北寺塔，破坏了风景区的自然美。

(3)旅游区发展工、农业带来的污染破坏。工业生产带来的“三废”污染对于旅游区的影响往往十分严重。在旅游区如果发展污染性的工业，将会对旅游区造成空气和水体的污染。空气污染导致酸雨的产生，不仅会损害旅游区的环境质量，而且还会腐蚀破坏旅游资源。水体的污染同样是旅游环境衰退的突出问题。落后的农业生产方式，无计划的过度伐木、采石、取水对风景区旅游景观的破坏不仅严重，而且其造成的后果常常不可逆转。在一些旅游景点，如云南路南石林，成批的农民到风景区采石，全然不顾自己对本地旅游资源的破坏，以致路南石林伤痕累累，不复往日风采。“水作青罗带，山如碧玉簪”的桂林漓江，也由于上游森林过度砍伐，蓄水功能下降，出现了86公里游览河段竟然仅能通航6公里的现象。

3. 旅游者的破坏

(1)旅游活动加速石刻、雕塑、壁画古迹的损坏。我国的三大石窟在自然风化与人为原因(游客涌入,改变石窟小气候)的双重作用下,受到的损坏已极为严重。为此我们必须通过控制来访游客数量以及对古迹作适当仿古重修来维护旅游区的旅游资源。

(2)游客踩踏带来的破坏。大量游客涌入旅游区,对区内的景观植物、建筑以及道路产生巨大的威胁,形成不同程度的损坏,如游客的踩踏使区内地面因磨损而失去原有光洁,还有造成土壤板结、古树死亡等状况。故宫许多大殿前和内部的路面、地面,因游客密度较大而严重磨损。颐和园蜿蜒700多米的长廊路面的砖,因踩踏每隔几年要更换一次。

(3)游人素质低下,随意毁坏旅游资源。一些素质不高的游客,在旅游区内对景物随意刻画、涂抹,任意毁坏旅游资源。还有的无视旅游区内的提示,乱扔果皮纸屑垃圾、随手摘花、驱散鸟类等不良行为都给旅游区的环境造成了一定的损害。

4. 旅游管理不善造成的破坏

(1)旅游开发过程中由于规划不当造成对旅游资源的破坏。一些地方为发展旅游业,开发旅游项目心切,出现低水平重复建设,规划建筑与景观环境不协调,随意增加大量人工设施,使景区原有的氛围、格调、布局发生重大变化。

(2)文物管理不善或无人管理。有的是缺乏基本的文物古迹保护知识,在维护、修缮的过程中随意改建、翻拆等,必然降低或丧失文物的历史价值。

(3)旅游业的经营者和当地群众为利益所驱动,“重开发,轻保护”,再加上缺乏有效的管理,很容易对当地的生态环境造成极大的破坏。

二、旅游资源保护的措施

对旅游资源的保护应采取以“防”为主、以“治”为辅、“防”“治”相结合的原则,运用法律、行政、经济和技术等手段,注意加强对旅游资源的管理和保护。根据旅游资源衰败的原因,应用可持续发展理论和人与自然共生理论,对旅游资源采取相应的以防为主、以治为辅、防治结合的保护措施。虽然灾难性的自然变化不可避免,但可以采取措施,减弱自然风化的程度,延缓其过程;而人为破坏,则可以通过法律、政策、宣传和管理途径予以杜绝。至于已遭破坏的旅游资源,视其破坏轻重程度和恢复的难易程度,采取一定程度的维修和重修措施。

为了强化旅游资源保护的法制力度,建设资源节约型和环境友好型社会,国家旅游局在2007年的9月还发布并实施了《旅游资源保护暂行办法》。

1. 减缓旅游资源自然风化的对策

旅游资源自然风化的起因是自然界由于大气中光、热、水环境的变化引起的,存在这一问题的主要是历史文物古迹。出露于地表的旅游资源要完全杜绝自然风化是不可能的,但一定范围内改变环境条件使其风化过程减缓是完全可能的。对于自然作用所带来的危害,主要应采取必要的技术措施加以预防,如室内展览馆、隔离装置等。因条件限制不宜采取类似措施的,则应经常检查,对发现的问题及时进行治理和修缮。

2. 杜绝人为破坏旅游资源的对策

要全面保护各类旅游资源,必须坚决制止人为破坏现象的出现。

(1)为了防止由于旅游者方面的原因而对旅游资源可能带来的危害,一是加强本地的旅游规划工作,充分估计环境容量饱和给旅游资源带来的破坏性影响;二是对于重要的文物建筑、供游人观赏的珍稀动植物等,应架设隔离装置,避免游人触摸攀爬;三是对于违反有关规定者要予以制止，并视情节轻重给予批评、罚款乃至追究其法律责任。

(2)对于旅游者以外的其他人为原因，如当地居民、旅游企业等造成的破坏，除应加强旅游资源保护的宣传外，还要制定必要的法律法规加以约束。实际上，宣传和立法固然重要，但关键还是要分派和落实有关执法和保护工作的责任。

3. 已破坏的旅游资源的恢复对策

绝大多数旅游资源，一旦遭到破坏则难以恢复，但有的历史古建筑，文化价值和旅游价值都相当高，虽然已经衰败，甚至不复存在，但仍可以采用治理恢复措施重现其风采。目前主要采用的有三种手段：一是整修复原，修旧如旧；二是仿古重修；三是进行生态建设。

(1)整修复原，修旧如旧。在修复的过程中，对现有旅游资源保存现状或恢复原状，在培修一些因自然风化或人为破坏而破损、变色的历史建筑时，可采取原材料、原构件，或在必要时用现代构件进行加固，但必须以保持原貌为准则，切忌因"翻新"而失去"古"的特色。2001 年 4 月 2 日开始的"乐山大佛美容工程"既达到了培修的目的，又最大限度地保持了原样，可以说是培修复新历史建筑的成功之作。

(2)仿古重建。由于一些历史原因，某种旅游资源已经消失，但其具有较高的历史和文化价值，为了旅游开发的需要，可进行仿古重修，重现古建筑的风貌。如江南三大名楼之一的武昌黄鹤楼的仿古重修保持了原有的塔式阁楼造型风格和江、山、楼三位一体的意境，是古建筑重建中较为成功的一例。

(3)生态建设。许多旅游景区，由于工农业和交通的发展，造成了植被的破坏，区内旅游资源环境质量下降，如太湖和昆明滇池，湖水污染较为严重，许多旅游项目难以开展，限制了旅游业的进一步发展，为此必须努力治理这些景区的空气、水体及环境污染，进行必要的生态建设，重建景区对游客的吸引力。中国第二深的云南抚仙湖，水质良好，达到饮水标准，但美中不足的是山不绿，成为景色的一大缺陷。为改善其景观结构，首要任务是治山、种树，搞生态建设，使山绿起来。旅游区山体的生态建设，不仅要考虑固水固土的生态效益，还要考虑观赏的旅游效益及一定的经济效益。不少湖泊旅游区，存在山清但水不秀的状况，也需用生态重建的措施进行弥补。

在旅游资源开发中还要维护好自然生态平衡与协调发展的关系，保持旅游资源对旅游者的吸引力。合理的保护是旅游资源可持续发展的关键，保护与开发理应相辅相成，保护得好才具有开发利用价值，开发利用又推动保护工作。政府主管部门应加强法制建设，旅游企业应提高企业的管理和规划能力，旅游者应强化自身素质，才可以实现旅游资源的可持续发展。

【课后阅读】

旅游景区渐成游乐场 商业化破坏云南最后的净土

云南省香格里拉县的下给温泉，是近代热泉形成的典型的地质景观，极具观赏性和科考价值，景区内的喷气(热气)孔尤为罕见。但在旅游开发过程中，在不了解喷气孔的地质构造及规律的情况下，开发者企图将喷气孔变为"桑拿浴"场所，结果严重破坏了稀有旅游地质景观。该县的另一处地下泉——天生桥"彩泉"，因被"现代化"装饰而失去了"彩泉"再现的自然条件。

西南净土香格里拉的一些地方，在旅游开发的大潮下难逃劫难。"中国风景园林学会"的多位专家指出，近年来，一些地方的错位开发，使不少国家级风景区人工化、商业化、城市化现象泛滥，有的风景区正蜕变为吃喝玩乐的游乐场，自然生态系统遭到空前破坏。

比如，丽江玉龙雪山被架设 3 条索道，每条索道都伸入自然保护区的核心区。其中，长近

3 000米的玉龙雪山索道，延伸到海拔4 506米的雪山上，每小时单向运送客流量达426人。这些索道的建设和运营，给保护区带来了生态灾难。大量游人的涌入，使亘古冰川遭到破坏，部分冰川开始融化；高山植被和野生花卉被游客践踏、破坏；野生动物的数量急剧减少，当年规划时还存在的珍稀动物现在已难觅踪迹。玉龙雪山生态环境的破坏速度，令世界各国专家惊讶。

更为严重的是，一些景区没做规划就进行开发。

记者在迪庆藏族自治州（以下简称"迪庆州"）旅游局提供的一份材料上看到，该州共有18个旅游区、225个景区（点），但是目前只完成两个地方旅游发展总体规划、6个旅游总体规划、3个旅游详细规划，正在编制的和今年或今后两年要编制的规划有20个。这份材料说："迪庆州旅游资源相当丰富，但目前所完成的各类规划远远不能满足旅游区的开发需要，在各旅游区建设中已显现出规划滞后的情况，部分地区已出现先建设后规划或无规划建设的现象，蔓延下去将对我州旅游资源造成严重的浪费和破坏，有的甚至是毁灭性的、不可再恢复的破坏。"

云南省生物多样性和传统知识研究会成员李波说："大众旅游的兴起为生活在美丽土地上的贫困人口带来希望。但开发者和旅游者消费的是当地人赖以生存的人地关系。我们的旅游开发到底是为谁服务？这种开发是一味地满足市场需求，还是应该考虑到当地生态环境和民族文化的可持续发展？"他说："早在19世纪，美国就认识到荒野是人类社区的组成部分，是文明生活的象征之一。大自然的壮丽，是要人用脚去丈量、用心去体味的，不能只靠索道和过多的旅游设施来体验。但是现在，我们拥有的最后的净土却正在被打造成一个个旅游休闲精品，所有的不同于主流的生活方式和文化形式都要服务于旅游的需求。不知道我们的自然在饥渴的开发商手中将会给后代留下什么？难道旅游开发的目标就是让3A、4A、5A级旅游景区把所有的自然保护区都包围起来吗？"

（资料来源：摘自中国青年报网，2005年6月8日。）

本章小结

旅游资源是旅游活动的客体，是旅游业赖以生存和发展的物质基础。旅游资源是一个动态的概念。一个国家或地区旅游业的发展成功与否，在很大程度上取决于旅游资源的价值及其开发保护程度。旅游资源具有综合性、不可移动性等特点。对旅游资源的价值要进行正确的评价。在对旅游资源进行调查评价的基础上，合理地开发和保护旅游资源。

思考与练习

1. 名词解释：旅游资源、旅游资源调查、旅游资源评价、可进入性、旅游基础设施、旅游上层设施。
2. 举例说明旅游资源的分类，并指出其分类依据。
3. 决定一项旅游资源价值大小的主要因素有哪些？为什么？
4. 试析旅游资源开发的必要性。
5. 举例说明旅游资源的特点。
6. 旅游资源开发工作应遵循哪些原则？为什么？
7. 简述旅游资源评价的目的。
8. 简述旅游资源破坏的原因。
9. 旅游资源开发工作应遵循哪些原则？为什么？

附：

中华人民共和国国家标准

旅游资源分类、调查与评价(GB/T 18972—2003)

2003-02-24 发布 2003-05-01 实施

中华人民共和国国家质量监督检验检疫总局发布

前　言

本标准文本包括三个核心内容：旅游资源分类、旅游资源调查、旅游资源评价。

本标准的附录A、附录B、附录C为规范性附录。

本标准由国家旅游局提出。

本标准由全国旅游标准化技术委员会归口并解释。

本标准起草单位：中国科学院地理科学与资源研究所、国家旅游局规划发展与财务司。

本标准主要起草人员：尹泽生、魏小安、张吉林、汪黎明、陈田、牛亚菲、李宝田、潘肖澎、周梅、石建国。

引　言

旅游资源是构成旅游业发展的基础，我国旅游资源非常丰富，具有广阔的开发前景，在旅游研究、区域开发、资源保护等各方面受到广泛的应用，越来越受到重视。

旅游界对旅游资源的含义、价值、应用等许多理论和实用问题进行了多方面的研究，本标准在充分考虑了前人研究成果，特别是1992年出版的《中国旅游资源普查规范(试行稿)》的学术研究和广泛实践的基础上，对旅游资源的类型划分、调查、评价的实用技术和方法，进行了较深层次的探讨，目的是为了更加适用于旅游资源开发与保护、旅游规划与项目建设、旅游行业管理与旅游法规建设、旅游资源信息管理与开发利用等方面的工作。

本标准是一部应用性质的技术标准，主要适用于旅游界，对其他行业和部门的资源开发也有一定的参考意义。

旅游规划通则

1　范围

本标准规定了旅游资源类型体系，以及旅游资源调查、等级评价的技术与方法。

本标准适用于各类型旅游区(点)的旅游资源开发与保护、旅游规划与项目建设、旅游行业管理与旅游法规建设、旅游资源信息管理与开发利用等方面。

2　规范性引用文件

下列文件中的条款通过本标准的引用而成为本标准的条款。凡是注日期的引用文件，其随后所有的修改单(不包括勘误的内容)或修订版均不适用于本标准，然而，鼓励根据本标准达成协议的各方研究是否可使用这些文件的最新版本。凡是不注日期的引用文件，其最新版本适用于本标准。

GB/T 2260 中华人民共和国行政区代码

3　术语和定义

下列术语和定义适用于本标准。

3.1　旅游资源(tourism resources)

自然界和人类社会凡能对旅游者产生吸引力，可以为旅游业开发利用，并可产生经济效益、社会效益和环境效益的各种事物和因素。

3.2　旅游资源基本类型(fundamental type of tourism resources)

按照旅游资源分类标准所划分出的基本单位。

3.3　旅游资源单体(object of tourism resources)

可作为独立观赏或利用的旅游资源基本类型的单独个体，包括“独立型旅游资源单体”和由同一类型的独立单体结合在一起的“集合型旅游资源单体”。

3.4　旅游资源调查(investigation of tourism resources)

按照旅游资源分类标准，对旅游资源单体进行的研究和记录。

3.5　旅游资源共有因子评价(community factor evaluation of tourist resources)

按照旅游资源基本类型所共同拥有的因子对旅游资源单体进行的价值和程度评价。

4　旅游资源分类

4.1　分类原则

依据旅游资源的性状，即现存状况、形态、特性、特征划分。

4.2　分类对象

稳定的、客观存在的实体旅游资源。

不稳定的、客观存在的事物和现象。

4.3　分类结构

分为“主类”、“亚类”、“基本类型”3个层次。

每个层次的旅游资源类型有相应的汉语拼音代号，见表1。

表1　　旅游资源分类表

主类	亚类	基本类型
A 地文景观	AA 综合自然旅游地	AAA 山丘型旅游地 AAB 谷地型旅游地 AAC 沙砾石地型旅游地 AAD 滩地型旅游地 AAE 奇异自然现象 AAF 自然标志地 AAG 垂直自然地带
	AB 沉积与构造	ABA 断层景观 ABB 褶曲景观 ABC 节理景观 ABD 地层剖面 ABE 钙华与泉华 ABF 矿点矿脉与矿石积聚地 ABG 生物化石点
	AC 地质地貌过程形迹	ACA 凸峰 ACB 独峰 ACC 峰丛 ACD 石(土)林 ACE 奇特与象形山石 ACF 岩壁与岩缝 ACG 峡谷段落 ACH 沟壑地 ACI 丹霞 ACJ 雅丹 ACK 堆石洞 ACL 岩石洞与岩穴 ACM 沙丘地 ACN 岸滩
	AD 自然变动遗迹	ADA 重力堆积体 ADB 泥石流堆积 ADC 地震遗迹 ADD 陷落地 ADE 火山与熔岩 ADF 冰川堆积体 ADG 冰川侵蚀遗迹
	AE 岛礁	AEA 岛区 AEB 岩礁
B 水域风光	BA 河段	BAA 观光游憩河段 BAB 暗河河段 BAC 古河道段落
	BB 天然湖泊与池沼	BBA 观光游憩湖区 BBB 沼泽与湿地 BBC 潭池
	BC 瀑布	BCA 悬瀑 BCB 跌水
	BD 泉	BDA 冷泉 BDB 地热与温泉
	BE 河口与海面	BEA 观光游憩海域 BEB 涌潮现象 BEC 击浪现象
	BF 冰雪地	BFA 冰川观光地 BFB 长年积雪地

续表

主类	亚类	基本类型
C 生物景观	CA 树木	CAA 林地 CAB 丛树 CAC 独树
	CB 草原与草地	CBA 草地 CBB 疏林草地
	CC 花卉地	CCA 草场花卉地 CCB 林间花卉地
	CD 野生动物栖息地	CDA 水生动物栖息地 CDB 陆地动物栖息地 CDC 鸟类栖息地 CDE 蝶类栖息地
D 天象与气候景观	DA 光现象	DAA 日月星辰观察地 DAB 光环现象观察地 DAC 海市蜃楼现象多发地
	DB 天气与气候现象	DBA 云雾多发区 DBB 避暑气候地 DBC 避寒气候地 DBD 极端与特殊气候显示地 DBE 物候景观
E 遗址遗迹	EA 史前人类活动场所	EAA 人类活动遗址 EAB 文化层 EAC 文物散落地 EAD 原始聚落
	EB 社会经济文化活动遗址遗迹	EBA 历史事件发生地 EBB 军事遗址与古战场 EBC 废弃寺庙 EBD 废弃生产地 EBE 交通遗迹 EBF 废城与聚落遗迹 EBG 长城遗迹 EBH 烽燧
F 建筑与设施	FA 综合人文旅游地	FAA 教学科研实验场所 FAB 康体游乐休闲度假地 FAC 宗教与祭祀活动场所 FAD 园林游憩区域 FAE 文化活动场所 FAF 建设工程与生产地 FAG 社会与商贸活动场所 FAH 动物与植物展示地 FAI 军事观光地 FAJ 边境口岸 FAK 景物观赏点
	FB 单体活动场馆	FBA 聚会接待厅堂(室) FBB 祭拜场馆 FBC 展示演示场馆 FBD 体育健身馆场 FBE 歌舞游乐场馆
	FC 景观建筑与附属型建筑	FCA 佛塔 FCB 塔形建筑物 FCC 楼阁 FCD 石窟 FCE 长城段落 FCF 城(堡) FCG 摩崖字画 FCH 碑碣(林) FCI 广场 FCJ 人工洞穴 FCK 建筑小品
	FD 居住地与社区	FDA 传统与乡土建筑 FDB 特色街巷 FDC 特色社区 FDD 名人故居与历史纪念建筑 FDE 书院 FDF 会馆 FDG 特色店铺 FDH 特色市场
	FE 归葬地	FEA 陵区陵园 FEB 墓(群) FEC 悬棺
	FF 交通建筑	FFA 桥 FFB 车站 FFC 港口渡口与码头 FFD 航空港 FFE 栈道
	FG 水工建筑	FGA 水库观光游憩区段 FGB 水井 FGC 运河与渠道段落 FGD 堤坝段落 FGE 灌区 FGF 提水设施
G 旅游商品	GA 地方旅游商品	GAA 菜品饮食 GAB 农林畜产品与制品 GAC 水产品与制品 GAD 中草药材及制品 GAE 传统手工产品与工艺品 GAF 日用工业品 GAG 其他物品
H 人文活动	HA 人事记录	HAA 人物 HAB 事件
	HB 艺术	HBA 文艺团体 HBB 文学艺术作品
	HC 民间习俗	HCA 地方风俗与民间礼仪 HCB 民间节庆 HCC 民间演艺 HCD 民间健身活动与赛事 HCE 宗教活动 HCF 庙会与民间集会 HCG 饮食习俗 HGH 特色服饰
	HD 现代节庆	HDA 旅游节 HDB 文化节 HDC 商贸农事节 HDD 体育节
数量统计		
8 主类	31 亚类	155 基本类型

[注]如果发现本分类没有包括的基本类型时,使用者可自行增加。增加的基本类型可归入相应亚类,置于最后,最多可增加 2 个。编号方式为:增加第 1 个基本类型时,该亚类 2 位汉语拼音字母+Z、增加第 2 个基本类型时,该亚类 2 位汉语拼音字母+Y。

5　旅游资源调查

5.1　基本要求

5.1.1　按照本标准规定的内容和方法进行调查。

5.1.2　保证成果质量，强调整个运作过程的科学性、客观性、准确性，并尽量做到内容简洁和量化。

5.1.3　充分利用与旅游资源有关的各种资料和研究成果，完成统计、填表和编写调查文件等项工作。调查方式以收集、分析、转化、利用这些资料和研究成果为主，并逐个对旅游资源单体进行现场调查核实，包括访问、实地观察、测试、记录、绘图、摄影，必要时进行采样和室内分析。

5.1.4　旅游资源调查分为"旅游资源详查"和"旅游资源概查"两个档次，其调查方式和精度要求不同。

5.2　旅游资源详查

5.2.1　适用范围和要求

5.2.1.1　适用于了解和掌握整个区域旅游资源全面情况的旅游资源调查。

5.2.1.2　完成全部旅游资源调查程序，包括调查准备、实地调查。

5.2.1.3　要求对全部旅游资源单体进行调查，提交全部"旅游资源单体调查表"。

5.2.2　调查准备

5.2.2.1　调查组

5.2.2.1.1　调查组成员应具备与该调查区旅游环境、旅游资源、旅游开发有关的专业知识，一般应吸收旅游、环境保护、地学、生物学、建筑园林、历史文化、旅游管理等方面的专业人员参与。

5.2.2.1.2　根据本标准的要求，进行技术培训。

5.2.2.1.3　准备实地调查所需的设备如定位仪器、简易测量仪器、影像设备等。

5.2.2.1.4　准备多份"旅游资源单体调查表"。

5.2.2.2　资料收集范围

5.2.2.2.1　与旅游资源单体及其赋存环境有关的各类文字描述资料，包括地方志书、乡土教材、旅游区与旅游点介绍、规划与专题报告等。

5.2.2.2.2　与旅游资源调查区有关的各类图形资料，重点是反映旅游环境与旅游资源的专题地图。

5.2.2.2.3　与旅游资源调查区和旅游资源单体有关的各种照片、影像资料。

5.2.3　实地调查

5.2.3.1　程序与方法

5.2.3.1.1　确定调查区内的调查小区和调查线路

为便于运作和此后旅游资源评价、旅游资源统计、区域旅游资源开发的需要，将整个调查区分为"调查小区"。调查小区一般按行政区划分（如省级一级的调查区，可将地区一级的行政区划分为调查小区；地区一级的调查区，可将县级一级的行政区划分为调查小区；县级一级的调查区，可将乡镇一级的行政区划分为调查小区），也可按现有或规划中的旅游区域划分。

调查线路按实际要求设置，一般要求贯穿调查区内所有调查小区和主要旅游资源单体所在的地点。

5.2.3.1.2　选定调查对象

选定下述单体进行重点调查：具有旅游开发前景，有明显经济、社会、文化价值的旅游资源单体；集合型旅游资源单体中具有代表性的部分；代表调查区形象的旅游资源单体。

对下列旅游资源单体暂时不进行调查：明显品位较低，不具有开发利用价值的；与国家现行法律、法规相违背的；开发后有损社会形象的或可能造成环境问题的；影响国计民生的；某些位于特定区域内的。

5.2.3.1.3　填写"旅游资源单体调查表"

对每一调查单体分别填写一份"旅游资源单体调查表"。调查表各项内容填写要求如下：

① 单体序号：由调查组确定的旅游资源单体顺序号码。

② 单体名称：旅游资源单体的常用名称。

③ "代号"项：代号用汉语拼音字母和阿拉伯数字表示，即"表示单体所处位置的汉语拼音字母－表示单体所属类型的汉语拼音字母－表示单体在调查区内次序的阿拉伯数字"。

如果单体所处的调查区是县级和县级以上行政区，则单体代号按"国家标准行政代码（省代号 2 位－地区代号 3 位－县代号 3 位，参见 GB/T 2260－1999 中华人民共和国行政区代码）－旅游资源基本类型代号 3 位 －旅游资源单体序号 2 位"的方式设置，共 5 组 13 位数，每组之间用短线"－"连接。

如果单体所处的调查区是县级以下的行政区，则旅游资源单体代号按"国家标准行政代码（省代号 2 位－地区代号 3 位－县代号 3 位，参见 GB/T 2260－1999 中华人民共和国行政区代码）－乡镇代号（由调查组自定 2 位）－旅游资源基本类型代号 3 位－旅游资源单体序号 2 位"的方式设置，共 6 组 15 位数，每组之间用短线"－"连接。

如果遇到同一单体可归入不同基本类型的情况，在确定其为某一类型的同时，可在"其他代号"后按另外的类型填写。操作时只需改动其中"旅游资源基本类型代号"，其他代号项目不变。

填表时，一般可省略本行政区及本行政区以上的行政代码。

④"行政位置"项：填写单体所在地的行政归属，从高到低填写政区单位名称。

⑤"地理位置"项：填写旅游资源单体主体部分的经纬度（精度到秒）。

⑥"性质与特征"项：填写旅游资源单体本身个性，包括单体性质、形态、结构、组成成分的外在表现和内在因素，以及单体生成过程、演化历史、人事影响等主要环境因素，提示如下：

1）外观形态与结构类：旅游资源单体的整体状况、形态和突出（醒目）点；代表形象部分的细节变化；整体色彩和色彩变化、奇异华美现象，装饰艺术特色等；组成单体整体各部分的搭配关系和安排情况，构成单体主体部分的构造细节、构景要素等。

2）内在性质类：旅游资源单体的特质，如功能特性、历史文化内涵与格调、科学价值、艺术价值、经济背景、实际用途等。

3）组成成分类：构成旅游资源单体的组成物质、建筑材料、原料等。

4）成因机制与演化过程类：表现旅游资源单体发生、演化过程、演变的时序数值；生成和运行方式，如形成机制、形成年龄和初建时代、废弃时代、发现或制造时间、盛衰变化、历史演变、现代运动过程、生长情况、存在方式、展示演示及活动内容、开放时间等。

5）规模与体量类：表现旅游资源单体的空间数值如占地面积、建筑面积、体积、容积等；个性数值如长度、宽度、高度、深度、直径、周长、进深、面宽、海拔、高差、产值、数量、生长期等；比率关系数值如矿化度、曲度、比降、覆盖度、圆度等。

6）环境背景类：旅游资源单体周围的境况，包括所处具体位置及外部环境如目前与其共存并成为单体不可分离的自然要素和人文要素，如气候、水文、生物、文物、民族等；影响单体存在与发展的外在条件，如特殊功能、雪线高度、重要战事、主要矿物质等；单体的旅游价值和社会地位、级别、知名度等。

7)关联事物类：与旅游资源单体形成、演化、存在有密切关系的典型的历史人物与事件等。

⑦“旅游区域及进出条件”项：包括旅游资源单体所在地区的具体部位、进出交通、与周边旅游集散地和主要旅游区(点)之间的关系等。

⑧“保护与开发现状”项：旅游资源单体保存现状、保护措施、开发情况等。

⑨“共有因子评价问答”项：旅游资源单体的观赏游憩价值、历史文化科学艺术价值、珍稀或奇特程度、规模丰度与几率、完整性、知名度和影响力、适游期和使用范围、污染状况与环境安全。

5.3　旅游资源概查

5.3.1　适用范围和要求

5.3.1.1　适用于了解和掌握特定区域或专门类型的旅游资源调查。

5.3.1.2　要求对涉及的旅游资源单体进行调查。

5.3.2　调查技术要点

5.3.2.1　参照“旅游资源详查”中的各项技术要求。

5.3.2.2　简化工作程序，如不需要成立调查组，调查人员由其参与的项目组织协调委派；资料收集限定在专门目的所需要的范围；可以不填写或择要填写“旅游资源单体调查表”等。

6　旅游资源评价

6.1　总体要求

6.1.1　按照本标准的旅游资源分类体系对旅游资源单体进行评价。

6.1.2　本标准采用打分评价方法。

6.1.3　评价主要由调查组完成。

6.2　评价体系

本标准依据“旅游资源共有因子综合评价系统” 赋分。

本系统设“评价项目”和“评价因子”两个档次。

评价项目为“资源要素价值”、“资源影响力”、“附加值”。

其中：

“资源要素价值”项目中含“观赏游憩使用价值”、“历史文化科学艺术价值”、“珍稀奇特程度”、“规模、丰度与几率”、“完整性”5 项评价因子。

“资源影响力”项目中含“知名度和影响力”、“适游期或使用范围”2 项评价因子。

“附加值”含“环境保护与环境安全”1 项评价因子。

6.3　计分方法

6.3.1　基本分值

6.3.1.1　评价项目和评价因子用量值表示。资源要素价值和资源影响力总分值为 100 分，其中：

“资源要素价值”为 85 分，分配如下：“观赏游憩使用价值”30 分、“历史科学文化艺术价值”25 分、“珍稀奇特程度”15 分、“规模、丰度与几率”10 分、“完整性”5 分。

“资源影响力”为 15 分，其中：“知名度和影响力”10 分、“适游期或使用范围”5 分。

6.3.1.2　“附加值”中“环境保护与环境安全”，分正分和负分。

6.3.1.3　每一评价因子分为 4 个档次，其因子分值相应分为 4 档。

旅游资源评价赋分标准见表 2。

表 2　　旅游资源评价赋分标准

评价项目	评价因子	评价依据	赋值
资源要素价值（85 分）	观赏游憩使用价值（30 分）	全部或其中一项具有极高的观赏价值、游憩价值、使用价值	30～22
		全部或其中一项具有很高的观赏价值、游憩价值、使用价值	21～13
		全部或其中一项具有较高的观赏价值、游憩价值、使用价值	12～6
		全部或其中一项具有一般观赏价值、游憩价值、使用价值	5～1
	历史文化科学艺术价值（25 分）	同时或其中一项具有世界意义的历史价值、文化价值、科学价值、艺术价值	25～20
		同时或其中一项具有全国意义的历史价值、文化价值、科学价值、艺术价值	19～13
		同时或其中一项具有省级意义的历史价值、文化价值、科学价值、艺术价值	12～6
		历史价值，或文化价值，或科学价值，或艺术价值具有地区意义	5～1
	珍稀奇特程度（15 分）	有大量珍稀物种，或景观异常奇特，或此类现象在其他地区罕见	15～13
		有较多珍稀物种，或景观奇特，或此类现象在其他地区很少见	12～9
		有少量珍稀物种，或景观突出，或此类现象在其他地区少见	8～4
		有个别珍稀物种，或景观比较突出，或此类现象在其他地区较多见	3～1
	规模、丰度与几率（10 分）	独立型旅游资源单体规模、体量巨大；集合型旅游资源单体结构完美、疏密度优良级；自然景象和人文活动周期性发生或频率极高	10～8
		独立型旅游资源单体规模、体量较大；集合型旅游资源单体结构很和谐、疏密度良好；自然景象和人文活动周期性发生或频率很高	7～5
		独立型旅游资源单体规模、体量中等；集合型旅游资源单体结构和谐、疏密度较好；自然景象和人文活动周期性发生或频率较高	4～3
		独立型旅游资源单体规模、体量较小；集合型旅游资源单体结构较和谐、疏密度一般；自然景象和人文活动周期性发生或频率较小	2～1
	完整性（5 分）	形态与结构保持完整	5～4
		形态与结构有少量变化，但不明显	3
		形态与结构有明显变化	2
		形态与结构有重大变化	1
资源影响力（15 分）	知名度和影响力（10 分）	在世界范围内知名，或构成世界承认的名牌	10～8
		在全国范围内知名，或构成全国性的名牌	7～5
		在本省范围内知名，或构成省内的名牌	4～3
		在本地区范围内知名，或构成本地区名牌	2～1
	适游期或使用范围（5 分）	适宜游览的日期每年超过 300 天，或适宜于所有游客使用和参与	5～4
		适宜游览的日期每年超过 250 天，或适宜于 80%左右游客使用和参与	3
		适宜游览的日期超过 150 天，或适宜于 60%左右游客使用和参与	2
		适宜游览的日期每年超过 100 天，或适宜于 40%左右游客使用和参与	1

续表

评价项目	评价因子	评价依据	赋值
附加值	环境保护与环境安全	已受到严重污染，或存在严重安全隐患	−5
		已受到中度污染，或存在明显安全隐患	−4
		已受到轻度污染，或存在一定安全隐患	−3
		已有工程保护措施，环境安全得到保证	3

6.3.2　计分与等级划分

6.3.2.1　计分

根据对旅游资源单体的评价，得出该单体旅游资源共有综合因子评价赋分值。

6.3.2.2　旅游资源评价等级指标

依据旅游资源单体评价总分，将其分为五级，从高级到低级为：

五级旅游资源，得分值域≥90 分。

四级旅游资源，得分值域为 75～89 分。

三级旅游资源，得分值域为 60～74 分。

二级旅游资源，得分值域为 45～59 分。

一级旅游资源，得分值域为 30～44 分。

此外还有：

未获等级旅游资源，得分≤29 分。

其中：

五级旅游资源称为“特品级旅游资源”；

五级、四级、三级旅游资源被通称为“优良级旅游资源”；

二级、一级旅游资源被通称为“普通级旅游资源”。

7　提交文(图)件

7.1　文(图)件内容和编写要求

7.1.1　全部文(图)件包括《旅游资源调查区实际资料表》、《旅游资源图》、《旅游资源调查报告》。

7.1.2　旅游资源详查和旅游资源概查的文(图)件类型和精度不同，旅游资源详查需要完成全部文(图)件，包括填写《旅游资源调查区实际资料表》，编绘《旅游资源地图》，编写《旅游资源调查报告》。旅游资源概查要求编绘《旅游资源地图》，其他文件可根据需要选择编写。

7.2　文(图)件产生方式

7.2.1　《旅游资源调查区实际资料表》的填写

7.2.1.1　调查区旅游资源调查、评价结束后，由调查组填写。

7.2.1.2　按照本标准附录C规定的栏目填写，栏目内容包括：调查区基本资料，各层次旅游资源数量统计，各主类、亚类旅游资源基本类型数量统计，各级旅游资源单体数量统计，优良级旅游资源单体名录，调查组主要成员，主要技术存档材料。

7.2.1.3　本表同样适用于调查小区实际资料的填写。

7.2.2　《旅游资源图》的编绘

7.2.2.1　类型

——“旅游资源图”，表现五级、四级、三级、二级、一级旅游资源单体。

——“优良级旅游资源图”，表现五级、四级、三级旅游资源单体。

7.2.2.2　编绘程序与方法

7.2.2.2.1　准备工作底图

①等高线地形图：比例尺视调查区的面积大小而定，较大面积的调查区为1：50 000～1：200 000，较小面积的调查区为1：5 000～1：25 000，特殊情况下为更大比例尺。

②调查区政区地图。

7.2.2.2.2　在工作底图的实际位置上标注旅游资源单体（部分集合型单体可将范围绘出）。各级旅游资源使用下列图例（见表3）。

表3　　**旅游资源图图例**

旅游资源等级	图例	使用说明
五级旅游资源	■	1. 图例大小根据图面大小而定，形状不变。 2. 自然旅游资源（旅游资源分类表中主类A、B、C、D）使用蓝色图例；人文旅游资源（旅游资源分类表中主类E、F、G、H）使用红色图例。
四级旅游资源	●	
三级旅游资源	◆	
二级旅游资源	□	
一级旅游资源	○	

7.2.2.2.3　单体符号一侧加注旅游资源单体代号或单体序号。

7.2.3　《旅游资源调查报告》的编写

各调查区编写的旅游资源调查报告，基本篇目如下：

前言

第一章　调查区旅游环境

第二章　旅游资源开发历史和现状

第三章　旅游资源基本类型

第四章　旅游资源评价

第五章　旅游资源保护与开发建议

主要参考文献

附图：《旅游资源图》或《优良级旅游资源图》

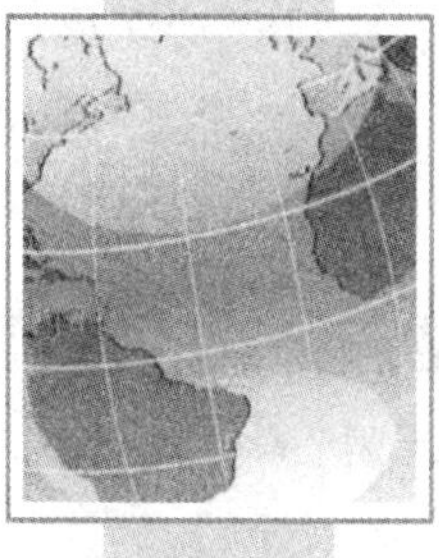

第六章 旅游业

学习目标

通过学习本章，学生能够了解旅游业与传统产业在划定标准上的差异，熟悉旅游业的构成；了解旅游业在推动旅游活动发展中的作用。熟悉旅游业的一般特点，熟悉旅游业主要经营部门的基本常识并掌握旅游产品的概念及其特点。

教学内容

1. 旅游业概念和性质
2. 旅游业的构成
3. 旅行社的作用
4. 饭店的类型、饭店的集团化管理
5. 不同的旅游交通运输方式
6. 旅游者选择旅游交通方式的因素
7. 旅游景点的类型划分
8. 旅游产品的特点
9. 旅游产品生命周期

【案例导入】

湖北旅游业开新局 旅游业发展速度居全国第四

从2月19日召开的全省旅游工作上获悉，2012年度，湖北旅游发展呈现出总量扩大、质量提升、品牌扩张、实力增强的良好态势。全省接待国内外旅游者3.45亿人次，实现旅游总收入2 629亿元，同比分别增长26.04%和31.95%，旅游总收入全国排名第八，入境游客人均消费排名全国第九。接待旅游者超过千万人次的市州由上年的9个增至12个，突破2千万人次的市州达到6个。近年来，全省旅游发展速度居全国第四，发展潜力巨大。

回顾湖北旅游发展历程，这是我省旅游业经受住各种困难和挑战，努力实现科学发展、跨越发展的五年，旅游发展环境更加优化，“灵秀湖北”主题形象更加彰显，旅游综合服务功能更加完善，旅游目的地地位更加突出，旅游产业规模更加壮大。

五年来，在省委、省政府的领导下，旅游业围绕中心、服务大局，实现了全省旅游业的三大历史性转变，在旅游产业地位上由国民经济的一般性产业向战略性支柱产业的转变，在旅游市场格局上由传统的旅游集散地向旅游目的地的转变，在旅游发展态势上由单打独斗向整体推进的转变，使全省旅游步入了大众化、产业化、智慧化的新阶段。

全省上下形成了关注旅游、参与旅游、支持旅游、发展旅游的良好氛围，省十次党代会将旅游业作为多个市州城市和经济社会发展定位，赋予旅游重要历史使命。各地党委、政府将旅游业确定为支柱产业，把旅游业摆上重要议事日程，旅游业和旅游部门的影响力进一步增强。

湖北旅游形成了科学系统、高位推进的发展思路。坚持用科学发展观全面审视旅游业，提出了“发展旅游业就是地地道道落实科学发展观”的基本思想；提出“用发展旅游业的理念统筹相关产业发展，用发展旅游业的思路谋划社会事业发展”，对加快产业融合、实现联动发展，产生了重要促进作用；提出“旅游业是一个重要的经济产业，一项重要的社会事业，一个重要的工作标准，一个地区形象的重要标志”，对于统一思想、形成共识，产生了重要导向作用；这些思想为进一步增强旅游业科学发展正能量积累了宝贵的精神财富。

旅游业塑造了荆楚大地、灵秀湖北的核心品牌。围绕“灵秀湖北”品牌宣传，先后开展“一主四专”、“灵秀湖北十大旅游名片、十大旅游新秀”、“南北纵贯线、灵秀湖北游”等宣传促销活动，“灵秀湖北”正式成为我省旅游和对外开放的主题形象品牌。

湖北旅游致力于改革创新，探索出了影响力强、辐射面广的典型经验。在旅游监管工作上，湖北创造的“问题导向、暗访为主”的监管制度，已经在全国进行推广运用。率先启动星级饭店职业技能鉴定，形成了技能鉴定与饭店星评、复核挂钩，员工技能等级与薪酬福利挂钩的工作机制。在区域合作上，率先建立了鄂渝轮值主席会制度，打破了长江三峡各自为政的局面。2011 年，成立了海峡两岸首个旅游联盟，鄂台旅游联盟在拉动双方旅游发展、促进两岸沟通交往上做出了积极贡献。

（资料来源：湖北省人民政府网站，2013 年 2 月 20 日。）

第一节　旅游业概述

旅游活动的大规模发展，离不开旅游供给方面的支持和拉动，现代旅游的真正发展实际上是需求和供给两个方面共同作用的结果，这里所讲的旅游供给就是旅游业，旅游业是构成旅游活动的三大要素之一，是使旅游者完成旅游活动的重要保障，也是大众旅游得以实现的促进因素。旅游业目前已成为全球第一大产业，而且还在不断壮大，旅游业因为发展快、效益高、潜力大、污染相对较少，被誉为“朝阳产业”、“无烟工业”。

一、旅游业的定义及构成

（一）旅游业的定义

什么是旅游业，目前还没有统一的定义。传统的概念将旅游业等同于旅行社业，比如日本学者土井厚在《旅游业入门》中，将旅游业概括为：“旅游业就是在旅游者和交通、住宿及其他有关单位之间，通过办理旅游签证、中间联络、代购代销，通过为旅游者导游、交涉、代办手续，并利用本商社的交通工具、住宿设施提供服务而取得报酬的事业。”随着旅游的大众化社会化程度越来越深，旅游业的范畴发生了变化，在概念上也产生了争议，但基本上没有人仍将旅游业狭义地理解为旅行社业，许多人根据自己的理解从不同的角度、不同的出发点对旅游业作了不同的阐述。比如，墨西哥学者在《旅游业是人类交往的媒介》一书中认为：“旅游业可以看成是因向旅游者提供服务和其他方便而形成的各种关系的总和。”美国旅游学家唐纳德・兰德伯格在《旅游业》一书中认为：“旅游业是为国内外旅游者服务的一系列相互关联的行业。旅游关联到旅客、旅行方式、膳宿供给、设施和其他各种事物。它构成一个综合性概念——随时间和环境的不断变化，一个正在形成和统一的概念。”我国旅游学者李天元在《旅游学概论》一书中认为：“旅游业是以旅游者为对象，为其旅游活动创造便利条件并提供其所需商品和服务的综合性产业。”

为全面理解旅游业的概念，我们先看看旅游业是不是一项产业。在管理学的意义上，产业是指所有生产相同产品的单个企业的集合。旅游业与这个传统标准相差甚远，首先，旅游活动的顺利实现需要借助于多种行业或企业提供商品或服务；其次，旅游业的产品是诸多行业或企业共同提供的，很难界定旅游业的行业范围，其投入产出难以准确地核算和确定，因此，旅游业不是传统意义上的产业。但是，旅游业是实实在在存在的一项产业，旅游业的各行业各部门都拥有共同的服务对象——旅游者，其共同的服务内容是为游客提供旅游活动所需要的产品和服务。虽然世界各国在制定其产业划分标准时，都未明确将旅游业作为一项产业单独立项，但是在很多国家制定的经济发展规划中，都将发展旅游业纳为其中的一项重要内容，我国也将旅游业作为国民经济的重要产业。旅游业是一个既分散在社会经济各个层面又高度关联的特殊行业，产业界限不清是旅游业不同于其他产业的一个特点。

所以，如果要给旅游业下个定义，可以概括为：旅游业就是以旅游资源为凭借，以旅游设施为基础，以旅游者为对象，有偿为旅游者的旅游活动创造便利条件，并为其提供所需商品和服务的综合性产业。

（二）旅游业的构成

由于旅游业的客观存在，人们对于旅游业的概念性定义的理解基本上没有分歧，但是对于旅游业的构成持有不同的看法，这些看法没有本质上的区别，基本内容大体相同。目前，人们对旅游业构成的认识主要有以下三大观点：

1. 旅游业构成的三大支柱

一般认为，根据联合国的《国际产业划分标准》以及对从事旅游业务的具体部门加以分析，旅游业主要由三部分构成，即旅行社、交通客运部门和以旅馆为代表的住宿业部门，属于这三个部门的企业因而也构成为三种类型的旅游企业。在我国，人们通常将旅行社、住宿业和交通运输业称为旅游业的“三大支柱”，我国国家旅游局2004年旅游行业经营统计报告就只把旅行社、交通客运部门和住宿业纳入统计范围（见表6－1）。

表6－1　　2004年我国旅游行业经营统计报告

项　目	旅行社	交通客运部门	住宿业
企业数量(家)	14 927	6 823	10 888
从业人员(万人)	24.62	75.64	144.61
固定资产(亿元)	424.38	1 075.24	3 227.37
营业收入(亿元)	1 017.82	419.15	1 238.67

资料来源：中国国家旅游局政策法规司。

2. 旅游业构成的五大部门

从国家或地区的旅游发展角度来看，旅游业由以下五大部分组成（即“五大部门”说）：住宿接待部门、游览场所经营部门、交通运输部门、旅行业务组织部门、目的地旅游组织部门（见图6－1）。

3. 旅游业构成的七个组成部分

从旅游者的旅游活动和我国的实际情况来看，构成旅游业组成部分的是吃、住、行、游、购、娱六种企业（旅行社、以饭店为代表的住宿业、餐馆业、交通客运业、游览娱乐行业、旅游用品和纪念品销售行业）和各级旅游管理机构以及旅游行业组织，共七个方面。各级旅游管理机构以及旅游行业组织虽然非直接盈利企业，但它们在促进和扩大商业性经营部门的盈利方面起着

住宿接待部门
饭店、宾馆
农场出租住房
出租公寓/别墅
由个人分时占有的公寓套间
度假村
会议/展览中心
野营营地/旅行拖车度假营地
提供住宿设施的船坞

游览场所经营部门
主题公园
博物馆
国家公园
野生动物园
花园
自然历史遗产游览点

交通运输部门
航空公司
海运公司
铁路公司
公共汽车/长途汽车公司

旅游业务组织部门
旅游经营商
旅游批发商/经纪人
旅游零售代理商
会议安排组织商
预订服务代理商
奖励旅游安排代理商

目的地旅游组织部门
国家旅游组织
地区/州旅游组织
地方旅游组织
旅游协会

资料来源:Victor,T. C. *Middleton*, *Tourism Marketing*, London, 1988.

图 6—1　旅游业的五大组成部分

重要的支持作用,旅游企业所涉及的范围之广以及旅游业构成的综合性使得各有关方面不存在自动的协调,因此这一问题只能由旅游管理机构或者旅游行业组织协调解决,所以各级旅游管理机构以及旅游行业组织也应纳入旅游业的构成之中。在构成旅游业的各类企业中,又可划分为直接旅游企业和间接旅游企业。所谓直接旅游企业,是指有赖于旅游者的存在而生存的企业,其典型代表便是旅行社、交通客运企业和旅馆企业。而那些虽然也为旅游者提供商品和服务,但其主要供应对象并非旅游者,或者说旅游者的存在与否并不危及其生存的企业可称为间接旅游企业,如餐馆和游览娱乐企业便属此类。旅游购物品经营企业若依赖于旅游者的存在而生存则属于直接旅游企业,若其生存不依赖于旅游者的存在则属于间接旅游企业。我们不难看出,对旅游业构成的一般看法("三大支柱"说)是建立在直接旅游企业这一基础上的,而较为全面看法的基础则既包括直接旅游企业,也包括间接旅游企业,同时还包括支持发展旅游的各种旅游组织(李天元,2003)。

二、旅游业的特性

(一)旅游业的性质

回顾我国旅游业发展的历史,从新中国成立以后到改革开放之前,旅游业基本上是我国外事工作的一部分，即从事以外交、政治接待为目的的事业。那个时代的旅游业被认为是“事业性质”。

随着经济体制和行政管理体制的变革，旅游业的性质发生了很大变化，最为突出的是旅游业成为一个经济产业，旅游业从事业型转向经济产业型。旅游业在我国是一个新兴的产业，以1986年国家正式将旅游业列入国民经济计划为标志，意味着旅游业在国民经济体系中确立了自身的产业地位。但是，旅游业又有别于其他的经济产业，因为它还具有很强的文化性。旅游者的旅游活动是为了满足其精神需求。国家旅游局在“十五”规划中，就明确把旅游产业称为“动力产业”，这就从根本上揭示了旅游业的关联带动作用。旅游业的这种对社会经济发展多功能、全方位的推动作用，充分反映了它不是一个简单的经济产业，而是可以在经济和社会发展中产生多功能、全方位作用的一种动力产业。总之，旅游业应该是具有社会文化事业性质的经济产业。

（二）旅游业的特点

通过与制造业进行比较，可以得出旅游业的特点。

1. 旅游业具有综合性

旅游业是集行、游、住、食、购、娱等为一体的综合性产业。旅游者外出旅游涉及以上各方面的多样化、多层次的需要，为满足这些需要，必然需要多种不同类型的企业来共同为其提供产品和服务。因此，旅游业必须连同国民经济中工业、农业、商业、建筑业、交通运输业等物质资料生产部门和文化、科技、教育、卫生、宗教、邮电通信、金融保险等非物质资料生产部门，共同向其提供不同的商品和服务，而不只是提供单项或几项商品与服务。旅游业因其涉及各行业的联动从而具有综合性的特点。

旅游业的综合性决定了其与各个行业的命运都是联系在一起的，一荣俱荣，一损俱损。其中任何一个行业的滞后或行为失误，都会造成旅游者对该地总体旅游产品的不良评价，从而导致其他行业客源量的减少。只有各有关行业的工作都使旅游者感到满意，该地的旅游业才能兴旺发达，旅游业中各行业应相互支持以及开展联合营销的必要性就在于此。

同时，由于各企业所有权的分散性及其为追求各自狭隘利益而各行其是的自由性，使得它们之间不存在自动的协调，因此一个旅游目的地必须对其旅游业实行全行业的管理。

2. 旅游业是劳动密集型的服务性产业

旅游业属于服务业。旅游业为旅游者提供的劳务是一种可用于交换的特殊商品，这种特殊商品同一般商品一样具有使用价值，而生产这种特殊商品的过程就是服务。马克思说：“服务无非是某种使用价值发挥效用，而不管这种使用价值是商品还是劳动。”（《马克思恩格斯全集》第23卷第218页）使旅游者得到一定程度的物质享受和精神满足体现了旅游服务的使用价值。就国际旅游业而言，接待外国旅游者来中国旅游，使之观赏中国的锦绣河山，了解华夏的古老文明，品尝东方的佳肴美味，感受中国人民的友好情谊，消除疲劳，愉悦身心，留下对中国的美好记忆，这就是旅游服务的使用价值。从旅游产品总体来看，其价值并不是物化于消费品之中的，价值更多的是体现在服务中。

旅游业是劳动密集型的服务业。服务业的基本特征是从业者通过自己的劳动向被服务者提供当面服务，这种服务大多难以用机械代替。判断一个企业或行业是不是属于劳动密集型的标准，是看其工资成本在其全部营业成本中所占比例的高低。国际上之所以都把旅游业列为劳动密集型的行业，其原因就在于旅游业所提供的产品是以劳务为主的旅游服务，其工资成本在全部营业成本中占有较大比例。

3. 旅游业具有依赖性

旅游业的生存和发展依赖于旅游资源。一个国家或地区旅游业成功的最基本的条件，在于它所拥有的旅游资源的数量多少和质量高低，在于这些旅游资源坐落的地理位置及其能否使旅游者进得来、散得开、出得去，在于旅游客源地的人们对这些旅游资源的了解和感知。

旅游业的生存和发展依赖于国民经济的发展水平。旅游客源地的国民经济发展水平决定着该国人民可随意支配的经济收入的多少和闲暇时间的长短，决定着该国产生旅游者的多寡，而旅游目的地国民经济发展水平决定着旅游综合接待能力的强弱，且在一定程度上也影响着旅游服务质量的高低。

旅游业的生存和发展依赖于相关行业和部门的通力合作和协调发展。比如，接待旅游者30万人次，需要提供多少各种形式的住宿设施、多少交通客运能力、多少导游翻译等，它要求旅游业内部各企业之间、旅游业及其相关行业之间都必须密切配合、协调发展，其中任何一个相关行业和部门出现脱节，都会影响旅游业经营活动的正常运转，都会降低旅游业的经济、社会、环境、文化效益。

旅游业的生存和发展依赖于自然的、社会的、经济的、政治的等各种因素，其中有些因素对旅游业的影响还可能是致命的。气候的恶劣、疾病的流行、水灾的泛滥、地震的发生、世界性的经济危机、国际关系的恶化、政府政策的恶化、政局的不稳、社会的动乱、恐怖活动的出现、战争的爆发等都会导致旅游活动的萧条和旅游产业的停滞。

旅游业的依赖性说明，旅游业是个较为敏感而又脆弱的产业。如果一个国家或地区把旅游业视为唯一的经济支柱，一旦发生巨大波动，其后果是不堪设想的。

4. 旅游业具有涉外性

现代旅游是一种跨地区、跨国界的广泛的人际交往活动，具有明显的外向性或涉外性。就一个国家的旅游业来说，既要接待海外旅游者入境旅游，又要组织本国居民出境旅游，还要组织国内居民在国内旅游。其中前两项业务都属于国际旅游，都具有外向性。特别是由于各国的社会制度、政治信仰、生活方式、生活习俗等都有很大差异，发展国际旅游业具有较强的政策性，不仅以完成创汇任务为目的，而且应促进国与国间人民的相互了解和友谊。因此，在国际旅游工作中，必须加强政治责任感，自觉遵守外事纪律，切实提供优质服务，努力维护祖国旅游业的声誉，这也是每位旅游从业者的天职。

第二节　旅行社

旅行社(The Travel Service)是为人们旅行提供服务的专门机构。世界上最早的旅行社产生于19世纪40年代的英国，而我国最早的旅行社则产生于20世纪20年代的上海。随着世界范围内旅游业的不断发展和繁荣，旅行社现已发展成为世界旅游业的三大支柱之一，在我国旅游业的发展中也扮演着极为重要的角色。

表6－2　　中国十大旅行社排行榜(2011年)

中国旅行社总社	中国驰名商标，中国港中旅集团公司旗下的公司，中国旅行社协会副会长单位，中国旅行社总社有限公司
中国国旅	中国企业500强，目前国内规模最大、实力最强的旅行社企业集团之一，中国国际旅行社总社有限公司

续表

康辉	成立于1984年，中国驰名商标，大型旅行社集团企业之一，首旅集团旗下中国康辉旅行社集团有限责任公司
中青旅	成立于1979年，广东省委直属的大型国有企业，上市公司，广州旅游促进会副会长，中青旅控股股份有限公司
锦江旅行社	中国规模最大的综合性旅游企业集团之一，中国旅行社行业的龙头企业，上海锦江国际旅游股份有限公司
春秋旅行社	上海市著名商标，大型连锁公司，国内最具规模的大型旅行连锁公司之一，上海春秋国际旅行社有限公司
广之旅	成立于1980年，中国驰名商标，华南地区规模最大、实力最强的旅行社之一，广之旅国际旅行社股份有限公司
中信旅行社	成立于1979年，行业竞争力品牌，5A级旅行社，国际旅行社知名企业，中国中信集团公司旗下中信旅游总公司
南湖国旅	独具特色的全国性知名旅游企业，行业著名品牌，十大旅行社品牌之一，广东南湖国际旅行社有限责任公司
中妇旅	中华全国妇女联合会创办的直属企业，国际妇女旅游组织联合会成员单位，中国妇女旅行社总社有限公司

一、旅行社的概念

旅行社是为人们旅行提供服务的专门机构，它在不同的国家和地区具有不尽相同的含义。

国际官方旅游组织联盟在其《现在和潜在销售渠道的研究》报告中认为，"旅游经营商(社)是一种销售企业。它们在消费者提出要求之前，事先准备好旅游活动和度假地，组织旅游交流，预订旅游目的地的各类客房，安排多种游览、娱乐活动，提供整套服务(包价旅游)，并事先确定价格及出发和回归日期，即准备好旅游产品，由自己下属的销售处或旅行代理商将产品销售给团体或个体消费者"。这里所说的旅游经营商和旅行代理商就是指旅行社，欧美地区的旅行社简单划分为旅游经营商和旅行代理商。

在我国，根据国务院2009年发布实施的《旅行社条例》的有关规定，旅行社是指从事招徕、组织、接待旅游者等活动，为旅游者提供相关旅游服务，开展国内旅游业务、入境旅游业务或者出境旅游业务的企业法人。所以，凡是经营上述旅游业务的营利性企业，不论其所使用的具体名称是旅行社、旅游公司，还是旅游服务公司、旅行服务公司、旅行咨询公司等其他称谓，都属于旅行社企业。

二、旅行社的分类

由于各国旅行社行业发展水平和经营环境的不同，世界各国旅行社行业分工的形成机制和具体分工状况存在着较大的差异，这种差异决定了各类旅行社企业的经营范围是不同的。因此，人们往往需要将旅行社划分为不同的类型。

(一)欧美国家的旅行社分类

欧美国家的旅行社往往是按业务类型分类的。在欧美国家中，人们依据旅行社所经营的业务类型是批发业务还是零售业务，将旅行社企业划分为两大类：

1. 旅游批发经营商

旅游批发经营商是指主要经营批发业务的旅行社或旅游公司，这类旅行社是以组织和批发包价旅游产品为主要经营业务的旅行社，有的还兼营旅游产品零售业务。旅游批发经营商在经营过程中预先以市场上最低的价格，大量购买交通、饭店、旅馆、游乐场所、旅游景点等旅游企业的产品，然后将其组合成包价旅游产品或集合旅游产品，通过旅游代理商或者直接向广大旅游者销售。

根据其销售渠道的差别，人们又将这些从事批发业务的旅行社分为两个亚类：旅游批发商和旅游经营商。旅游批发商一般自己不从事零售和实地接待业务，因为没有零售网点，但其经济实力较为雄厚，与外界的社会联系也较为广泛。为了拓展市场，使企业有一较大发展空间，它们做了大量的促销工作，例如：广泛印发宣传旅游产品的目录，在各种传播媒体上做广告，参加各种旅游交易会、展销会或博览会等。旅游经营商与旅游批发商的不同之处在于，旅游经营商拥有自己经营的零售网点，因此除将一部分旅游产品通过旅游零售商出售外，还兼营零售和从事实地接待业务，直接向广大公众推销产品，是卖方市场的主体。

旅游批发经营商的规模一般都比较大，因此这类旅行社企业的数量也相对较少。

2. 旅游零售商

旅游零售商是指主要经营零售业务的旅行社。旅行代理商（Travel Agent）为其典型代表，一般来讲，旅行代理商的主要业务是代理旅游批发商、旅游经营商向旅游者销售产品和服务，具体包括代客预订有关旅游产品（交通、食宿及游览和娱乐门票等），发售旅行交通票据，散发有关旅游企业的旅游宣传品，提供旅游咨询服务，向有关旅游企业反映顾客意见等。通常情况下，他们自己不具备向旅游者出售的旅游项目，其收入来源是被代理的旅游批发商和旅游经营商支付的佣金。

由于旅游代理商分布面广，又直接面向众多旅游者，因此往往对旅游者的旅游决策产生较大的影响力。目前，旅游代理商已成为世界上一支强大的旅游销售大军。在旅游零售业务方面，其经营者除旅行代理商外，旅游经营商也通过自己的分支零售机构开展零售业务的经营。

（二）我国的旅行社分类

1. 1985 年《旅行社管理暂行条例》对旅行社的分类

1985 年，我国国务院颁布了《旅行社管理暂行条例》，按照旅行社接待程序和业务范围相结合的方式，将我国旅行社分为三类，即一类旅行社、二类旅行社和三类旅行社。一类社和二类社是按照旅游接待程序划分的，一、二类社与三类社则是按照接待对象的不同进行划分的。

一类社是经营对外招徕并接待外国人、华侨、港澳台胞来中国、归国或回内地旅游业务的旅行社。

二类社是不对外招徕，只经营接待第一类旅行社或其他涉外部门组织的外国人、华侨、港澳台胞来中国、归国或回内地旅游业务的旅行社。

三类社是经营中国公民国内旅游业务的旅行社。

这三类旅行社都是经营旅游业务的企业，既从事批发，也可零售，仅在经营范围上有分工。一、二类旅行社从事国际旅游业务经营，其中一类社可对外招徕业务，有外联权，有一部分还可直接从事出境国际旅游。二类社只负责接待入境旅游业务，没有外联权。三类社则仅仅从事国内旅游业务经营。

2. 1996 年《旅行社管理条例》对旅行社的分类

随着我国旅游业的不断发展，旅行社的经营和管理逐步发生了变化。1996 年 10 月 15 日，国务院颁布了《旅行社管理条例》，按照不同旅行社的经营范围，将我国的旅行社重新划定为两类：一类是国际旅行社，一类是国内旅行社。

(1)国际旅行社

国际旅行社的经营范围包括出境旅游业务、入境旅游业务、国内旅游业务。具体业务内容包括：

①招徕外国旅游者、海外华侨和港澳台同胞来中国大陆旅游，为其安排交通、游览、住宿、饮食、购物、娱乐及提供导游等相关服务。

②招徕我国旅游者在国内旅游，为其安排行、游、住、食、购、娱以及提供导游等相关服务。

③经国家旅游局批准，招徕、组织我国境内居民到外国和港澳台地区旅游，为其安排领队及委托接待服务。

④经国家旅游局批准，招徕、组织我国境内居民到规定的与我国接壤国家的边境地区旅游，为其安排领队及委托接待服务。

⑤经批准，接受旅游者委托，为旅游者代办入境、出境及签证手续。

⑥为旅游者代购、代订国内外交通客票，提供行李服务。

⑦其他经国家旅游局规定的旅游业务。

(2)国内旅行社

国内旅行社的经营范围仅限于国内旅游，其具体业务内容包括：

①招徕我国旅游者在国内旅游，为其安排行、游、住、食、购、娱及提供导游等相关服务。

②为我国旅游者代购、代订国内交通客票，提供行李服务。

③其他经国家旅游局规定的与国内旅游有关的业务。即国家旅游局认为有必要为国内旅行社作出的其他规定，比如在少数边远地区，因没有国际旅行社，经国家旅游局审批同意，该地区的某些国内旅行社可接待前往该地的海外旅游者。

3. 2009 年《旅行社条例》对旅行社的分类

新颁布的《旅行社条例》取消了对“国际旅行社”和“国内旅行社”的划分，按照条例规定，可以同时申请经营国内旅游业务和入境旅游业务；取得经营许可满两年，并且未因侵害旅游者合法权益受到行政机关罚款以上处罚的，可以申请经营出境旅游业务。

在这种设立程序上，市场势必形成两大类旅行社：一类旅行社只可以经营国内旅游业务和入境旅游业务两类，另一类旅行社则可以经营国内旅游业务、入境旅游业务和出境旅游业务三类业务。这种业务是对原有分类的改进，体现出政府对入境旅游和出境旅游放松规制的趋势，但仍是一种基于业务范围的水平分工。

三、旅行社的职能

无论是我国的旅行社还是其他国家的旅行社，在旅游业中都具有以下主要职能：

1. 生产职能

旅行社的生产职能是指旅行社设计、开发和组合旅游产品的功能。旅行社根据其对旅游市场需求的判断或者根据旅游者及其他希望购买旅游产品的企业、单位的要求，设计和开发出各种包价旅游产品和组合旅游产品，并向相关的企业或部门购买各种服务，并将这些服务按照产品设计要求组合成具有不同特色和功能的旅游产品。旅行社出售的是一件完整的旅游产品，其他相关部门提供的服务只是旅行社产品中的“生产原料”，而非产品本身。因此，旅行社具有生产职能。

2. 销售职能

旅行社不仅是其自身产品的主要销售渠道，而且是许多其他旅游企业及相关企业的重要销售渠道。旅行社在满足旅游者需求、拓宽各种旅游产品销售渠道和增加旅行社及其他旅游企业、单位的产品销售量方面发挥着重要作用:它一方面能够满足旅游者的需求,另一方面能够使旅游产品更顺利地进入消费领域。所以,旅行社具有销售职能。

3. 组织协调职能

旅游活动涉及吃、住、行、游、购、娱六个方面,旅行社产品的质量对其他旅游企业及相关企业、部门产品质量的依赖程度很高。所以,旅行社必须协调与有关企业和部门的关系,在确保各方利益的前提下,衔接和落实整个旅游活动过程中的各个环节。旅行社的产品质量和旅游者对旅行社及其产品是否满意,在很大程度上取决于旅行社的协调能力。

4. 分配职能

目前,许多地方的旅游服务企业、部门及相关的企业、部门所提供的旅游设施设备水平和服务的质量及价格差别较小,特别是同档次的旅游设施之间的差别更是微乎其微,从而给出行经验较少的旅游者造成一定的困难。旅行社根据对旅游服务设施的了解以及旅游者的旅游需求,合理地配置旅游资源,给旅游者充分的选择余地。同时,在为旅游者提供服务时,帮助旅游者合理地分配支出。实际上,旅行社对旅游资源的配置在很大程度上会影响到旅游者的选择。所以,旅行社对资源的配置非常重要,既要考虑旅游者的需求,也要兼顾旅行社、相关旅游企业和部门以及其他企业和部门各方面的利益。

5. 提供信息的职能

旅行社提供信息的职能主要体现在两个方面:一方面,旅行社作为旅游产品最重要的销售渠道,始终处于旅游市场的最前沿,熟知旅游者的需求变化与市场动态,所以,旅行社可以及时地向各相关部门反馈市场信息;另一方面,旅行社可以将各相关协作部门的最新信息及时、准确、全面地反映到旅游消费中去,以促进旅游产品的销售与购买。

【补充阅读】

旅行社推环保旅游产品受关注

随着环保问题日渐受到关注,除各种环保公益活动频繁举行之外,市内旅行社也趁植树节和环保组织倡议的每年"地球熄灯一小时"活动临近之际,推出环保植树旅游产品。记者从组织环保旅游的广之旅旅行社了解到,此次推出的环保旅游线路为"幸福满载·红旗湾、千溪谷植树赏禾雀花、恒大世纪旅游城2天",将于今年"地球关灯一小时"活动日——3月29日出发。通过"踏春赏花+特色环保活动安排"相结合,让游客既能感受大自然的美丽,也能通过参加呼吁环保活动增强日常环保意识。广之旅介绍,此次环保旅游,将组织游客参加"我为地球添点绿"主题植树、集体签署环保宣言等活动,同时还将安排游客入住清远恒大世纪旅游城,参加幸运抽奖及世界杯主题活动。

(资料来源:《信息时报》,2014年3月13日。)

四、旅行社开展业务的主要方式

旅行社开展业务的主要方式涉及两大方面:一是组织和接待团体包价旅游,二是接待和安排散客旅游。

1. 包价旅游

包价旅游的概念始于综合包价旅游,也就是我国业内人士所称的全包价旅游。综合包价旅游是指旅行社经过事先计划、组织和编排旅游活动项目,向旅游大众推出的包揽一切有关服务工作的旅游形式。一般规定旅游的日程、目的地,行、宿、食、游的具体地点及服务等级和各处旅游活动的内容安排,并以总价格的形式一次性地收取费用。在西方国家中,人们称这种综合包价旅游为"Package Tour"(指有关旅游活动项目方面的集合包揽)或"Inclusive Tour"(强调费用方面的全包价格)。

世界上真正第一次提出包价旅游这一概念的是英国的"劳动者旅行协会"。1922 年 5 月,该协会组织旅行团去法国诺曼底旅游时,明确提出的名称便是"包价度假"(All-in-Holiday),即价格中包括了行、宿、食、游有关的一切费用,历时一周者每人收费 5 英镑,历时两周者每人收费 8 英镑。

20 世纪 60 年代中期大众旅游兴起以来,包价旅游迅速发展和普及。目前我国旅行社接待的入境国际旅游以及所组织的我国居民出境旅游,大多是团体包价旅游。我国从事国内旅游业务的旅行社在组织人们外出旅游时也都采用了包价的形式。包价旅游所提供的全程活动安排使旅游者感到方便易行,可以免除旅游者的一切忧虑,由于组织这种旅游的旅行社是成批购买旅馆床位、交通客票及其他旅游供应产品,因此在价格上享有优惠折扣。

2. 散客旅游

散客是相对于团体而言的,主要指个人、家庭及 15 人以下的自行结伴旅游者。

散客旅游者通常只委托旅行社购买单项旅游产品或旅游线路产品中的部分项目。但实际上,有些旅游者也委托旅行社专门为其组织一套综合旅游产品。旅行社需要根据各个项目分别计算收费。所以,散客旅游的费用要比同样内容的团体包价旅游昂贵。

接待散客旅游者人数的多少是一个旅游目的地成熟程度的重要标志,因为同团队游客相比,散客数量的增长通常要求该旅游目的地的接待条件更加完备和更加便利,否则该旅游目的地便不足以吸引大量散客前来旅游。

目前,我国旅行社业务中的选择旅游和委托代办业务就是主要针对散客的需要开办的。

(1)选择旅游。旅行社将到访某地的众多散客临时组合成团去某一目的地旅游,再根据每个人要求提供的不同服务项目分别计价和收费。这种临时组成的团体到达该目的地后,便自行解散,不复成团。

(2)委托代办业务。目前承办的委托业务包括:当地委托,即客人抵达目的地后有关预订房间、租赁车辆、提供翻译导游等服务项目的委托;单项委托,即客人提出某种服务项目的委托;联程委托,即游客一次性地在出发点提出按时抵离几个地方的旅行服务要求;国际委托,即游客出国或途经某个国家所需要提供的旅行服务;以及电报、电话、函件联系的有关问讯和委托代办的业务。代办业务主要是根据客人的要求,提供翻译导游、代订旅馆房间、代租汽车、代办旅游签证、代购各种票据,以及机场、车站、码头抵离接送等服务项目。

第三节 住宿业与饭店

住宿业是利用住宿场地和设施设备,以生活服务的方式向需要临时投宿的旅行者提供休息环境与安全保障的接待组织。进入大众旅游时代,住宿业已基本具备全方位地向人们提供得以进行高消费的综合服务的功能。构成旅游业的第二大支柱是住宿业,饭店是住宿业中的一种重要企业类型,是旅游活动的重要物质基础。饭店是指功能和企业要素达到国家标准,能够为旅居宾客和其他宾客提供住宿、饮食、购物、娱乐等综合性服务的企业。

一、饭店的作用

饭店是一个国家或地区旅游接待能力的重要标志之一，它在旅游业中具有举足轻重的作用。

1. 饭店是旅游业发展的物质基础

饭店直接为旅游者提供最基本的食宿以及其他多种产品和服务，是旅游者的家外之家。一个国家或地区拥有饭店数量的多少、规模的大小，能够反映出一个国家或地区发展旅游业的物质基础的情况。因此，饭店的数量和服务质量往往是衡量一个国家或地区旅游发展水平的重要标志。

在大力发展旅游业的今天，一个国家或地区只有具备了环境舒适、设施齐全、设备先进、床位舒适、服务周到的饭店，才能排除旅游者的后顾之忧，使旅游者在精力充沛、心情愉快的条件下顺利地进行旅游活动，从而使当地旅游业顺利发展。2012 年中国成为世界第一大国际旅游消费国。饭店业是扩大消费包括旅游消费的重要产业，是现代服务业的重要组成部分。

2. 饭店是地区旅游收入的重要来源

国际旅游者和国内远距离旅游者都能给饭店带来较高的收入，尤其是国际旅游者，绝大多数要住饭店。在饭店内吃、住、购、娱，这样不仅增加了一个国家或地区的国民经济收入，而且也增加外汇收入。所以人们认为：饭店是创造收入，尤其是创造外汇收入的重要基地。截至 2012 年底，我国共有星级饭店 1.4 万家，其中四星级酒店 2 500 多家，五星级酒店 700 家，客房总数 150 多万间，固定资产原值 4 600 亿元，营业总收入 2 000 多亿元，从业人员总数达 150 多万人。

3. 饭店为社会提供更多的就业机会

饭店是一个劳动密集型的服务性行业。饭店内以许多手工操作为旅游者提供服务，所以可以比其他部门提供更多的直接劳动就业机会。无论是西方发达国家还是发展中国家，从事饭店行业的劳动力的数量都是很大的，而且饭店的发展带动了建筑业及为饭店提供服务的水电业、水产业等许多相关行业的发展，从而为社会提供了许多间接就业的机会。

欧美地区的经验是，饭店的每间客房可以为 1.5 个人提供直接就业机会，还会相应增加 5 个间接就业人员；亚太地区每增加一间客房，可以创造 1.5 人的直接就业机会、2.5 人的间接就业机会。

4. 饭店是旅游和社交活动的重要场所

饭店发展到现今社会，其经营方针不再局限于简单地面向投宿者，它为旅游者，也为当地居民提供社交场所。在多数国家的饭店中，饭店附设的餐厅、酒吧、舞厅及各种娱乐设施不仅为住宿客人提供服务，而且也吸引着大量的当地顾客。在很多地区，特别是在一些著名疗养地，饭店本身就是强有力的旅游吸引物。

二、饭店的类型

饭店的类型很多，饭店分类的目的在于有利于饭店的市场营销，使宾客在选择饭店时有明确的目标，同时也便于饭店对比研究，更好实现其经营和管理。但人们对饭店类型的划分并无统一的标准，现列举可以见到的划分标准如下：

（1）根据饭店的坐落地点划分：城市饭店、度假地饭店、海滨饭店等。这种分类法，使人们对酒店的外部环境一目了然，为宾客选择酒店提供了一定的方便。

（2）根据与交通工具或交通设施的关系划分：汽车旅馆、铁路饭店、机场饭店、港口饭店等。

（3）根据使用者的访问目的或饭店主要针对的目标市场划分：商务旅馆、度假旅馆、会议饭店等。

（4）根据饭店的规模划分：大型饭店、中型饭店、小型饭店。所谓饭店的规模，是指饭店的客房数。一般规定300间客房以下属小型饭店，300～600间客房是中型饭店，600间客房以上是大型饭店。

（5）根据饭店的等级划分：高、中、低档饭店；豪华、经济饭店；一至五星级饭店；等等。

（6）根据经营管理方式划分：独立饭店、连锁饭店等。

（7）根据饭店的经济类型划分：国有饭店、内资饭店、外资饭店、合资饭店等。

（8）根据饭店计价方式划分：欧式计价饭店（European Plan，EP），美式计价饭店（American Plan，AP），修正美式计价饭店（Modified American Plan，MAP），欧陆式计价饭店（Continental Plan，CP），百幕大计价饭店（Bermuda Plan，BP）。

三、饭店的等级及其评定

各国对饭店等级的划分不尽相同，例如法国将其划分为四个等级，荷兰和英国等国家将其划分为五个等级。各国饭店等级的表示方法也各不一样，有的以星号的多少表示，有的以数字等级表示或者以其他的符号表示。国际上较为流行的饭店等级划分和标定方式是以星号（★）表示，即一星、二星、三星、四星、五星，将其分为五个等级。

饭店等级的评定机构在不同的国家也不尽相同。在资本主义国家，饭店的等级一般由饭店行业组织或者由消费者的代表进行评定；在社会主义国家和很多发展中国家，由国家旅游组织负责对饭店的等级进行评定。中国由国家旅游局的饭店星级评定机构负责评定全国三星、四星和五星级饭店，各省、自治区、直辖市旅游局下设的评定机构负责本地区一星和二星级饭店的评定及三星级饭店的初评。

1. 饭店等级评定标准

按星级划分饭店等级的一般标准是：

一星：设备简单，提供食、宿两项最基本的饭店产品，能满足客人基本的旅行需要。设施和服务符合国际流行的基本水平。

二星：设备一般，除食宿基本设施外，还设有简单的小卖部、邮电、理发等便利设施，服务质量较好。

三星：设备齐全，有多种综合服务设施，服务质量较高。

四星：设备豪华，服务设施完善，服务项目健全，服务质量优秀。

五星：这是饭店的最高等级，其设备、设施、服务项目设置和服务质量均为世界饭店业的最高水平，达到这一等级的饭店为数不多。

以上所述只是人们对饭店星级标准的一般性描述。实际上，在对饭店评定等级时，各国在饭店的建筑、客房面积、设施设备条件、管理水平、服务项目和服务质量等具体方面另有详细而明确的规定（参见《中华人民共和国饭店星级评定标准》）。

饭店等级的评定需对以下方面进行考核：硬件（设施设备）、软件（服务和管理）、服务项目的数量、提供服务的质量，以及每年支出的维修费用（该点适用于国外某些国家）。

2. 饭店等级评定原则

饭店等级的评定工作一般实行以下几条原则：

(1)参加等级评定的饭店必须要有一年以上的营业历史。

(2)一个饭店的等级应通过多次调查后才能评定。

(3)饭店等级的高低通常不受规模大小的限制。

(4)评定后的等级并非永久不变,根据对其执行标准的检查结果,可予更改。

四、现代饭店集团

综观世界饭店集团发展现状,基本可以分为两大类别,即饭店连锁集团和饭店合作集团。

(一)饭店连锁集团

饭店连锁集团又称"饭店联号",它是指一些饭店统一于一个集团公司的领导、监督、管理或指导之下,所组成的强有力的竞争实体。

近20年来,随着旅游业的蓬勃发展,世界饭店业发展十分迅速。由于饭店种类与数量的不断增多和规模的不断扩大,饭店业竞争愈加激烈,竞争的结果首先产生了连锁饭店集团。连锁饭店集团首先产生于美国,然后扩大到欧洲各地,现在在亚洲也得到了迅速发展。

1. 连锁饭店集团的分类

连锁饭店集团下属的成员饭店一般分为四类:

第一类是连锁公司自己拥有产权并且自己经营的饭店。

第二类是连锁公司从房地产开发商和饭店业主手中租来经营的饭店,即公司对这类饭店只有经营权而无所有权,连锁公司须根据租赁合同向出租者支付佣金。

以上两类饭店是连锁饭店集团的核心力量,也是其"嫡系"成员。

第三类是由连锁公司代替经营管理的饭店,即连锁公司作为代理人,根据同饭店业主签订的管理合同,由公司派遣人员代为管理或协助管理饭店的经营。公司按所订管理合同的规定,收取管理费或按比例分享利润。

第四类是根据同连锁饭店公司签订的特许协定,在支付规定的特许金或利润分成的前提下,使用连锁饭店集团的字号,按照由连锁公司设计和规定的服务程序和产品规范,在连锁公司的监督和指导下由饭店业主自己进行管理和经营的饭店。近几年来,饭店连锁集团规模不断扩大,主要是其第三、第四类成员饭店数量不断增加的结果。

2. 饭店连锁集团的优势

在饭店业竞争中,饭店连锁集团比独立经营的饭店明显占有较大的优势,这些优势大多来自其集团化经营所享有的规模经济,主要表现在以下几个方面:

(1)融资优势。饭店连锁集团借助规模经营的优势,一般具有较好的信用。对外可以为成员饭店创造融资条件,对内可以调控各家酒店的资金余缺,对经济困难的酒店可予以重点扶持。

(2)市场营销优势。饭店连锁集团的各成员饭店都使用统一的字号和品牌、统一规格的设施设备、统一的服务程序和统一的服务标准,从而易于在市场上树立起本集团的形象,并可使消费者毫不困难地预知和熟悉每一个成员饭店的产品和服务质量。同时,一个成员饭店的营销宣传可对整个集团产生效果。

(3)成本优势。加盟饭店实行统一供货,可以获得较低价格的货源,从而大大降低直接经营成本,饭店连锁集团还可根据成员饭店的分布情况,将某些设施集中起来统一为各成员饭店服务,同饭店自行配备这些项目相比,这种集中提供的做法可以降低成本。

(4)人才优势。饭店连锁集团一般均聘请并培训一批理论水平高、实践经验丰富的各方面人才,可以随时为联号内各酒店提供服务。同时,联号酒店一般都有自己比较完善的培训系统，培养饭店所需要的各类人才，并经常对在职人员进行轮训，提高管理水平。

(5)风险分散优势。饭店连锁集团能够通过成员饭店针对不同市场部分的多元经营，以及通过成员饭店在不同地域开展经营的分散特点，减少整个集团的经营因某地季节或市场环境因素的不利变化而可能产生的风险。

(二)饭店合作集团

饭店合作集团是与连锁集团竞争抗衡的一支颇有生气的力量。从目前经营状况来看，饭店合作集团分为以下几种类型：

第一类是市场营销合作集团。这是以联合营销为主要内容的饭店合作组织。这种合作集团的主要目的是为了争取能以较为平等的地位同饭店连锁集团竞争客源。参加合作集团的饭店共同创建一个市场营销机构，为全体成员饭店宣传推销，并协调各成员饭店在这些方面的合作，以形成一个较大的宣传推销网络。这类市场营销合作集团又可分为两种：一种是区域性的营销合作集团，即合作的成员饭店都来自国内同一地域或坐落在同一城市。合作的主要重点是加强本地区内的营销宣传活动。例如，英国的“泰晤士流域饭店集团”便属此类。另一种是根据饭店接待市场类型而组建起来的合作集团，这种饭店合作集团的成员大多来自世界不同国家。例如，我国广州白天鹅宾馆所参加的“世界第一流饭店”便是这样一种合作集团。

第二类是物资采购合作集团。这类合作集团是指若干独立饭店为在物资采购方面增强同连锁饭店集团抗衡的力量而自愿组成的合作组织。它们通过联合起来大批量购买，增强与物资供应商谈判的地位，从而压低价格或获得一定的优惠。目前，这类合作集团在全部合作集团中所占比例最大。

第三类是人员培训合作集团。这类合作集团是指若干独立饭店为了在人员培训方面降低费用而组成的合作组织。这类集团一般只涉及成员饭店的人员培训，而不涉及各成员饭店的经营业务。目前，由于规模较大的饭店能解决人员培训问题，加之旅游教育机构和培训中心的增多，基本可以满足不同层次人才的需要，因此，这种合作集团呈逐渐减少的趋势。

总之，独立经营的饭店抱着一定目的组成的饭店合作集团，在一定程度上增强了独立饭店与连锁饭店集团抗衡的力量。独立饭店通过互相合作，其势单力薄的情况得到了一定程度的改善。

五、我国饭店业的发展

我国是世界最早出现客栈的国家之一，具有一定现代意义的饭店出现在明末清初，但直到1978年以前，饭店业规模小、发展慢。1978年以后，我国饭店业在建设和经营方面发展较快。

作为最早向外资开放的行业之一，我国饭店业在数量及建设和经营管理方面取得了巨大的成就。2000年到2015年间，中国星级酒店客房总量以10%的复合增长率快速发展，其中，五星级酒店的客房供应量发展势头迅猛，复合平均年增长率为20%。截至2015年末，中国共有星级酒店10 550家，其中五星级酒店789家，四星级酒店2 375家、三星级酒店5 098家及一、二星级酒店2 288家，共提供客房超过146.25万间。

【补充阅读】

酒店业未来发展趋势与展望(节选)

1. 跨国酒店品牌继续发展

2011年10月18日，洲际公布2011年全球半年报，中国为全球表现最强劲的市场，中国区平均每间可售客房收入增长 12.7%，房价增长 7.1%。洲际在中国区共有 154 家开业酒店，还有 150 家左右酒店在建。洲际预测中国酒店市场规模将在 2025 年超过美国，酒店房间数量届时可能达 610 万间。洲际中国元素品牌已签 12 家，首家酒店将于 2012 年底或 2013 年初开业，除了北京和上海外，大多位于二三线城市。计划 2 至 3 年内将中国元素品牌酒店拓展至海外中国出游市场。这个品牌将重视对大堂的装修、提供中餐、在餐厅中增设更多的包间、开设茶室等。万豪在中国签约的酒店已经超过 100 家。

2. 城市综合体、农村经济转型带动酒店建设

万达已开业 19 家五星级酒店，计划到 2012 年累计开业五星级标准酒店 38 家，营业面积 170 万平方米，已与凯悦、希尔顿、雅高、喜达屋、洲际等 15 个品牌建立管理关系。城市旅游综合体万达广场目前国内有 100 个，总投资量大概 1 700 亿元。

2011 年 10 月 8 日，由华西村筹资 30 亿元人民币建起高 328 米的龙希国际大酒店开业，826 间客房包括总统套房 16 间，会所中耗资 2.7 亿元的金牛内体是铜质，用 1 公分左右的金板作全身装饰，黄金用料共一吨；酒店还陈列 5 000 幅书画。

3. 中国特色成为酒店业关注点

2011 年 7 月 11 日，喜达屋酒店宣布个性化旅游的项目，要求喜来登、威斯汀等连锁酒店的 1 051 家酒店针对中国游客提供一系列特别服务，包括迎合口味的新菜品和食品，配备电热水壶和拖鞋，提供翻译服务。将从纽约、伦敦、墨西哥城、首尔和旧金山等城市的 19 家酒店开始实施，2012 年底覆盖旗下所有酒店。旗下所有酒店将开始招聘至少一名会说中文的工作人员。入住酒店的中国客人将收到一份翻译成中文的总经理欢迎信，信中列明了酒店提供的便利设施，比如茶壶、剃须刀、牙刷和梳子。

2011 年秋天，万豪在美国推出一个新的中式早餐项目，其内容包括向旗下酒店提供如何做中式早餐的信息。

4. 多样化、多元化、个性化

美国著名未来学家托夫勒在 20 世纪 80 年代发表的《第三次浪潮》中曾预言，工业化时代的规模经营将被信息化时代的多样化、多元化、个性化所取代。

20 世纪 80 年代开始，旅客对艺术、文化和历史兴趣的升温，带动欧洲出现了一批设计师利用老建筑改造成的复古型酒店。1990 年，著名的建筑设计师 Philippe Starck 受邀为纽约的派拉蒙酒店进行从牙刷到大堂的全面设计，Starck 的名气加上其风格独特的设计，使这间派拉蒙酒店成为经典，也让设计型酒店的概念为世人所熟悉。

拥有许多古色古香酒店的费尔蒙特酒店与度假胜地公司总裁兼首席运营官卡希尔预言，旅行者将厌倦千篇一律的连锁酒店和新潮的经济型酒店，“我们的酒店在其社区里享有无可比拟的地位，这是出于它们的历史和品位。人们在这里下榻是为了使自己处于一切活动的中心”。希尔顿的阿兰说，科技的不断进步和常住客旅馆的不断涌现，未来的旅馆越来越趋向于为客人设计而不是为酒店设计。

在中国，北京现代风格的有工体旁如魔方般的 Hotel G、复古风格的有故宫旁的皇家驿站；上海由老电影院改造的春藤宫、薇阁、艾卡、老时光等；深圳有一家佛教主题的菩提宾舍；杭州、厦门、桂林、苏州等旅游目的地也有不错的设计型酒店。Trip Advisor 中国官网到到网的中国最佳酒店排行调查，最受游客欢迎的酒店是成都文殊坊旅游景区内圆和圆佛禅客栈主题酒店，JIA 精品酒店、新地球村度假饭店等主题精品酒店占据了三成左右，其他的包括香格里拉、丽思一卡尔顿、文华东方等。

5. 低碳化得到重视

"安全、健康、环保"三个理念和6个标准开始深入人心，6个标准包括最低排污量、相关物品的回收与再利用；能源有效利用、贮存与管理；新鲜水资源的管理；废水管理；关注环境保护的采购政策；社会文化的发展。

绿色饭店是指运用安全、健康、环保理念，坚持绿色管理、倡导绿色消费、保护生态和合理使用资源的饭店。安全是指饭店具有相应的公共安全设施和食品安全保证系统。健康是指饭店为消费者提供有益于身心健康的服务和产品。环保是指饭店经营减少对环境的污染、节能降耗。

酒店使用变频或变流量来控制电梯、空调机组、通风盘管、冷热水的调节，还有一些酒店开始进行辅助冷水机组改造、照明整体改造，采用电分类计量表、补偿电容器、红外线感应器等节能设施。2009年10月18日，保定的中国首座利用太阳能光伏玻璃幕墙与建筑相结合的电谷锦江国际酒店运营一周年。一年来，该建筑累计向电网提供清洁电力达26万千瓦时，减排二氧化碳260吨、二氧化硫0.9吨，成为国内建筑节能典范。

6. 睡眠质量成为酒店新课题

纽约精品酒店"公园大道70号酒店"从2010年3月起可选择十几种防鼾枕头，其中的一款枕头能够支撑颈椎，减少打呼噜的几率。用荞麦壳填充的枕头最受客人欢迎。这种枕头能够刺激血管，促进血液循环。添加了香料、能够有效缓解疲劳的芳香枕头也大受女性消费者的青睐。

芝加哥Monaco酒店熟睡套房以竹帘取代窗帘，为套房营造了静谧安宁的睡眠环境。房间内，保健枕头、睡眠面具等助睡用品更是一应俱全。虽然入住一晚需要花费360美元，不少客人还是首选熟睡套房。

北美皇冠假日酒店提供优质睡眠服务，客人免费使用睡眠专用箱，箱内存放着眼罩、耳塞、薰衣草喷雾、催眠曲CD。酒店规定叫早服务一旦出现差错，客人即可获得全额退款。

7. 体验经济指导酒店业文化特色

美国未来学家托夫勒在《第三次浪潮》一书中把社会经济的发展分成农业经济、工业经济、信息经济和生物经济四个阶段。深圳东部华侨城茵特拉根主题酒店群共有600间客房，包括以瑞士文化为主题建造的茵特拉根酒店、以汽车为设计理念并提供德国原装豪华房车的茵特拉根房车酒店、位于东部华侨城最高山巅展现禅宗大乘境界的华兴寺菩提宾舍、茵特拉根瀑布酒店。

8. 管理模式新变化

证大大隐酒店成为豪华酒店及度假村联盟组织立鼎世小型酒店旗下在中国的第一家成员。上海璞丽酒店在2009年成为立鼎世的成员，业主是越洋投资有限公司，管理方是香港URC酒店管理集团，229个房间全部为套房，为上海世博"十大"人气酒店榜单之首，璞丽酒店房价3 657元起。

9. 中档酒店的崛起

2011年1月20日，杭州星程灵隐宾馆挂牌，携程旗下的中档连锁酒店集团星程酒店数量由此达到100家，星程在国内20多个城市拥有酒店，星程计划将华东、华北、珠三角作为下一步发展重点，2011年内再增百家酒店，预计至2011年底拥有200家酒店。星程品牌相当于三星级至四星级的酒店档次，价位一般在250至400元。

10. 资本运作的新情况

2011年1月16日，悦榕中国酒店基金完成募集，是中国第一只人民币酒店基金，发起方为新加坡悦榕集团。自2006年丽江悦榕庄开业以来，悦榕庄在中国开发和管理了5个酒店，预计2014年客房数3 000多间，年增长率为63%。2010年国内近30只地产投资基金的总规模500多亿元人民币，主要以私募股权投资基金的方式出现。预计到2015年，中国房地产金融市场管理的总资产将在9 100亿元人民币左右。

（资料来源：赵焕焱，2011年12月。）

第四节　旅游交通

旅游交通是旅游业的一个重要组成部分，是旅游业发展的命脉。现代大众旅游之所以能够兴起，除了经济的发展、人们收入水平的提高等因素外，技术上的主要原因还在于交通工具的不断现代化，解决了人们外出的时空矛盾，使人们开展长距离旅行成为可能。因此，旅游交通对于旅游业的发展起着重要的作用。

一、旅游交通的定义

旅游交通是指旅游者利用某种手段和途径，实现从一个地点到达另外一个地点的空间转移过程。其任务是解决旅游者在定居地与旅游目的地之间的往返、从一个目的地到另外一个目的地，以及在一个目的地内的各地区间便利往来的问题，它不仅要解决往来不同地点间的空间距离，而且还要解决其中的时间距离问题。这意味着，其任务不仅在于帮助旅游者克服在不同地点间往来的空间距离，而且更为重要的是帮助旅游者解决在不同地点间实现便利往来的时间距离问题。

旅游交通与公共交通既有联系又有区别，交通运输业出现于旅游业之前，为旅游业创造了条件。旅游交通是为旅游者服务的，具有相对独立性，如旅游客车、旅游包机、游轮以及旅游区内的汽车、观光的小火车、游船、缆车等。旅游交通又是整个交通运输业的一部分，它对公共交通具有依赖性，比如旅游交通工具所使用的航线、公路、铁轨都是公共交通的设施，又是旅游者与其他人员乘同一交通工具，难以将二者区分开来。旅游交通设施主要由三个部分组成：旅游交通线路（公路、铁路、空中航线、水上航道、索道等）、旅游交通运载工具（飞机、火车、汽车、轮船、缆车等）和旅游交通站点（飞机场、火车站、汽车站、码头等）。

二、旅游交通在旅游业中的作用

旅游交通是旅游业的重要组成部分，是旅游业发展的命脉，没有现代化的交通运输业，就不会有现代旅游的大发展。旅游交通运载能力又是旅游业生产能力的重要组成部分，旅游交通的运送能力要与旅行社、饭店等的接待能力相协调，否则，整个旅游业的发展就会出现困难和问题。另外，旅游交通发展水平也是一个国家和地区旅游业发展水平的重要衡量标准。旅游交通在旅游业中的作用主要有以下几方面：

1. 旅游交通是实现旅游活动不可缺少的条件

从旅游的定义看，旅游者要实现旅游的目的，首先必须实现从一个地方到另一个地方的空间转移，而要实现这个空间转移，试想，除了“步行”，是不是必须借助交通工具？而且如果步行，怎能跨过海洋、翻过高山、横穿无边的沙漠呢？旅游者不仅体力不够消耗，而且现代旅游者时间有限，因此旅游者要达到旅游的目的，主要凭借交通工具。

从人类旅游的发展历史来看，近代以前的旅行阶段，生产力水平低下，交通工具落后，旅游的范围与规模十分有限；从人类旅游产生到第二次世界大战这个阶段，随着资本主义生产关系的建立和工业革命的发展，交通工具有了较大改善，但旅游的范围仍受限制，局限在国内旅游和短途的跨国旅游；第二次世界大战以后的现代旅游阶段，交通运输业十分发达，出现了高速公路、高速列车、大型客机、豪华游轮等一系列现代化交通运输工具，使人们在有限的时间之内可以到达更广阔的空间，参加旅游的人数迅速增加，大众性、群体性的旅游迅速发展，规模扩大至全球。由此可以看出，旅游者要实现自己的旅游活动，离不开交通运输。

2. 旅游网点的兴起和发展依赖于旅游交通

我国地域辽阔，旅游资源十分丰富。但有些地方由于交通闭塞，尽管风光优美，也不为世人所知，更谈不上有大批旅游者前往了；还有一些地方，尽管也有交通运输，但由于交通工具和设施十分落后，使丰富的旅游资源得不到应有的利用。由此可见，要开辟旅游景点，发展旅游业，首先必须发展交通运输，使旅游者想到一个新的目的地旅游时，能“进得去、散得开、出得来”。

3. 旅游交通是旅游经济收入的重要来源

尽管旅游交通与交通运输之间没有明确的界限，通常也不能将交通运输业的营业收入简单地理解为旅游收入，但随着全世界旅游活动的普及，参加旅游的人数越来越多，用于旅游交通的费用在整个交通运输业收入中的比例越来越高。旅游者的交通费用除很少一部分流入地方的专业旅游交通部门外，大部分为公共交通部门所得，但这毕竟是用于旅游的花销，所以仍属于旅游收入。旅游交通费用在全部旅游费用中究竟占多大比例，这取决于旅游距离的远近，距离越远，旅游交通费用越大。据统计，旅游者总花销的30％～40％用于交通方面，旅游交通是旅游经济收入的重要来源。

4. 旅游交通设施已经成为整个旅游活动的重要场所

当旅游者乘上交通运输工具的时候，他们的旅游活动也就开始了，旅游活动的乐趣有一半来自旅游交通工具所负担的旅游历程。有些旅游项目，还必须借助交通工具完成，游览江、湖及野生动物园等，若无特殊交通工具，旅游目的就无法实现。旅游交通的多样化可以丰富旅游活动的内容。旅游者领略沿途的美景，乘坐从未坐过的交通工具，更可为旅游活动增添色彩。如坐花轿、坐马车、骑骆驼等，都增加了旅游的情趣、丰富了旅游的内容，这些交通方式本身就是旅游吸引物。

三、旅游交通的特点

旅游交通是国民经济中交通运输业的重要组成部分，具有一般交通运输的共同要求，如安全性、及时性、计划性等。由于旅游交通运输的服务对象是旅游者，旅游交通与一般的交通运输相比还有以下特点：

（一）游览性

旅游交通应针对服务对象——旅游者的特点来满足其游览要求。在线路设计上，尽量将沿途景区、景点连接起来；在时间安排上也可以保证游客充分游览为前提。近年来，一些特色旅游交通方式的兴起，如渡船、索道、缆车、滑竿、骆驼等本身就带有娱乐、观赏性质。

（二）舒适性

旅游是一种休闲消遣活动，相较于其他交通运输方式，旅游者更注重舒适度。旅游者对旅游列车的性能、美观和服务项目等方面都有较高要求。

（三）季节性

旅游业有淡、旺季的差别，旅游交通也有季节性分别。在旅游旺季，旅游交通运输运力紧张，价格会上浮；在旅游淡季，需求量下降，价格也会相应下调。

四、旅游交通方式

目前，人们外出旅游的主要旅行方式是乘坐火车、汽车、轮船和飞机，这些旅行方式的相互配合和相互补充为旅游活动的开展提供了便利的代步条件。

（一）铁路旅行

火车曾经是人们外出旅游的主要交通工具，对旅游的发展有过重大的影响。1825 年 9 月 27 日，世界上第一条行驶蒸汽机车的永久性公用运输设施——英国斯托克顿—达灵顿的铁路正式通车了。斯托克顿—达灵顿铁路的正式开业运营，标志着近代铁路运输业的开端。铁路以其迅速、便利、经济等优点，深受人们的重视。1841 年，英国的托马斯·库克组织了世界上第一次包租火车旅游，到 20 世纪 50 年代，铁路在提供游客交通方面一直发挥着主要的作用，在我国，铁路旅游至今仍是国内旅游的主要旅行方式。

铁路运输的主要优点：

(1)运输能力大。一列火车可以同时运载上千名旅客。

(2)运输价格相对较低。这对于中低收入或对价格敏感的游客来说具有较大的吸引力。

(3)安全性高。在所有各类旅游交通方式中，铁路运输的事故率最低。

(4)时间准，不会受到交通堵塞问题的困扰。

(5)人均耗能低，对环境污染较少，环保性好。

(6)车内活动自由。乘客能在车厢内自由活动，并可沿途观赏风景。

铁路运输的主要缺点是：火车空间位移局限性大，不如公路那样灵活机动；建设周期长；一次性投资大等。

在 20 世纪 60～70 年代，由于航空、高速公路的发展，一些国家的铁路旅游受到很大的威胁。远途游客大量乘坐飞机，短途游客大量乘坐汽车，而乘坐火车出游的人大量减少。此外，由于铺设路轨的限制，铁路很难形成较细的线路网络，而选择与火车站相连接的汽车线路时则会使游客感觉不便并耗费时间。所以，就世界范围来看，选择火车作为出游交通工具的人已经大为减少。

近年来，铁路运输公司在改进运输和运营技术以及提高服务质量的同时，更加重视市场营销和提高铁路运输形象的工作。目前，在西欧国家中，铁路运输在客运市场中重新占有了相当可观的市场份额。特别是随着人们对可持续发展问题的关注和环境意识的不断增强，很多国家对发展铁路运输都给予了相当大的重视。其中，发展的重点是高速铁路和高速列车。例如，西欧各国计划在 20 世纪 90 年代内投资 1 000 亿美元发展高速铁路和高速列车，法国曾于 1989 年在巴黎和布里塔尼两地之间开通了时速为 186nmile(合 298km)的高速列车；1991 年，德国在曼海姆和斯图加特两个城市间开通了时速为 155nmile(合 248km)的高速列车。除西欧外，日本也在继续改进其著名的“子弹列车”并扩大其运行线路网络。

北京奥运会催生了我国第一条高速铁路，2008 年 8 月 1 日，我国自主设计建成的第一条时速 300 公里以上的高速铁路——京津城际铁路开通运营，北京至天津两大直辖市的直达运行时间不超过 30 分钟。国产 350 公里时速动车组的诞生，标志着通过引进、消化、吸收国外先进技术，我国的高速列车制造技术实现了一个飞跃，而京津城际高速铁路的建成标志着我国高速铁路时代已经到来。2008 年，我国开始建造京沪高速铁路。京沪高速铁路全长 1 318 公里，是世界上一次建成、线路最长、标准最高、速度最快的高速铁路。2011 年 6 月 30 日，京沪高速建成通车，北京到上海最快只需 4 个多小时。这样就把北京和上海这两个政治、经济中心放在了一个平台上，不仅能够极大密切两个中心之间的交流，而且对沿线各城市的发展会起到很大的拉动作用。

（二）公路交通

公路汽车运输虽然比水上运输和铁路运输起步晚，但是，它却是发展最快、应用最广、地位日趋重要的一种运输方式。

1885 年，德国人 K. 本茨发明了内燃机作动力的汽车，这标志着现代公路交通运输的诞生。19 世纪末到第一次世界大战结束，是世界公路运输的创立阶段。这一时期，汽车的数量少、公路里程有限，公路运输仅为铁路和水上运输的辅助手段。第二次世界大战期间，是现代公路运输的发展阶段，在 30 年代出现了高速公路，汽车不仅从事短途运输，而且在长途客运方面也成了铁路与水上运输的竞争对手。此时，汽车质量和公路质量提高很快。第二次世界大战以后，发达国家已建立起比较完善的现代化公路网，其中高速公路占有相当比例。自 1933 年世界第一条高速公路开通以后，世界许多国家出现了高速公路，大大提高了公路运输效率，为旅游者缩短了旅途所需时间。

随着汽车制造技术的提高和生产速度的加速，私人汽车数量猛增，许多国家的人利用私人汽车外出旅游，既方便又自由。在私人汽车发展的同时，乘汽车旅游也得到普遍推行。

1959 年德国的乔治·汉尔脱发明了流动旅馆汽车，其实是一种大型拖车，后来又出现了双层流动旅馆游览汽车，这些汽车十分适用于长途旅行。在美国、澳大利亚等国还出现了旅游大篷车、宿营车等新型旅游专用车，往返于各个旅游景点之间，丰富了公路旅游交通种类。

汽车运输具有灵活性大、行驶自由且短途进度快等优点，但也存在安全系数较小，安全性能低；不适合长途旅行，否则容易使游客产生疲惫和不适；人均耗能多、废气排放大、污染环境等缺点。

乘汽车外出旅游主要有自驾车和旅游客运两种。

由于自驾车外出度假灵活方便、行动自由，并且可使家庭外出旅游的交通费用相对下降。而且，自行驾车旅游还有其他一些优点，例如容易携带行李和娱乐器具，可以观赏沿途风光等，因此在欧美国家中，人们普遍喜欢自己驱车在国内旅游。针对人们喜欢自己驾车旅游这一特点，许多国家的旅游业也设置了相应的业务来迎合这一市场的需要。其中包括：

（1）组织自驾车的包价旅游（自驾车路线）；

（2）租车业务；

（3）铁路、飞机、轮船等联运业务，让游客连同其汽车一起运送到度假目的地；

（4）自驾车服务/沿公路发展适应市场需要的汽车旅馆、咖啡厅和餐馆等中转服务和休息设施。

游客自己驾车旅游的发展，不可避免地也带来一些值得注意的不利问题，主要是旅游地的拥挤和污染问题。度假区和风景区由于地皮的限制，不可能无限制地扩大停车场及道路设施，否则便会影响或破坏景观，并会造成环境污染。目前，世界上很多旅游热点地区对此采取了控制措施，要求驾车旅游者把自用车辆停在游览区以外的规定地点，然后乘公共运输工具进入游览区。

在旅游客运服务方面，由于汽车客运比其他运输方式的运营成本低，因此在很多国家中，汽车客运服务的价格较为低廉，特别是汽车旅游公司的客运价格更是如此。更重要的是，在旅游公司利用汽车组织包价旅游的情况下，公司可派车接送游客，十分方便，从而克服了行李和转车的问题。在乘车旅游过程中，除旅游公司专门派陪同和导游人员外，通常情况往往都是由汽车司机兼任导游工作。所以，汽车包价旅游不仅是受老年市场欢迎的旅游形式，而且也吸引着越来越多的消费层次较低的旅游者，特别是青年学生。

（三）水运交通

水路运输包括内河运输和海洋运输两种形式，是一种历史悠久的运输方式。1807 年，美国人罗伯特·富尔顿制造的世界上第一艘蒸汽驱动轮船“克莱蒙特”号在哈德逊河运行成功，轮船的出现大大推动了水上运输的发展。在 20 世纪 60 年代喷气式飞机普遍应用以前，蒸汽机船一直是民用远洋运输的主要交通方式，是旅游者使用最频繁的交通工具。

1896 年，英国人 C. 帕森斯将他发明的反作用式汽轮机成功地应用于船上；同年，瑞典人 C. 迪拉瓦尔发明了冲击式汽轮机。进入 20 世纪以后，船用汽轮机不断改进，因为重量轻、功率大、旋转均匀和无往复运动部件等，普遍应用于大型高速船。至今，某些大功率船仍用汽轮机作为推进动力。1892 年，德国人 R. 狄塞尔发明压燃式内燃机，即柴油机，20 世纪初开始应用于船上。柴油机热效率高、油耗低，因此得到广泛应用。40 年代末，柴油机船的吨位即已超过蒸汽机船，到 40 年代末成为水上运输的重要工具。

随着造船技术的普遍提高，世界上交通运输蓬勃发展。20 世纪 30 年代末，出现了“玛丽皇后”号、“伊丽莎白皇后”号、“诺曼底”号等大型豪华客船。它们的载重量都在 8 万吨以上，主机为汽轮机，功率 16 万马力，航速每小时超过 30 海里。第二次世界大战以后，这一势头又恢复了，到 60 年代，因远程喷气客机的兴起才停止下来。大型远洋客船的建造，对造船科学技术的发展起了重要的推动作用，同时也使某些保障航行安全的法规逐步建立和完善。例如，1912 年“泰坦尼克”号海难事件导致了后来《国际海上人命安全公约》的签订。

第二次世界大战后，世界远洋班轮在航空运输竞争下走向低谷。但 20 世纪 60 年代以后，随着国际旅游业兴起，许多船舶公司放弃了传统的定期班轮航线，转向经营灵活的游船业务，使游船从一种海上空间移动工具转变为集住宿、美食、娱乐、休养和观赏于一体的海上浮动胜地。乘豪华游轮旅游，犹如生活在一个设施齐全、食宿方便、行动自由、生活舒适的环境里，别有一番情趣。

在海上巡游过程中，人们既可在不同的地点登岸旅游，又可随时回船休息，免除了每到一地后上下搬运行李和寻找旅馆的麻烦。此外，游船上也提供各种消遣娱乐设施。因此人们常称这种游船为“漂浮的度假胜地”和“漂浮的旅馆”。就世界范围来看，目前最流行海上巡游的区域仍在加勒比海域和地中海域。这些地区一则气候温暖，二则可登陆参观游览的旅游地为数众多，而且彼此相距不是很远，因而是较为理想的游船活动区域。此外，北美的阿拉斯加海域每年夏天也是游船活动比较集中的地区。由于游船航行速度较慢，而人们的假期时间有限，所以大部分参加海上巡游的游客都是先乘飞机到巡游区域，然后登船巡游度假，巡游结束后，再乘飞机返回定居地。

水上运输具有线路投资少、运载量大、运输成本低、安全性能好、乘坐舒适、票价较低等优点。但是，水路运输旅游速度很慢、机动灵活性差、受气候影响大。现在经过不断改进技术条件，水上运输在世界一些区域仍然占有重要地位，特别是豪华游轮一直受到旅游者的欢迎。

【补充材料】

邮轮旅游

邮轮旅游是用邮轮将一个或多个旅游目的地联系起来的旅游行程。这种旅行方式始于18世纪末，兴盛于20世纪60年代。邮轮度假风潮是由欧洲贵族开创的，它的精髓在于全家人借浩瀚的海洋去寻访历史，是种优雅、闲适、自由的旅行，是欧美人最向往的度假方式之一。

近年来，邮轮旅游呈现出爆发性增长的态势。据携程网统计，2014年春节邮轮游客占总出境游人数近一成，人数比去年翻番。快速增长的中国邮轮市场使世界各大邮轮公司在中国布局明显加速。目前嘉年华、皇家加勒比和丽星三大邮轮公司已经有5艘邮轮进入中国市场，嘉年华邮轮公司的海洋航行者号和大西洋号2013年也首次进入中国。

（四）航空旅行

1903年，美国的莱特兄弟发明了飞机并首飞成功。1913年，德国开办了柏林至魏玛的民用航线，成为世界第一条航空路线。现在全球航空网呈密集的带状分布，最密集带横贯北半球中纬度地带，并由此纵向至南部三大洲，飞机已成为远程旅游中最主要的运载工具。

航空旅游交通是各种类型旅游交通中速度最快的，其交通线路长，可以跨越地面上的各种自然障碍，航行于相距较远的世界各地，乘坐时舒适、安全、省时，尤其适用于远程旅行。航空旅游交通也有其不足，主要表现在：一是运输成本高，运载量较小，因此票价相对比较昂贵，不适宜短途旅行；二是飞机飞行受气候影响大，班机提前、延误、转道甚至取消时有发生，影响旅游者旅游活动的计划和安排；三是飞机飞行只能是从点到点，不能展开面上的旅游，因而飞机必须同其他交通运输工具配合才能提供完整的交通服务。

航空客运主要分定期航班服务和包机服务两种。

定期航班是民航公司按照对外公布的航班时刻表飞行的民航服务，最大的特点是运营经常而有保证，旅行省时而抵达迅速。因此，它不但能够吸引重视效率的商务旅游者，而且为那些不愿在旅途上耗费时间和精力的消遣旅游者所欢迎。然而，由于成本方面的原因，定期航班也是最昂贵的交通方式。

包机服务是一种不定期的航空包乘服务业务。它可以按旅行社的要求定时间、定航线。随着20世纪60年代以来大众旅游的兴起，旅游包机业务有了很大的发展。很多国家的旅游经营商在组织包价旅游，特别是组织包价国际旅游时，都利用包机作为主要的旅行方式。包机业务有一定的经营优势。主要表现在：票价较低廉，因而对市场的吸引力较大；不必按固定的时间表起飞（时间自由）；完全根据游客需求设计飞行线路，一般也没有固定的经营航线。这种个性化航空服务也正悄然走进中国旅游者的生活。

（五）现代旅游中的特种交通

除上述主要的交通工具之外，还有其他一些交通工具，起着辅助的作用，主要有索道、马车、轿子、骆驼、轮渡等，这些交通工具便于游客通过一些难行的路段，可以辅助老弱病残完成旅游，有些还带有娱乐性质。不足之处是有些特种旅游交通，如索道、缆车等有时会造成与景区的不协调现象和对风景区的破坏。

1. 索道

索道是利用悬挂在半空中的钢索，承托及牵引客车或货车。索道按支持和牵引的方法可以分为单线式和复线式，索道多用于城市或风景游览区的交通运输。目前我国已建成客运索道超过400条，取得了良好的效益，为旅游事业的发展做出了较大的贡献。我国第一条大型往复式客运索道是建于1983年的泰山索道。

2. 马车

马车的历史极为久远，它几乎与人类的文明一样漫长。在古罗马帝国，繁荣的经济和贸易需要先进而且数量极大的陆上运输工具。公元前1世纪，罗马的制车匠发现了塞尔特人的四轮车，并再加以改革，使四轮马车用旋转式前轴以转动方向，用整片的轮辋与轮箍以增加强度，同时用镶有金属边的轮毂以减少摩擦。如今，马车的黄金时代宣告结束，但我国一些旅游胜地出现了修饰后的彩装马车，其外观鲜艳华丽，车内座位舒适，成为别具民族特色的旅游交通工具，如山东曲阜孔子故里的彩装马车游。

3. 轿子

轿子是我国古代的一种特殊的交通工具，轿子具有结构轻便、乘坐舒适、灵活性大等特点。到20世纪三四十年代，由于人力车、畜力车和汽车的使用，轿子逐渐减少。最近几年，轿子又随旅游业的兴起与发展而出现在旅游景点，成为吸引旅游者的特殊运输工具。

4. 骆驼

骆驼善于在沙漠中行走，被人们称为“沙漠之舟”，骆驼是中国西北荒漠地区最主要的交通工具。

五、影响人们选择旅游交通工具的因素

现在，各国客运交通经营部门都已经认识到，旅游者对交通运输的普遍要求是安全、便利、快速、高效、舒适、经济。这些方面当然难以兼而并得，况且上述各方面也都是针对不同的旅行方式相对而言的，所以不同的旅游者对上述各方面强调的重点也有顺序或层次上的区别。客运交通运营部门应当注意的是，人们在决定外出旅行时，对旅行方式往往会有不同的选择。人们为什么会对旅行方式有不同的选择？当然，影响人们选择旅行方式的因素很多。归纳起来，较大的影响因素主要有以下几项：

（一）旅行目的

不同类型的旅游者对旅行方式的选择不尽相同，我们在第三章中曾经将旅游者划分为消遣型旅游者、差旅型旅游者、个人及家庭事务型旅游者。

消遣型旅游者，包括当日往返的短程游客在内，其外出旅游的目的是消遣度假。他们动身外出的时间相对自由，因此对不同的旅行方式的选择性大。由于这类旅游者对价格比较敏感，他们尽可能选择价格较低廉的旅行方式，有时甚至会不选用商业性经营的交通工具，而采取骑自行车或摩托车以及免费搭乘顺路车外出旅游，有条件的游客喜欢自己驾车旅游。如果是远程旅游，特别是出国游，乘飞机或坐火车则是常选用的旅行方式。对于消遣型旅游者来说，他们在选择旅游方式时的首要考虑因素便是安全、经济和高效。

差旅型旅游者外出旅行的目的是办理公务，这不仅决定着他们不能改变旅行目的地并且不能随便选择动身的时间，而且决定着他们在一定程度上不大考虑旅行费用。他们最关心的是安全、便利、快速和舒适，因而他们乐于选择的旅行方式是航空、铁路和小汽车旅行，一般很少乘长途汽车和轮船。

个人及家庭事务型旅游者的需求特点虽然难以一概而论，但在以下两点上是共同的：第一，他们的旅行目的地都是固定的而没有其他选择。第二，他们在具体的动身时间上有一定的选择余地，既不像消遣型旅游者那样对出行时间有很大的选择自由，也不像差旅型旅游者那样在出行时间的选择上几乎没有余地。他们选择旅行方式的标准一般是安全、高效又要价廉。

（二）运输价格

运输价格是影响旅游者选择交通工具的又一个重要因素。差旅型旅游者由于差旅费报销的缘故，外出旅行时一般对价格都不敏感，但其他各类旅游者对价格都比较敏感。因此，交通运输公司在客运价格上的稍微波动，都可能导致营业量发生很大变化，特别是在供大于求、市场竞争激烈的情况下尤其如此。因为人们的收入毕竟是有限的，对于大多数人来说，生活的各个方面，包括旅游度假在内，都有一定的预算。在计划外出旅游时，人们往往会考虑各种可以选择的旅行方式的价格。由于实际上很多旅游者都来自中、低收入水平的工薪阶层，这使得运输价格对人们选择旅行方式的影响显得更为突出。

（三）旅行距离

旅行距离通常包括时间距离和空间距离两个方面。空间距离越长，完成旅行所需要的时间也就越多，旅行的代价也就越高。前面已经谈到，对大多数人来说，外出旅游度假的预算是有限的，同样，人们外出旅游度假的时间也是有限的。为了更有效地利用有限的度假时间，人们必须努力缩短用于交通方面的时间。因此，对于长距离的旅行，特别是 1 000 公里以外的旅行，人们通常会选择航空这种旅行方式，这不仅是因为航空旅行速度快，而且也因为它相对比较经济。反之，对于中短距离的旅行，人们则较倾向于选择铁路或汽车作为旅行方式，因为这不但比航空旅行经济，而且也比较便利。

（四）旅行偏好和经验

在有多种旅行方式同时可供选择的情况下，具有相同条件的旅游者可能会选择不同的旅行方式，这是因为个人的旅行偏好和经验不同而导致的结果。

对于初次外出旅行的人来说，他们对某种旅行方式的偏好主要是受其个性或心理类型的影响。帕洛格关于旅游者个性心理类型的理论曾将人的心理类型划出两个极端，即自我中心型和多中心型。自我中心型的人远不及多中心型者富有冒险精神，因而表现在对旅行方式的选择上，他们往往喜欢自己开车去某一旅游目的地，而不愿甚至惧怕乘飞机前往；多中心型的人恰恰相反，可能更喜欢乘飞机而不是自己开车去该目的地。但更有意义的是，人们对某种旅行方式的偏好往往产生于自己过去的经验。例如，不少人都喜欢乘火车外出旅行，因为他们深信乘火车旅行比其他旅行方式安全。

（五）其他环境因素

除上述影响旅游者选择旅行方式的因素外，还有许多因素影响旅游者对旅行方式的选择，例如出游时的天气、旅游目的地的地理位置特点等。同时，上述因素相互作用、相互联系，共同影响旅游者的旅行方式的选择。

第五节　旅游景区

一、旅游景区的定义

旅游业通常被认为是由吃、住、行、游、购、娱等多要素所构成的众多部门组成的综合性经济产业。在这个产业体系中，旅游景区（点）是最重要的组成部分，是引致游客产生旅游动机并做出购买决策的主要因素，是旅游产品的核心，没有景区（点）的旅游实际上是不存在的。对旅游景区（点）的定义，目前尚无一个公认的说法。一般而言，景区（点）是一个可供人们前来休闲、娱乐、游览、观光、度假等的专门场所，该场所应具有明确的范围界限和专业化的组织管理。根据国家质量监督检验检疫总局发布的中华人民共和国国家标准《旅游区(点)质量等级的划分与评定》,旅游区(点)是指"具有参观游览、休闲度假、康乐健身等功能，具备相应旅游服务设施并提供相应旅游服务的独立管理区。该管理区应有统一的经营管理机构和明确的地域范围,包括风景区、文博院馆、寺庙观堂、旅游度假区、自然保护区、主题公园、森林公园、地质公园、游乐园、动物园、植物园及工业、农业、经贸、科教、军事、体育、文化艺术等各类旅游区(点)"。

因此,旅游景区是一种空间或地域,在这一空间或地域中,旅游及其相关活动是其主要功能。旅游景区可以是单一类型的旅游点,也可以是多种类型的旅游地域综合体。在多种类型的旅游景区(景点)中,单一以发展旅游为目的的旅游景区很少,绝大部分景区是在现有的休闲娱乐设施和公共服务设施的基础上来开展旅游接待的。如世界文化遗产地的主要目的是为了保护人类共同的文化遗产,但为弘扬这一文化,使之成为全人类共同拥有的文化,就必须对公众开放,文化遗产自身的历史文化价值和魅力也就成为一种重要的独特吸引物;再如各类森林公园和一些专题植物园,其建设之初的本意主要是为了保护森林资源,开展专题研究,但也成为吸引人们前往观光、休闲和进行专题教育的重要场所。

二、旅游景区质量等级的划分

作为吸引游客的直接因素,旅游景区已成为我国旅游业重要的生产力要素和创收创汇的主要来源,也是旅游者参观游览的主要场所。由于多种因素的制约,长时间以来,我国旅游景区存在着管理水平低下、环境秩序混乱、服务质量低劣、资源保护不力的现象,是旅游投诉的焦点问题,成为制约我国旅游业发展的主要环节之一。大力开展旅游景区的等级评定工作,有利于规范旅游景区的旅游接待行为,提高旅游景区的管理和服务水平,改善旅游景区的服务设施条件,建设良好的旅游秩序,促进旅游景区的繁荣与发展。

2004 年 10 月,国家质量监督检验检疫总局颁布《旅游区(点)质量等级的划分与评定》(GB/T17775—2003)国家标准。此后,国家旅游局又制定了《旅游景区质量等级评定管理办法》等系列规章条例,使我国旅游景区等级评定条件更加成熟。

根据规定,我国旅游景区质量等级划分为五级,质量等级标识为 A,由高到低分别为 AAAAA、AAAA、AAA、AA、A。旅游景区质量等级实行动态管理,依据旅游景区质量状况进行升降。旅游景区(点)质量等级的标志、标牌、证书由国家旅游行政主管部门统一规定并颁发。旅游景区(点)质量等级的具体确认是依据以下三个标准来进行的:

1."服务质量与环境质量评价体系"

对旅游景区服务质量与环境质量的评价主要分旅游交通、游览、旅游安全、卫生、通信、旅游购物、综合管理、旅游资源与环境保护八个项目进行。

2."景观质量评价体系"

对旅游景区(点)质量评价主要包括资源要素价值与景观市场价值两大项目。每一评价项目分为若干评价子项目。对各子项目赋以分值,各旅游景区(点)以各评价项目及子项目的相应得分数确定其等级。

3."游客意见评价体系"

该体系是旅游景区(点)质量等级评定的重要参考依据,包括总体印象、可进入性、游路设置、旅游安排、景观设施、路标指示、景物介绍牌、宣传资料、讲解服务、安全保障、环境卫生、旅游厕所、邮电服务、购物、餐饮、旅游秩序、景物保护等评价项目。每一评价项目分为很满意、满意、一般、不满意四个档次,并依此计算游客意见得分数。

三、旅游景区的主要类型

旅游景点的类别很多，包括人文的、自然的、古典的、现代的等，以下介绍几种主要的旅游景区。

1. 风景名胜区

风景名胜区是质量较高、条件较好的风景区。风景名胜区的资源是以自然资源为主的、独特的、不可替代的景观资源，是通过几亿年大自然鬼斧神工所形成的自然遗产，而且是世代不断增值的遗产。国务院颁布的《风景名胜区条例》中规定："风景名胜区是指具有观赏、文化或者科学价值，自然景观、人文景观比较集中，环境优美，可供人们游览或者进行科学、文化活动的区域。"可见，风景名胜区应当具有以下几个条件：①具有较高的观赏、文化或科学价值，景物集中，环境优美，能够成为"名胜"；②具有供人们游览、休息或进行科学文化活动的功能；③具有法定的空间和范围，并经政府审定命名。

我国风景名胜区分为国家级风景名胜区、省级风景名胜区、县市级风景名胜区。国务院分别于 1982 年、1988 年、1994 年、2002 年和 2004 年先后公布了五批国家级风景名胜区。截至 2005 年 12 月，中国经政府审定命名的风景名胜区已有 677 个，其中国家重点风景名胜区 187 个（总面积 9.6 万平方公里，占全国陆地面积的 1%）、省级风景名胜区 452 个、市县级风景名胜区 48 个，总面积占国土面积的 1%以上。在这些风景名胜区中，由联合国教科文组织列入《世界遗产名录》的中国国家重点风景名胜区已达 16 处，其中包括泰山、黄山、峨眉山—乐山、武夷山、庐山、武陵源、九寨沟、黄龙、青城山—都江堰、三江并流等闻名世界的风景名胜。

2. 自然保护区

1872 年，美国建立了世界上第一个国家公园——黄石公园，这标志着自然保护区事业的开始。到 1992 年，全世界已建立国家公园和自然保护区 8 490 个，面积达 7.74×10^8 公顷，占全球土地面积的 5.2%。世界自然保护区的快速发展，与各国政府与人民的重视以及世界有关组织的积极努力分不开。多年来相继成立了许多与自然保护区相关的国际组织。例如，1961 年成立的"世界野生生物基金会"（现名"世界自然保护基金会"），特别重视对濒危珍稀动植物的保护；1980 年联合国教科文组织通过了"人与生物圈计划"，并设立了"国际人与生物圈计划协调理事会"，该计划是一个国际性的、政府间的多项研究计划，其中包括有"自然区域及其遗传物质的保护"项目，已有 100 多个国家或地区参加了这一计划，在世界范围内建立了"人与生物圈"保护区网，至 1988 年，人与生物圈保护区网已发展到 269 个，面积 143×10^8 公顷，我国 1978 年开始参与"人与生物圈计划"的实施。

我国自然保护区建设事业是在新中国成立初期，根据森林资源保护、野生动物保护和狩猎管理的迫切需要而开展起来的，其目的旨在保存原始植被及栖息的野生动物，为国家保存自然景观，不仅为科学研究提供据点，而且为我国极其丰富的动植物种类的保护、繁殖及扩大利用创建有利条件，同时对爱国主义的教育将起着积极作用。我国自然保护区的经营管理发展过程可分为四个阶段：

(1)法律保护阶段：我国早期的和边远地区的保护区居于这一阶段。这些地区资源丰富，人口对保护区的威胁和要求不大，保护区处于自然存在状态中。

(2)保护阶段：由于人口激增和发展要求，对保护区的威胁不断扩大，随着自然保护区事业的发展，半数自然保护区建立起机构，开始了保护和经营工作。主要着手标定区界，制定规划，制止偷砍、偷猎、偷挖等破坏活动。它们不仅在法律上，而且在管理上都起到了保护作用。

(3)保护与发展相结合阶段:20世纪80年代以来,我国自然保护区建设迅速增长,同时国际上自然保护区建设和经营管理的经验传入我国。卧龙、长白山和鼎湖山参加国际生物图保护区网并开展了经营、研究工作。自然保护区本身发展和社会经济发展的要求,推动自然保护区的经营工作由单纯保护逐渐向保护与支持发展相结合的方向发展。凡有条件的自然保护区都开始制定发展规划,按不同自然保护区类型和划分分区等进行各种经营活动。卧龙、向海、鄱阳湖和南湾等自然保护区正朝这一阶段迈进。

(4)保护与社会发展要求相结合阶段:随着自然保护区事业的发展,保护区的经营活动已不仅限于保护区内部,而且渐渐与当地社会生产生活和各级政府发展计划结合起来了。

3. 森林公园

森林公园是为了保护我国自然森林生态系统的多样性和完整性,促进林木资源的保护和持续利用,而在一些森林生态资源丰富和独特的地区设立的区域,不论是国家森林公园还是省级森林公园,均设有专职管理机构。

我国的森林公园建设大致经历了两个阶段。

从1982年至1990年为第一阶段,以我国1982年建立的第一个森林公园——张家界国家森林公园的建成为起点,该阶段每年批建的森林公园数量较少,9年中总共批建了16个,其中包括大家熟知的张家界、泰山、千岛湖和黄山国家森林公园等。国家对森林公园建设的投入相对较大,但行业管理较弱。

从1991年开始至现在为第二阶段,该阶段森林公园数量快速增长,1991~2000年的10年时间里,共批建国家森林公园328个;国家对森林公园的投入减少,森林公园主要通过地方财政投入、招商引资、贷款及林业系统自身投入等方式进行建设;同时,行业管理开始走向法制化、规范化和标准化。

1992年,林业部成立了“森林公园管理办公室”,各省(市、区)也相继成立了管理机构;1994年1月,林业部颁布了《森林公园管理办法》;同年12月,又成立了“中国森林风景资源评价委员会”,规范了国家森林公园的审批程序,制定了森林公园风景资源质量评价标准。1996年1月,林业部颁布了《森林公园总体设计规范》,为森林公园的总体设计提供了标准。

4. 旅游度假区

旅游度假区是以度假为主,并具有综合功能的旅游景区。旅游度假区在环境选择、设施配备、结构布局、功能分区等方面都有较高的要求。根据度假区所处的位置和自然环境状况及与之相关的康体娱乐设施条件,将度假区分为山地森林度假区、高山滑雪度假区、海滨度假区、内湖(河)度假区、温泉度假区五种类型。我国各地在近10多年来建设了一大批旅游度假区,2004年经国务院批准的国家级旅游度假区就有10个:三亚亚龙湾旅游度假区、昆明滇池旅游度假区、北海银滩旅游度假区、广州南湖旅游度假区、湄洲岛旅游度假区、武夷山旅游度假区、横沙岛旅游度假区、杭州之江旅游度假区、太湖旅游度假区、大连金石滩旅游度假区。

5. 主题公园

主题公园是围绕一定主题而创造出的舞台化的休闲、游乐场所,是现代人造景观的典型代表。主题公园对设施要求较高,一般包括游乐活动设施、餐饮商业设施、后勤服务设施、技术供应和工程服务等。

(1)世界主题公园的发展。世界最早的主题公园是1953年美国建成的“迪士尼乐园”,目前,世界常见的主题公园有以下几种:①文化教育公园。主要是那些历史悠久的欧式公园的残骸,这类公园总体上是以绿色园林以及喷泉为主要特色,体现了一种历史性与教育性相结合的文化氛围。②露天娱乐公园。这类公园的规模较小，主要面向一些大城市或地区的客源市场，没有传统的带有刺激性的娱乐设施、游艺场和其他的娱乐项目，大多数娱乐公园在建筑风格以及娱乐项目上都缺乏一个鲜明的主题。③主题公园。这类公园大体上都属于综合娱乐体，并将其建筑与某一主题融为一体，较一般的娱乐公园而言，主题公园规模更大，各种娱乐项目、景点也更为丰富。④水上主题公园。这是一个最近才兴起的新型娱乐项目，其以水上活动娱乐为中心，是主题公园的一种特殊形式，这种大型的水上公园的主要设施有人造海浪地、陡峭的垂直滑道以及一系列的旋转滑梯等水上娱乐项目。

(2)中国主题公园的发展。中国主题公园建设的标志是 1989 年 9 月 21 日深圳锦绣中华的成功开业。由于锦绣中华轰动性的示范效应，我国的主题公园事业随着旅游业的兴盛而在全国如雨后春笋般涌现和逐渐壮大。从主题公园发展的要求来看，由于其初期投资较大，维护成本较高，因此，一个主题公园的生存和发展需要有优越的地理位置、强大的客源市场作支撑。中国就是一个重要的新兴发展市场。北京游乐园建于 1981 年，据报道，其在 1990～1993 年间，税收和息税前的利润增加幅度均在 200%以上。深圳华侨城集团先后成功开发的锦绣中华、中华民俗文化村、世界之窗和欢乐谷等主题公园为城市旅游目的地的形成奠定了基础。

6. 国家水利风景区

国家水利风景区是在对各类水库风景资源进行旅游开发后形成的滨水旅游地，由水利部统一管理。为规范和促进该类风景地的管理，扶持和指导各级水利行政主管部门加强对水利风景区的建设，不断提高景区管理、服务质量，建设秀美山川，满足人民日益增长的旅游需求，水利部组建了“中国水利部水利风景区评审委员会”，由该组织制定行业标准，通过对国内首批申报的水利风景区进行评审，确定 18 个水库为首批“国家水利风景区”。

7. 古典园林

园林是将景观建造于庭园的艺术。中国园林艺术历史悠久、艺术成就很高，被誉为中国古代艺术的四绝之一。中国古典园林强调和谐，追求恬静、淡雅，具有“东方情调”，建园时不一定强调几何对称，往往因地就势，园中道路曲径通幽，把人工美与自然美巧妙地结合起来，从而达到“虽由人作，宛自天开”的景观效果。

中国的园林分为北方园林、南方园林、岭南园林。西方的园林以法国的古典主义为代表，园林布局上强调几何式对称、整齐划一、均衡协调，具有明显的轴线引导，讲求几何图案，连花草树木都修整得方方正正。

园林是人类文化艺术水平进步的标志之一，也是良好的旅游场所，历来是人们居住、休憩的重要场所和观赏的重要对象。

第五节　旅游业的产品

与所有其他产业一样，旅游业也有自己的产品，这些产品就是旅游产品。那么，什么是旅游产品？旅游产品与其他产品相比有什么特点？这些都是值得研究的问题。

一、旅游产品的概念

学术界一般从两个层次去理解旅游产品的概念，一个是整体旅游产品，另一个是单项旅游产品。因为在不同情况下，旅游产品既可指整体旅游产品，也可指单项旅游产品。

整体旅游产品的概念我们可以从两个角度来理解：一个是从旅游需求的角度，另一个则从旅游供给的角度。从旅游需求的角度来看，旅游产品就是指旅游者花费了一定的时间、费用和精力所换取的一次完整的旅游经历，旅游者眼中的旅游产品不单单是其在旅游过程中所购买的饭店的床位、一张飞机票、一个旅游景点的参观游览、一次接送和陪同服务等，而是对所有这些方面的总体感受，是一次经历。从旅游供给的角度来看，旅游产品是指旅游经营者凭借着旅游吸引物、交通和旅游设施，向旅游者提供的用以满足其旅游活动需求的全部服务，如旅行社推出的一条旅游线路、一个专项旅游项目。

单项旅游产品则是指旅游目的地的各旅游企业分别提供的住宿产品、饮食产品及交通、游览、娱乐等方面的产品和服务，整体旅游产品是由单项旅游产品构成的。

二、旅游产品的特点

旅游产品是由有形产品和无形产品构成的综合产品，但主要还是向游客提供的非实物形态的服务，服务在旅游产品中占主导地位。旅游产品作为一种具有服务属性的产品，不同于有形产品，它具有服务产品共同的特点，也具有不同于其他服务产品的个性特征，具体表现为以下几点：

1. 综合性

旅游产品通常是包括吃、住、行、游、购、娱在内的综合性产品，其综合性表现为它是由多种多样的旅游对象资源与旅游设施和多种多样的旅游服务构成的，其中不仅包含了劳动产品，而且包含非劳动的自然创造物，既有物质成分，又有社会精神成分，是一种组合型产品。旅游产品的综合性是由旅游活动的性质与要求决定的。旅游是一种综合性的社会、经济、文化活动，其主体是旅游者，旅游者的需要是多方面的，不同旅游者的需求是有差异的。在市场经济条件下，旅游从业者经营旅游产品，是为了通过满足旅游者的多种需要而获取利润。因此，旅游产品包含的内容必然十分广泛。

旅游产品的综合性决定了生产或提供旅游产品的部门与行业众多，除包括旅游业中各部门与行业外，还涉及不少旅游部门外的其他部门与行业。正是这一特点，决定了目的地各旅游行业应当同步发展和联合营销的必要性和重要性。

2. 不可转移性

旅游产品无法从旅游目的地运输到客源地供游客消费，它也不能像其他物质性商品，随着所有权的转移而被带走。旅游产品是需要旅游者在旅游目的地现场消费的综合产品，旅游者在消费过程中得到的主要不是具体的有形产品，而是一种感觉或经历。旅游产品的不可转移性具有双重含义：其一是旅游产品在地点上的不可转移性。因为构成旅游产品的物质部分地理位置一般固定不变，发生空间转移的不是实体景点和旅游设施，而是旅游者，他必须到旅游目的地消费。其二是旅游产品在交换过程中不发生所有权的转移。旅游产品被旅游者购买后，旅游景点、旅游设施等的所有权依然在产品出售者的手中。旅游者购买旅游产品，得到的并不是其所有权，而是有限使用权的交付，换言之，只是准许买方在规定的时间和地点按常规使用有关的设施和设备。这一点决定了旅游者无权损坏有关的设施设备或将其据为己有，同时，使用权的有限性也决定了旅游者不能自行决定让他人分享。旅游产品的不可转移性使得旅游产品吸引力的大小成为旅游企业经营成败的关键，而这种吸引力往往随着空间距离延伸而衰减。因此，对于不可移动的旅游产品而言，信息的流通、交通的便利就显得格外重要。

3. 生产和消费的同步性

旅游产品的生产(经营)和消费常常发生在同一个时空背景条件下，密不可分，往往是一个过程的两个方面：旅游产品在生产开始的同时消费也即刻启动，消费结束时生产也不再进行。这意味着旅游服务活动的完成需要由生产者和消费者双方共同参与，在同一时间内，旅游者消费旅游产品的过程，也就是旅游企业生产和交付旅游产品的过程。如当飞机起飞时，旅游者开始消费飞行旅游产品；当客人入住酒店后，客人开始消费酒店客房这个旅游产品。旅游产品生产与消费的不可分割性使旅游产品与一般消费品表现出巨大的差异，也给旅游产品的开发与管理带来了严峻的考验。

4. 不可存储性

旅游产品主要以无形产品的形式存在，它是不可储存的。旅游者购买旅游产品后，旅游企业只是在规定的时间内交付有关产品的使用权，一旦买方未能按时使用，他便须重新购买并承担因不能按时使用而给卖方带来的损失。对于旅游企业来说，旅游产品的效用是不能积存起来留待日后出售的。随着时间的推移，其价值将自然消失，并且永远不复存在，当新的一天来临时，它将表现为新的价值。所以，旅游产品的价值和效用不仅固着在时间上，而且固着在空间上。无论是航空公司的舱位还是饭店的客房，只要有一天空置，所造成的损失是永远追不回来的。

三、旅游产品的构成及生命周期

1. 旅游产品的构成与分类

旅游产品从构成上看可以分为两种：①核心旅游产品(原初形态)，是指旅游经营者为满足旅游者游览(审美和愉悦)与休闲的需要所开发或建设的供旅游者欣赏、使用或购买的对象，其主要形式是旅游景点或旅游景区，旅游吸引物是其核心组成部分；②组合旅游产品(终极形态)，是指旅游企业或旅游相关企业围绕旅游产品的核心价值而做的多重价值追加，这种追加具有几乎满足旅游者旅游期间一切需要的效用与价值。

旅游产品分类的标准可以有多种，按旅游产品的主要功能可以将旅游产品分为观光类、度假类和综合类旅游产品；按产品的内容和表现形式，可将旅游产品分为山水风光类旅游产品、湖泊水库类旅游产品、博物馆和纪念馆类旅游产品、寺庙、祠堂、古建筑类旅游产品、人造主题公园类旅游产品、混合名胜类旅游产品 、温泉类旅游产品、城市公园类旅游产品；按产品属性分类，可分为自然产品、人文产品、混合产品(见图 6－2)。

2. 旅游产品的生命周期

1980 年，加拿大地理学家 Butler 将生命周期概念引入旅游的研究中，认为旅游的生命周期分为六个阶段，这六个阶段分别为：探索阶段、参与阶段、发展阶段、巩固阶段、停滞阶段和衰退阶段。Butler 的旅游地生命周期理论基本上得到普遍认同。

而旅游产品的生命周期是指产品的市场寿命周期，即进入市场到退出市场的时间周期。任何旅游产品从产生入世后，都会经历某种演变过程，这个过程大致可以分为四个相互连接的阶段，即导入期、成长期、成熟期、衰退期(见图 6－3)。

(1)导入期，消费者对旅游产品的认知度较小，只有少数好奇的顾客购买，销售量一般很小；企业为扩大影响，需要投入大量的促销进行产品宣传，因此成本大，基本不会获利。

(2)成长期，消费者对产品开始熟知，购买力增强，成本开始下降，进入获利阶段；但由于有利可图，追加旅游产品的竞争者逐渐加入，价格下降成为竞争途径，企业利润增长逐步减缓。

(3)成熟期，产品由于竞争更加激烈，促销成本又开始增加，利润有所下降。

(4)衰退期，产品促销不再产生效果，销售迅速下降，利润大减甚至出现亏损。

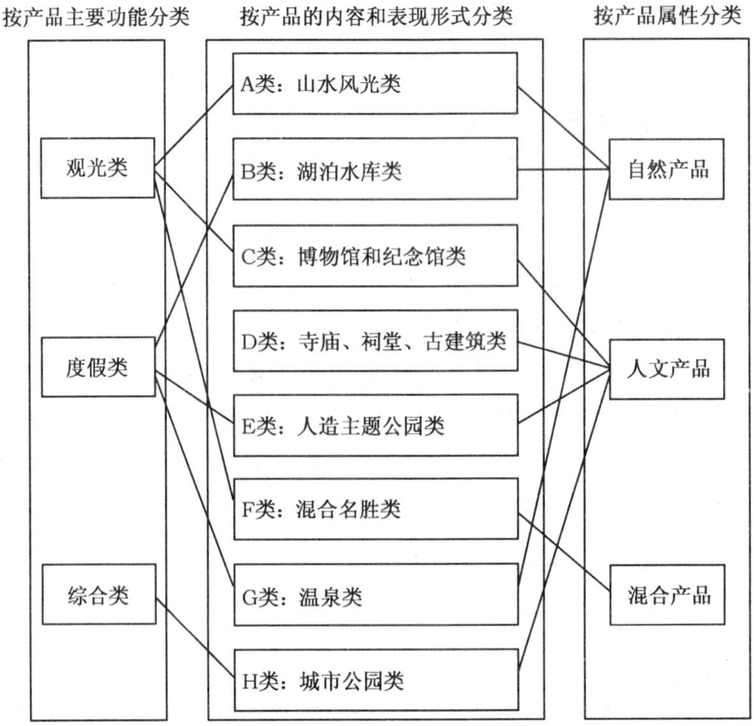

图 6—2　旅游产品的分类

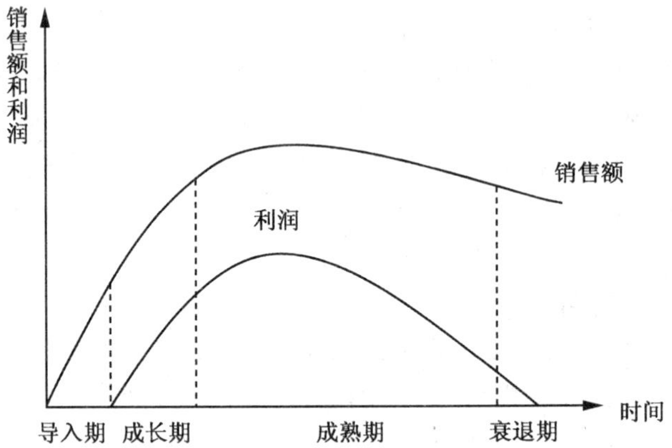

图 6—3　旅游产品生命周期曲线

任何一种产品包括旅游产品都有一个有限的生命周期，都会或早或晚被市场所淘汰。了解旅游产品的生命周期，有助于旅游目的地或旅游企业针对处于不同生命周期阶段的旅游产品所具有的特点做出相应的市场营销决策并及时进行产品的创新，促进旅游产品的更新换代；有助于旅游目的地或旅游企业采用各种营销活动以延长旅游产品的生命周期，延缓衰退期的到来，使旅游地在激烈的竞争中立于不败之地。

【课后阅读】

智慧旅游——旅游业的第二次革命

"智慧旅游"被称为旅游业的"二次革命",它是一种融合了通信与信息技术并以此为基础,以游客互动体验为中心,以一体化的行业信息管理为保障,服务于公众、企业、政府等,面向未来的全新的旅游形态。

"智慧旅游"就是利用云计算、物联网等新技术,通过互联网(移动互联网),借助便携的终端上网设备,主动感知旅游资源、经济、活动和旅游者等方面的信息并及时发布,让人们能够及时了解这些信息,及时安排和调整工作与旅游计划,从而达到对各类旅游信息的智能感知、方便利用的效果,通过便利的手段实现更加优质的服务。

智慧旅游有以下四个特点:

1. 全面物联——智能传感设备将旅游景点、文物古迹、城市公共设施物联成网,对旅游产业链上下游运行的核心系统实时感测。

2. 充分整合——实现全市景区、景点、酒店、交通等设施的物联网与互联网系统完全连接和融合,将数据整合为旅游资源核心数据库,提供智慧的旅游服务基础设施。

3. 协同运作——基于智慧的旅游服务基础设施,实现旅游产业链上下游各个关键系统和谐高效地协作,达成城市旅游系统运行的最佳状态。

4. 激励创新——鼓励政府、旅游企业和旅游者在智慧的旅游服务基础设施上进行科技、业务和商业模式的创新应用,为城市提供源源不断的发展动力。

在信息技术取得突破性进展的背景下,国外的旅游信息化建设正不断向纵深发展。近几年,智慧旅游和旅游资源物联网提出并兴起,一方面是旅游信息化已经进行到一定的程度,旅游行业各个领域的信息采集与存储具备了相当的规模,通过新技术的应用,积累的信息资源有可能集中发挥优势;另一方面,泛在网络与通信技术、传感器技术、RFID技术、云计算技术的发展,使得未来信息化呈现出新的发展方向和发展模式,旅游信息的精确采集、旅游信息资源化应用成为可能。

(资料来源:整理自网络。)

本章小结

旅游业是以旅游资源为依托,通过一定的旅游设施为旅游者创造便利条件,并提供旅游者所需商品和服务的综合性产业。旅游业是旅游的基本要素之一。本章介绍了旅游业的含义、构成、性质和特点,并简要介绍了作为旅游业重要组成部分的旅行社、饭店、旅游交通、旅游景区和旅游产品的含义、特点等。

思考与练习

1. 名词解释:旅游业、旅行社、旅游产品、旅游景点。
2. 试分析旅游业的性质。
3. 旅游业的特点有哪些?
4. 饭店等级评定标准所涉及的内容主要包括哪些方面?
5. 与独立经营的单体饭店相比,饭店连锁集团何以会有竞争优势?
6. 不同旅游交通方式的优缺点是什么?
7. 影响人们选择旅行方式的因素有哪些?

8. 旅游景区的主要类别有哪些?

9. 列举并解释旅游产品的特点。

10. 简述旅游产品的生命周期,谈谈旅游产品生命周期的特点。

附:

旅游饭店星级的划分与评定

1 范围

本标准规定了旅游饭店星级的划分条件、服务质量和运营规范要求。

本标准适用于正式营业的各种旅游饭店。

2 规范性引用文件

下列文件对于本文件的应用是必不可少的。凡是注日期的引用文件,仅注日期的版本适用于本文件,凡是不注日期的引用文件,其最新版本(包括所有的修改单)适用于本文件。

GB/T 16766 旅游业基础术语

GB/T 10001.1 标志用公共信息图形符号 第1部分:通用符号

GB/T 10001.2 标志用公共信息图形符号 第2部分:旅游设施与服务符号

GB/T 10001.4 标志用公共信息图形符号 第4部分:运动健身符号

GB/T 10001.9 标志用公共信息图形符号 第9部分:无障碍设施符号

GB/T 15566.8 公共信息导向系统 设置原则与要求 第8部分:宾馆和饭店

3 术语和定义

下列术语和定义适用于本标准。

3.1 旅游饭店(tourist hotel)

以间(套)夜为单位出租客房,以住宿服务为主,并提供商务、会议、休闲、度假等相应服务的住宿设施,按不同习惯可能也被称为宾馆、酒店、旅馆、旅社、宾舍、度假村、俱乐部、大厦、中心等。

4 星级划分及标志

4.1 用星的数量和颜色表示旅游饭店的星级。旅游饭店星级分为五个级别,即一星级、二星级、三星级、四星级、五星级(含白金五星级)。最低为一星级,最高为五星级。星级越高,表示饭店的等级越高。(为方便行文,“星级旅游饭店”简称为“星级饭店”。)

4.2 星级标志由长城与五角星图案构成,用一颗五角星表示一星级,两颗五角星表示二星级,三颗五角星表示三星级,四颗五角星表示四星级,五颗五角星表示五星级,五颗白金五角星表示白金五星级。

5 总则

5.1 星级饭店的建筑、附属设施设备、服务项目和运行管理应符合国家现行的安全、消防、卫生、环境保护、劳动合同等有关法律、法规和标准的规定与要求。

5.2 各星级划分的基本条件见附录A(略),各星级饭店应逐项达标。

5.3 星级饭店设备设施的位置、结构、数量、面积、功能、材质、设计、装饰等评价标准见附录B(略)。

5.4 星级饭店的服务质量、清洁卫生、维护保养等评价标准见附录C(略)。

5.5 一星级、二星级、三星级饭店是有限服务饭店,评定星级时应对饭店住宿产品进行重点评价;四星级和五星级(含白金五星级)饭店是完全服务饭店,评定星级时应对饭店产品进行全面评价。

5.6 倡导绿色设计、清洁生产、节能减排、绿色消费的理念。

5.7 星级饭店应增强突发事件应急处置能力，突发事件处置的应急预案应作为各星级饭店的必备条件。评定星级后，如饭店营运中发生重大安全责任事故，所属星级将被立即取消，相应星级标志不能继续使用。

5.8 评定星级时不应因为某一区域所有权或经营权的分离，或因为建筑物的分隔而区别对待，饭店内所有区域应达到同一星级的质量标准和管理要求。

5.9 饭店开业一年后可申请评定星级，经相应星级评定机构评定后，星级标志有效期为三年。三年期满后应进行重新评定。

6. 各星级划分条件

6.1 必备条件

6.1.1 必备项目检查表规定了各星级应具备的硬件设施和服务项目。评定检查时，逐项打“√”，确认达标后，再进入后续打分程序。

6.1.2 一星级必备项目见表A.1；二星级必备项目见表A.2；三星级必备项目见表A.3；四星级必备项目见表A.4；五星级必备项目见表A.5。

6.2 设施设备

6.2.1 设施设备的要求见附录B。总分600分。

6.2.2 一星级、二星级饭店不作要求，三星级、四星级、五星级饭店规定最低得分线：三星级220分，四星级320分，五星级420分。

6.3 饭店运营质量

6.3.1 饭店运营质量的要求见附录C。总分600分。

6.3.2 饭店运营质量的评价内容分为总体要求、前厅、客房、餐饮、其他、公共及后台区域6个大项。评分时按“优”、“良”、“中”、“差”打分并计算得分率。公式为：得分率＝该项实际得分/该项标准总分×100％。

6.3.3 一星级、二星级饭店不作要求。三星级、四星级、五星级饭店规定最低得分率：三星级70％，四星级80％，五星级85％。

6.3.4 如饭店不具备表C.1中带“*”的项目，统计得分率时应在分母中去掉该项分值。

7. 服务质量总体要求

7.1 服务基本原则

7.1.1 对宾客礼貌、热情、亲切、友好，一视同仁。

7.1.2 密切关注并尽量满足宾客的需求，高效率地完成对客服务。

7.1.3 遵守国家法律法规，保护宾客的合法权益。

7.1.4 尊重宾客的信仰与风俗习惯，不损害民族尊严。

7.2 服务基本要求

7.2.1 员工仪容仪表应达到：

a)遵守饭店的仪容仪表规范，端庄、大方、整洁；

b)着工装、佩工牌上岗；

c)服务过程中表情自然、亲切、热情、适度，提倡微笑服务。

7.2.2 员工言行举止应达到：

a)语言文明、简洁、清晰，符合礼仪规范；

b)站、坐、行姿符合各岗位的规范与要求,主动服务,有职业风范;

c)以协调适宜的自然语言和身体语言对客服务,使宾客感到尊重舒适;

d)对宾客提出的问题应予耐心解释,不推诿和应付。

7.2.3　员工业务能力与技能应达到掌握相应的业务知识和服务技能,并能熟练运用。

8　管理要求

8.1　应有员工手册。

8.2　应有饭店组织机构图和部门组织机构图。

8.3　应有完善的规章制度、服务标准、管理规范和操作程序。一项完整的饭店管理规范包括规范的名称、目的、管理职责、项目运作规程(具体包括执行层级、管理对象、方式与频率、管理工作内容)、管理分工、管理程序与考核指标等项目。各项管理规范应适时更新,并保留更新记录。

8.4　应有完善的部门化运作规范,包括管理人员岗位工作说明书、管理人员工作关系表、管理人员工作项目核检表、专门的质量管理文件、工作用表和质量管理记录等内容。

8.5　应有服务和专业技术人员岗位工作说明书,对服务和专业技术人员的岗位要求、任职条件、班次、接受指令与协调渠道、主要工作职责等内容进行书面说明。

8.6　应有服务项目、程序与标准说明书,对每一个服务项目完成的目标、为完成该目标所需要经过的程序,以及各个程序的质量标准进行说明。

8.7　对国家和地方主管部门和强制性标准所要求的特定岗位的技术工作如锅炉、强弱电、消防、食品加工与制作等,应有相应的工作技术标准的书面说明,相应岗位的从业人员应知晓并熟练操作。

8.8　应有其他可以证明饭店质量管理水平的证书或文件。

9　安全管理要求

9.1　星级饭店应取得消防等方面的安全许可,确保消防设施的完好和有效运行。

9.2　水、电、气、油、压力容器、管线等设施设备应安全有效运行。

9.3　应严格执行安全管理防控制度,确保安全监控设备的有效运行及人员的责任到位。

9.4　应注重食品加工流程的卫生管理,保证食品安全。

9.5　应制订和完善地震、火灾、食品卫生、公共卫生、治安事件、设施设备突发故障等各项突发事件应急预案。

10　其他

对于以住宿为主营业务,建筑与装修风格独特,拥有独特客户群体,管理和服务特色鲜明,且业内知名度较高旅游饭店的星级评定,可参照五星级的要求。

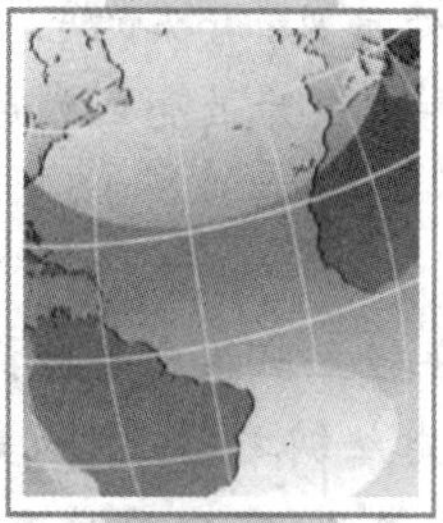

第七章 旅游市场

学习目标

通过学习本章，掌握旅游市场的概念、构成要素；旅游市场进行划分的意义、方法和标准以及旅游市场的特点。了解全球旅游市场的发展趋势和影响因素，以及国际旅游市场客流规律。熟悉中国入境旅游市场的发展规模与结构，主要海外客源市场，以及中国旅游业在国际市场竞争中的问题。熟悉中国国内旅游市场的发展规模、特点以及趋势。熟悉中国出境旅游市场发展的基本状况，中国出境旅游市场的特点及发展前景。

教学内容

1. 旅游市场的三个概念
2. 旅游市场的四个构成要素
3. 旅游市场细分的意义、方法和标准
4. 旅游市场的特点
5. 全球旅游发展趋势与影响因素
6. 国际旅游市场客流规律
7. 中国三大旅游市场发展趋势和特征

【案例导入】

体验中心——成都拓展入境旅游的“桥头堡”

一、境外掀起“成都热”

宽窄巷子的工夫茶、西岭雪山最温暖的南国滑雪场、安仁古镇的民国风情、熊猫邮局的明信片……近日，国家旅游局在香港和澳门举办“美丽中国——2016 内地旅游(港澳)嘉年华”系列活动。活动期间，成都向境内外嘉宾和港澳民众展示了成都丰富的生态旅游资源和厚重的文化底蕴，引得业界人士和观展嘉宾赞叹不已。

在俄罗斯的营销推广活动中，为了让俄罗斯朋友更加深刻地认识现代化的成都，本次推广活动特别安排在莫斯科国立语言大学孔子学院。活动现场，憨态可掬的“大熊猫”向俄罗斯市民分发资料和礼物，让大家零距离感受到成都文化的魅力。在莫斯科国立语言大学，成都旅游境外营销团向在校师生介绍了成都的文化历史和旅游资源。这些内容尤其受到该校孔子学院学生的热烈欢迎。学习汉语的俄罗斯学生本就对中国文化情有独钟，他们纷纷表示，借着直飞航线的恢复，今年一定要去熊猫故乡和世界美食之都走走看看。

作为“成都旅游文化周”活动的重要内容，成都旅游推介会在韩国首尔喜来登华克山庄举行。当晚，来自中韩的旅游企业代表、业界专家和媒体代表欢聚一堂。精彩的表演在活动现场掀起了一波又一波高潮，尤其当川剧绝活“变脸”和“吐火”上演时，台下响起的掌声久久不绝。在韩国首尔，无论是机场、广场、购物中心等人流汇集地，还是城市的大街小巷里，包括大熊猫、宽窄巷子、武侯祠、太古里、安仁古镇、成都小吃等在内的各种成都元素随处可见；街头的巴士更是“穿”上了“成都熊猫装”，憨态可掬的大熊猫随着大巴车穿梭于首尔街头，成为最亮丽的风景线……

二、体验中心成载体

根据香港市场的特点，成都旅游（香港）体验中心正式运营后，在港澳年轻上班族中着力提升丝路游、休闲游和特色城市游的知名度和影响力，吸引更多的港澳同胞走丝绸之路，体验美丽中国、美丽成都。该体验中心首期在澳港两地推出了 4 条全新旅游线路产品，突出了时尚、动感、休闲、自驾等旅游元素。

有别于香港市场，成都—莫斯科直航航线去年刚刚开通，2015 年来蓉的俄罗斯游客不及香港游客数的 5%。因此，针对俄罗斯的营销以文化和品牌为主。正是在这样的思路下，成都旅游（莫斯科）体验中心被设在当地最大、最知名的中餐厅——阳光会馆，“成都美食周”也在体验中心挂牌仪式之后开启。回锅肉、宫保鸡丁、麻婆豆腐、水煮鱼、钵钵鸡等上百种地道川菜征服了俄罗斯民众的味蕾。“以‘美食’为主题推广宣传成都，旨在让俄罗斯民众从味觉开始恋上成都，回味成都。”成都市文旅集团相关人士透露，“成都—莫斯科直航航线恢复后将成为两地旅游业加快互动发展的重要契机。”

在成都旅游（首尔）体验中心里，不仅有详尽的旅游线路规划，还有丰富多样的产品选择，韩国游客在这里就可以把成都旅游资讯“一网打尽”。据了解，四川的美食文化和三国文化是开馆初期的展示重点；下一步，成都市将根据季节的变换，适时更换推介主题，向韩国游客陆续推出“秋天的童话”“滋补美食温泉游”“春季赏花游”等系列旅游产品线路。

以上三地的旅游体验中心只是成都市加快境外营销步伐的开始。据透露，今年内，成都还将陆续在美国、澳大利亚、日本、中国台湾等国家和地区设立成都旅游体验中心。

（资料来源：白骅，《中国旅游报》，2016 年 6 月 3 日。）

阅读上述案例后，请思考：成都作为一个旅游目的地，如何在竞争激烈的旅游市场中脱颖而出？针对不同的目标市场，成都采取了哪些不同的营销措施？

第一节　旅游市场概述

市场是社会生产力发展到一定阶段的产物，它随着商品经济的发展而发展。旅游市场是整个商品市场的一个组成部分，是在商品经济条件下随着旅游活动的发展而形成和发展起来的，在现代市场经济条件下，它已发展成为具有全球规模的世界性大市场。对旅游市场进行研究，分析其构成和特点，认识世界旅游市场和中国旅游市场，是组织旅游活动和开展旅游业的需要，也是旅游学研究的任务。

一、旅游市场的概念和构成要素

（一）旅游市场的概念

旅游市场的概念可以从三个方面进行阐述：

1. 有形交换地点概念

旅游市场是旅游产品和服务交换和消费的场所，即在一定的空间和时间范围内，旅游者和旅游供给者双方进行旅游产品交易的有形地点。自从有了旅游交换活动，就出现了旅游市场。哪里有旅游产品的交换，哪里就有旅游市场。旅游市场是人类旅游活动发展到一定程度的产物。

2. 无形交换关系概念

旅游市场是旅游产品买卖双方以及旅游中间商之间交换现象和交换关系的总和。随着大众旅游时代的到来，旅游已经成为许多人的生活必需品和生活方式，促使旅游市场高度发展，旅游产品交换日益频繁和广泛。高新技术在旅游业中的应用，使旅游产品的交换打破了地理空间和时间的限制，交换现象日益普遍，交换关系日渐复杂。在这种形势下，新的旅游市场概念应运而生，即"旅游市场是供需双方以及中间商之间以各自的经济利益为纽带，为实现旅游产品让渡的交换现象和交换关系的总和"。这一概念展现了旅游经济高度发展状况下的无形旅游市场。

3. 旅游消费者群体概念

旅游市场就是指在一定的时间和地点条件下，具有旅游购买能力、旅游愿望和旅游购买权利的消费者群体。市场营销通常是站在旅游供给方的角度去研究旅游需求方的管理活动，即研究旅游者有哪些需求和在哪里有需求，如何通过市场营销去适应、满足和扩大旅游者的需求。因此，我们所面对的千千万万旅游者构成了旅游市场。将旅游者群体视为旅游市场，是以消费者为导向、站在顾客的角度去认识旅游市场的一种新理念。

（二）旅游市场的构成要素

综上所述，旅游市场是一个复杂的体系，主要由如下四个要素构成：

1. 旅游者

旅游者是旅游市场上的主体。没有旅游者，旅游市场就失去存在的基础。旅游者包括个体旅游者和团体旅游者两类：个体旅游者是指旅游者个人、小组成员和家庭成员；团体旅游者是指各类社会组织，如工商企业、政府机构、群众团体等。旅游市场大小与该市场上人口数量的多少有密切的关系，一个国家或地区总人口多，则潜在的旅游者就多，需要旅游产品的基数就大，因此，人口的多少反映了旅游产品潜在市场的大小。

2. 旅游购买力

旅游购买力是指消费者支付货币商品和劳务的能力。购买力的高低通常由消费者的收入水平决定。旅游是文化性、享受性的高消费产品，只有当消费者及其家庭解决了温饱问题，家庭收入达到一定水平，才有可能进行旅游消费。决定旅游购买力高低的主要因素有两个：

(1)个人可自由支配收入。个人可自由支配收入是指居民个人在一定时期内的全部收入，在扣除社会花费(个人所得税、健康和人寿保险、老年退休的预支、失业补贴的预支等)和日常生活必需消费(衣、食、住、行等)以及预防意外开支的储蓄(突发事故所需费用)之后，剩下的收入部分。个人可自由支配收入与一个国家或地区的经济发展水平呈正相关关系。

(2)闲暇时间。人们购买旅游产品不但需要金钱，还需要时间。与可自由支配的收入一样，闲暇时间的多少也是一个国家或地区发达程度的标志和象征。

闲暇时间与一个国家或地区的经济发展水平呈正相关关系。

3. 旅游愿望

旅游者是由于各种因素所驱动而产生对旅游产品的购买动机和购买愿望的。当人们有某种旅游需要时，才会产生旅游动机和旅游欲望，而后才会产生旅游购买行为。一个人在金钱和时间两个客观条件具备的情况下，还必须具有外出旅游的主观愿望；否则，旅游市场是无法形成的。

4. 旅游购买权利

旅游购买权利是指旅游者在购买旅游产品时不受某种法律、制度、政治等因素的限制。如果受到这些因素的限制，旅游者对旅游产品就不具备购买权利。例如，出境旅游所需的护照、签证等，都会剥夺旅游者对某种旅游产品的购买权利，形成旅游的障碍。

二、旅游市场细分

（一）旅游市场细分的概念和意义

市场细分是在20世纪50年代由美国经济学家提出的。所谓市场细分，是指将一个整体市场按照消费者的某种或某些特点，将其分解或划分为不同的消费者群的过程。作为这一划分过程的结果，所划分出来的每一个消费者群便是一个市场部分，通常称之为细分市场。因此，旅游市场细分化，就是旅游目的地或旅游企业根据旅游者明显不同的需求特征，将整个旅游市场划分成若干旅游者群（细分市场）的过程。旅游细分市场，是由一群具有共同特征、需求、购买行为或消费形态的旅游者组成的。例如，居住在上海的休闲旅游者就是一个具有某些消费共性的群体，这个群体中的顾客会对某一特定的旅游服务产品表现出偏好。

对于大多数旅游目的地和旅游企业来说，对整个旅游市场进行细分有着多方面的意义。一般地讲，主要表现在以下三个方面：

1. 有利于选定理想的目标客源市场

旅游目的地和旅游企业通过对整体旅游市场进行细分，便于分析各个细分市场的需求特点和购买潜力，从而可以根据自己的旅游供给实力或经营能力，有效地选定适合自己经营的目标市场。

2. 有利于有针对性地开发产品

旅游目的地和旅游企业在选定目标客源市场的基础上，便可以根据这些目标消费者人群的需要，开发对路的旅游产品。这样不仅可避免因盲目开发产品而造成的失误和浪费，而且为使顾客感到满意提供了基本保证。总之，只有做到产品对路，才能实现产品适销。

3. 有利于有针对性地开展促销

对于旅游目的地和旅游企业的成功经营，促销工作毫无疑问是非常重要的。因为再好的旅游产品如果不为旅游消费者所知晓和了解，则无异于该产品客观上不存在。但是，无论是一个旅游目的地还是一个旅游企业，其营销经费都是有限的。因此，如何利用有限的促销预算获取最大的促销成效，也就成了旅游经营工作中一项重要而现实的课题。针对目标市场开展促销不仅可以避免因盲目促销而造成的浪费，而且有助于提高促销的成效。

（二）旅游市场细分的方法

旅游市场由旅游产品的购买者或有支付能力的旅游消费者所构成。在这些不同的旅游消费者中，有些人往往会有某些可以辨认的相同特点或共同之处。这些共同特点或共同之处也便成为旅游目的地或旅游企业对旅游市场进行划分的依据或标准。

可用于对旅游市场进行划分的依据很多，因而不同的旅游目的地，特别是不同的旅游企业，往往都会根据自己的情况和需要，选用对自己的营销工作具有实际意义的划分依据。根据国内外的相关研究和经营实践，旅游市场细分的全标准一般可概括为四大类，即地理环境因素、旅游消费者特征、需求或购买行为特点以及旅游消费者的心理特点。作为旅游学的基础读物，这里仅就最为常见的旅游市场划分方法简述如下：

1. 按地理环境因素细分

所谓按地理环境因素进行市场细分，是指旅游目的地或企业按照旅游者所在的地理位置来细分旅游市场，以便旅游目的地或企业从地域的角度研究各细分市场的特征。该划分方法要求把市场划分为不同的地理区域单位，如按区域、国家、地区、城市、乡村、气候、空间距离等，将旅游市场分为不同的细分市场。其主要理论根据是：处于不同地理位置的旅游者，对旅游目的地或企业的产品各有不同的需要和偏好，对旅游目的地或企业所采取的市场营销战略、市场营销策略也各有不同的反应。按地理区域进行市场细分主要有以下几种具体形式：

(1)按主要地区细分。世界旅游组织(WTO)将国际旅游市场划分为六大区域，即欧洲区、美洲区、东亚及太平洋区、南亚区、中东区、非洲区。据有关统计，欧洲和北美出国旅游者及所接待的国际旅游者人数最多，国际旅游收入也最高。而近年来，旅游业发展和增长最快的地区则是东亚及太平洋地区。

(2)按国家、地区细分。这是旅游业最常用的一个细分标准。通过把旅游者按其国别进行划分，有利于旅游地或旅游企业了解主要客源国市场情况，从而针对特定客源国市场的需求特性，制定相应的市场营销策略，从而提高市场营销效果。

(3)按气候细分。各地气候的不同会影响旅游产品的消费，影响旅游者的流向。从国际旅游市场看，凡气候寒冷、缺少阳光的地区的旅游者一般趋向于到阳光充足的温暖地区旅游。这也是地中海地区、加勒比海地区旅游业发达的主要原因。根据气候特点的不同，企业可以把旅游市场细分为热带旅游区、亚热带旅游区、温带旅游区、寒带旅游区等。

(4)按人口密度细分。可以将旅游市场细分为都市、郊区、乡村等。

2. 按旅游消费者的某些特征细分

比较常用的这类依据或标准包括：

(1)按人口特征，如年龄、性别、职业、收入、教育、宗教、种族、民族等来细分市场。人口特征向来是细分市场的重要基础，旅游者的消费欲望、兴趣爱好和旅游率往往是与人口特征有因果关系的。

(2)按游客前来访问的目的，分为消遣旅游市场、商务旅游市场、会议旅游市场、奖励旅游市场、特殊兴趣旅游市场等。

(3)按游客来访的旅行方式，分为航空来访者市场、游船来访者市场、自驾车旅游市场等。

(4)按来访游客的活动形式，分为团体旅游市场、散客旅游市场等。

以这类依据或标准对旅游市场进行划分很大程度上是一种侧重于战术上的划分，一般都是在已经确定了目标地域客源市场的情况下，用于对来自该市场地域的消费者人群作进一步细分。这主要是因为，某一地理区域内的人口不大可能都能成为某一旅游产品的购买者。因此，旅游营销者往往需要使用某些更为详细和确切的依据或标准对来自目标地域的旅游消费者作深入细分，以提高旅游市场营销工作的针对性。

一般地讲，当站在旅游目的地立场去划分旅游市场时，通常多是以地理因素为依据的。对于微观层次上的旅游企业来说，则更宜依据旅游消费者的某些技术特征对客源市场进行细分。而针对需求或购买行为特点以及旅游消费者的心理特点进行细分，目前国内旅游市场开展不多，在此不作阐述。

(三)旅游市场细分的标准

1. 细分市场具有可衡量性

细分市场的需求特征、购买行为等要能被明显地区分开来，细分市场的规模和购买力大小等能被具体测度。

2. 细分市场具有可进入性

细分市场要求通过有效的促销手段能够与个体购买者方便地沟通信息，而且这些购买者易于购买。

3. 细分市场具有规模性

细分市场要有足够的交易量维持旅游企业的运营。

4. 细分市场具有可持续性

细分市场如果不稳定，已制定的营销策略会很快失效，造成资源浪费和旅游企业营销活动前后脱节。

5. 细分市场具有可操作性

要考虑对细分市场实施市场营销组合时是否会有障碍。要确保目标市场能够有正确的产品定位和具有可进入性，目的性的相关信息能满足旅游者需求，能刺激细分市场顾客的购买欲望和购买行为。

6. 细分市场具有抗风险性

如果竞争对手也定位于同样的目标市场，要确保具有竞争优势，细分市场不受竞争对手所采取的行动影响。

三、旅游市场的特点

（一）全球性

旅游市场是由全球范围的旅游需求与旅游供给组成的，有全球性的特征。市场对产品的选择有全球性的自由，不受地域、政治、民族局限等的限制。旅游地的接待对象无民族、无国界之分，旅游者的旅游活动也不受地方和国界的束缚。

（二）波动性

旅游业作为一种综合性社会经济现象，它影响和被影响的因素几乎涉及整个社会的方方面面。许多社会因素都可能对旅游需求以及旅游地产生很大的影响。而且这种影响常常是全球关联的作用。战争、政治风波、治安、民族歧视、经济水平、海关手续的繁简、出入境制度、汇率、旅游服务的价格等，都可能导致旅游市场的关联性的波动甚至变局，既可能引起旅游流向的变化，也可能引起市场结构的变化，还可能引起消费结构的变化。

（三）季节性

旅游市场受自然条件及旅游者闲暇时间等因素的影响，季节性十分明显，有旺季和淡季之分，这就要求旅游经营者采取一些行之有效的政策和措施，调节旅游客流量，相对缩短淡旺季之间的差距，使旅游业协调发展。

（四）多样性

旅游市场的多样性主要体现在以下几个方面：首先，旅游者的需求具有多样性。在大众旅游时代，旅游者的构成多种多样，其需求也千差万别。其次，旅游购买形式多样化，有团体包价旅游、半包价旅游、小包价旅游、散客旅游等多种形式。再次，旅游产品多样化，由于旅游者的需求多种多样，这就决定了旅游产品必须多样化，才能满足旅游者的不同需求。

第二节　全球旅游市场基本状况

一、全球旅游市场概况

（一）全球旅游人数和旅游收入发展趋势

现代全球旅游业从第二次世界大战之后开始蓬勃发展，半个多世纪以来，全球旅游人数与旅游收入呈现出持续增长的趋势。国际旅游人次（过夜游客数）从 1990 年 4.35 亿人次，增长到 2014 年 11.33 亿人次，国际旅游收入从 1990 年 2 710 亿美元增长到 2014 年 12 450 亿美元，详情见表 7－1。

同时，根据世界旅游组织长期预测报告《旅游走向 2030 年》（*Tourism Towards 2030*），全球范围内国际游客到访量从 2010 年到 2030 年，将以年均 3.3%的速度持续增长，到 2030 年将达到 18 亿人次。

表 7－1　　1990～2014 年国际旅游人数和旅游收入　　单位：百万人次；十亿美元

年份	国际旅游人次（过夜）	国际收入
1990	435	271
1995	528	415
2000	674	795
2005	809	703
2006	855	768
2007	911	885
2008	928	970
2009	891	885
2010	949	966
2011	997	1 081
2012	1 038	1 116
2013	1 087	1 197
2014	1 133	1 254

数据来源：《2015 全球旅游报告》。

（二）全球五大区域旅游市场的现状及发展趋势

根据各个地区的经济、文化、交通、地理、旅游者流向与流量等因素，世界旅游组织将全球旅游市场划分为六大区域市场，本书在此将南亚市场与东亚及太平洋市场合并为亚洲及太平洋市场，划分为五大区域市场，其他四个市场分别是欧洲市场、美洲市场、中东市场、非洲市场。表 7－2 反映了近几十年来五大区域旅游市场在接待人数方面的基本情况。表 7－3 反映了五大区域旅游市场在国际旅游收入方面的基本情况。

表 7—2 世界五大旅游市场接待国际旅游者（过夜游客）占比 单位：%

	1990 年	1995 年	2000 年	2005 年	2010 年	2013 年	2014 年	2005～2014 年接待人次年均增长率
欧洲	60.1	57.8	57.3	56	51.5	52.1	51.4	2.8
亚洲及太平洋	12.8	15.6	16.4	19	21.6	23	23.2	6.1
美洲	21.3	20.7	19.0	16.5	15.8	15.4	16.0	3.5
非洲	3.4	3.5	3.9	4.3	5.2	5	4.9	5.4
中东	2.2	2.4	3.3	4.2	5.8	4.5	4.5	4.7

数据来源：《2015 全球旅游报告》。

表 7—3 世界五大旅游市场国际旅游收入占比 单位：%

	1986 年	1991 年	1996 年	2000 年	2014 年
欧洲	56.3	52.6	50.7	48.6	40.9
亚洲及太平洋	13.1	16.4	20.4	18.4	30.3
美洲	26.9	28.6	29.1	28.7	22.0
非洲	2.1	1.7	1.8	2.3	2.9
中东	3.6	1.7	2.0	2.0	4.0

数据来源：《2015 全球旅游报告》和世界旅游组织（WTO）。

通过观察表 7—2 和表 7—3 的统计数据，不难发现，无论是从国际旅游接待量方面来比较，还是从国际旅游收入额的角度来衡量，欧洲都占据首要位置。以 2014 年为例，欧洲的国际旅游接待量和国际旅游收入额分别占全球总量的 51.4%和 40.9%。这说明欧洲是当今世界上接待国际旅游的中心地区，也是世界上国际旅游业最发达的地区。其次是亚洲及太平洋地区，在 2014 年其国际旅游接待量和国际旅游收入额分别占全球总量的 23.2%和 30.3%，均列第二位。居第三位的是美洲地区，在 2014 年其国际旅游接待量和国际旅游收入额分别占全球总量的 16.0%和 22.0%。其余不多的市场份额被非洲和中东地区分享。

欧洲地区虽然一直保持领先地位，但其市场份额出现了持续下滑的趋势，其国际旅游接待量占全球总量的比例由 1990 年 60.1%下降到 2014 年 51.4%，其国际旅游收入占全球总量的比例由 1986 年的 56.3%下降到 2014 年 40.9%。欧洲地区 2005 年至 2014 年接待国际旅游者人次年均增长 2.8%，在五大区域旅游市场中最低。近三十多年来，在国际旅游市场中最明显的趋势便是亚洲和太平洋地区的崛起，亚洲及太平洋地区的国际旅游接待量和国际旅游收入市场份额的变化尤其令人瞩目，其国际旅游接待量占全球总量的比例由 1990 年的 12.8%上升到 2014 年的 23.2%，其国际旅游收入占全球总量的比例由 1986 年的 13.1%上升到 2014 年 30.3%，并在 20 世纪 90 年代，其国际旅游接待量和国际旅游收入占全球总量的比例一举超过美洲地区，跃居世界第二。亚洲及太平洋地区 2005 年至 2014 年接待国际旅游者人次年均增长 6.1%，在五大区域旅游市场中最高。同欧洲地区一样，美洲地区市场份额出现了持续下滑的趋势，其国际旅游接待量占全球总量的比例由 1990 年的 21.3%下降到 2014 年的 16.0%，其国际旅游收入占全球总量的比例由 1986 年的 26.9%下降到 2014 年的 22.0%。美洲地区 2005 年至 2014 年接待国际旅游者人次年均增长 3.5%。上述数字显示，与进入 21 世纪之前的情况相比，全世界国际旅游客流分布格局的最大变化在于，欧—美—亚太“三足鼎立”

的传统格局已经为欧—亚太—美“三足鼎立”的新格局所取代。非洲和中东地区国际旅游市场份额相对稳定，2005 年至 2014 年接待国际旅游者人次年均增长率分别为 5.4%和 4.7%。

表 7—4 显示了 1980 年到 2030 年区域旅游发展前景。欧洲市场预计在 2030 年接待国际旅游者将达到 7.44 亿人次，2010 年至 2030 年年均增长率为 2.3%，到 2030 年占全球旅游市场份额的 41.1%。在 2030 年欧洲市场仍将占据首要位置，但其市场份额会持续降低。亚洲及太平洋市场预计在 2030 年接待国际旅游者将达到 5.35 亿人次，2010 年至 2030 年年均增长率为 4.9%，到 2030 年占全球旅游市场份额的 29.6%。由此可见，亚洲及太平洋市场会持续保持强劲的增长势头。美洲市场预计在 2030 年接待国际旅游者将达到 2.48 亿人次，2010 年至 2030 年年均增长率为 2.6%，到 2030 年占全球旅游市场份额的 13.7%。同欧洲市场一样，美洲市场接待国际旅游者的全球市场份额也会进一步下降。非洲市场预计在 2030 年接待国际旅游者将达到 1.34 亿人次，2010 年至 2030 年年均增长率为 5.0%，到 2030 年占全球旅游市场份额的 7.4%。中东市场预计在 2030 年接待国际旅游者将达到 1.49 亿人次，2010 年至 2030 年年均增长率为 4.6%，到 2030 年占全球旅游市场份额的 8.2%。在 2010 年至 2030 年间，非洲和中东市场相对而言将保持较高速度的增长率，相应的市场份额也有所提高。

表 7—4　　1980～2030 年区域旅游发展前景

	国际游客到访量（百万人次）					2010～2030 年年均增长率（%）	2030 年市场份额
	实际值			预测值			
	1980 年	1995 年	2010 年	2020 年	2030 年		
世界	277	528	949	1 360	1 809	3.3	100
欧洲	177.3	304.1	475.3	620	744	2.3	41.1
亚洲及太平洋	22.8	82.0	204.0	355	535	4.9	29.6
美洲	62.3	109.0	149.7	199	248	2.6	13.7
非洲	7.2	18.9	50.3	85	134	5.0	7.4
中东	7.1	13.7	60.9	101	149	4.6	8.2

数据来源：《2015 全球旅游报告》；国际游客到访量为入境过夜游客数。

（三）世界前十大旅游目的地

表 7—5 给出了 2014 年世界前十大国际游客到访量目的地。排名前三位的旅游目的地分别是法国、美国和西班牙，在 2014 年分别接待了 8 370 万人次、7 480 万人次和 6 500 万人次的国际旅游者。中国排名第四位，在 2014 年接待了 5 560 万人次的国际旅游者。排名第五至第十位的旅游目的地分别是意大利、土耳其、德国、英国、俄罗斯和墨西哥。

表 7—5　　世界前十大国际游客到访量目的地

排名	国家和地区	2014 年接待国际游客数量（百万人次）
1	法国	83.7
2	美国	74.8
3	西班牙	65.0
4	中国	55.6

续表

排名	国家和地区	2014 年接待国际游客数量(百万人次)
5	意大利	48.6
6	土耳其	39.8
7	德国	33.0
8	英国	32.6
9	俄罗斯	29.8
10	墨西哥	29.1

数据来源:世界旅游组织(WTO);数据为入境过夜游客数。

表 7—6 显示了 2014 年世界前十大国际旅游收入目的地,美国以 1 772 亿美元排名世界第一。西班牙紧随其后,在 2014 年获得国际旅游收入 652 亿美元。中国排名第三,获得 569 亿美元的国际旅游收入。中国澳门和香港特别行政区,跻身全球旅游收入前十,分别以 508 亿美元和 384 亿美元列居第五和第十。其他跻身全球旅游收入前十的旅游目的地分别是法国、意大利、英国、德国和泰国。

表 7—6　　世界前十大国际旅游收入目的地

排名	国家和地区	2014 年国际旅游收入(十亿美元)
1	美国	177.2
2	西班牙	65.2
3	中国	56.9
4	法国	55.4
5	中国澳门	50.8
6	意大利	45.5
7	英国	45.3
8	德国	43.3
9	泰国	38.4
10	中国香港	38.4

数据来源:世界旅游组织(WTO)。

(四)世界前十大旅游花费国

表 7—7 给出了 2014 年世界前十大旅游花费国的数据,中国、美国和德国分别以 1 649 亿美元、1 108 亿美元和 922 亿美元成为世界国际旅游花费最多的三个国家。排名第四位到第十位的国家分别是英国、俄罗斯、法国、加拿大、意大利、澳大利亚和巴西。

根据表 7—7 的统计数据,可以计算出在 2014 年全球 12 450 亿美元的国际旅游支出中,上述十个国家的支出额约占总量的 51%。这在一定程度上意味着当年世界大约 51%的国际旅游客源是产自这十个国家。

表 7—7　　**2014 年世界前十大旅游花费国**

排名	国家	国际旅游花费(亿美元)	占世界国际旅游花费的比重(%)
1	中国	1 649	13.2
2	美国	1 108	8.9
3	德国	922	7.4
4	英国	576	4.6
5	俄罗斯	504	4.0
6	法国	478	3.8
7	加拿大	338	2.7
8	意大利	288	2.3
9	澳大利亚	263	2.1
10	巴西	256	2.1

数据来源:《2015 全球旅游报告》。

二、全球旅游市场发展的影响因素

(一)经济方面

1. 世界经济全球化

世界经济全球化是生产能力存量在全球范围内的转移活动,这种世界各国经济在生产、分配、交换和消费环境的全球化趋势是不可逆转的。各国加快开放和融入世界经济体系的步伐,各个地区的旅游业也进入了世界这个大市场中。旅游业作为一个新兴的产业,在世界经济发展中将发挥越来越重要的作用。

2. 世界范围内的消费需求持续增长

全球经济形势进一步改善,世界经济继续保持增长趋势,人们的消费需求也将持续上涨。人们对物质消费品的需求呈现下降趋势,对于服务产品的消费呈现增长趋势。目前发达国家已经进入了体验经济时代,旅游业与体验更是密不可分,旅游消费需求将呈现持续上涨的趋势。

(二)社会文化方面

1. 人们受教育水平普遍提高及新的工作形式的出现

随着文化水平的提高,人们对待生活的态度发生了巨大变化,更加追求亲近自然和丰富心灵的旅游经历。与此同时,越来越多的人将告别传统的工作方式,而采取弹性化的工作方式,这将使旅游人数和人们的出游频率大大增加,世界旅游市场规模不断扩大。

2. 世界城市化发展趋势以及人们对可持续发展的重视

随着世界城市化趋势加快,现代都市人期望从繁杂喧嚣、严重污染中得以暂时的解脱,期望回归大自然、享受大自然,对于旅游环境也越来越重视。这为乡村旅游和生态旅游的发展提供了客源基础。

3. 对旅游安全因素的重视

近年来恐怖事件频繁发生,在一定程度上影响着出入境旅游人数和旅游收入,同时还对人们外出旅行的方式、旅游目的地和旅游交通工具的选择都带来了相应的影响。疾病的传播,如

2003 年 SARS 在世界范围内的广泛传播对旅游业构成了严重的威胁，使人们产生恐惧心理，在一定程度上制约了旅游市场的发展。

4. 人口老龄化趋势

随着人口平均寿命的延长，许多国家都进入了老年型社会。国际上的现代老人是一个有金钱、有时间、健康、活跃的阶层，很多老年人都有强烈的旅游欲望，“银色”旅游市场将会不断扩大。

（三）科学技术方面

1. 信息技术的普及

信息技术的发展从根本上影响了旅游市场的营销方式，游客和旅游业都越来越多地使用互联网。互联网越来越多地被用于查找、预订、支付、促销旅游产品，这对旅游业的扩展有巨大的帮助，促使旅游市场不断走向一体化。

2. 先进的交通工具和设备的出现

随着科学技术的进步，更迅速、更安全、更舒适的交通工具正在不断地出现，这使人们外出旅游更加方便，而且特殊的交通工具和设备也为那些必须有先进设备才能够进行的难度较大的探险旅游和太空旅游提供了条件。

三、国际旅游市场客流规律与发展趋势

（一）旅游市场客源流向由近及远，以近距离旅游为主

2014 年中国接待入境游客 2 636.08 万人次，其中亚洲入境游客 1 633.13 万人次，占总入境游客数的 61.95%。旅游者大多在近距离内流动已是一种规律，其原因有：距离近、时间短、花费低；风俗习惯和文化传统接近，旅程中障碍较少；交通便利；很多国家，例如欧盟国家，针对邻国居民制定了简化出入境手续的政策等。

（二）旅游市场主要源于经济发达国家和地区

一般情况是，经济越发达的国家和地区旅游市场潜力越大，旅游需求越旺盛，这些国家和地区成为主要的旅游客源市场。这个现象的形成有以下几点原因：经济发达国家或地区经济发展水平高、人均收入高、带薪假期长；因公、因商或会议旅游机会多；具有现代化交通运输系统和先进的通信工具与信息网络等。

（三）国际旅游市场的重心将向亚太地区转移

由于历史的原因和交通条件的限制，过去国际旅游者的流向与流量主要集中在欧洲和北美地区，但自 20 世纪 90 年代以来，国际旅游者开始向亚太地区转移。例如，在 1990 年亚太地区接待国际旅游人次为 0.56 亿人次，占全球国际旅游总人次的 12.83%；2014 年亚太地区接待国际旅游人次达到 2.63 亿人次，占全球国际旅游总人次的 23.24%；预计到 2030 年，亚太地区全球总旅客量比例将增加至 30%，达到 5.35 亿人次。主要原因是：欧洲和北美旅游市场已趋于饱和，而亚太地区保存着大量风格独特的历史文化遗产和自然旅游资源；近 30 多年来，亚太地区经济迅速发展，人民生活水平不断提高，地区间交流日益频繁。

（四）远程国际旅游将有更大的发展前景

全球远程国际旅游的增长速度将会继续高于区内国际旅游，这一趋势始自 20 世纪 80 年代。根据对这一发展趋势的检测和评估，世界旅游组织在其《2020 年旅游愿景》中曾作出预测：到 2020 年，全球国际旅游活动的规模将超过 15.6 亿人次。其中，区内国际旅游的规模将为 11.8 亿人次，另外 3.8 亿人次为远程国际旅游者。根据世界旅游组织所作的分析，在

1995～2020年期间,全球国际远程旅游将会以每年5.4%的速度递增,同期区内国际旅游的平均年增长率为3.8%。这意味着全球远程国际旅游的增长速度将会继续高于区内国际旅游。

(五)世界统一市场的形成促使旅游市场一体化进程加快

全球化进程的加快使世界经济进入“无国境经济”时代,旅游竞争呈现国际化特征。贸易和货币在世界范围加速流通与国际旅游业的联系日益紧密,表现为旅游业经营活动日趋国际化、旅游业资本流动全球化,旅游连锁集团、航空公司着手建立全球性营销网络。国与国之间人员实现自由流动使出国旅游与国内旅游的区别显著缩小。旅游的性质和重要性将不再以是否超越国境来衡量,而是以出游距离、消费水平和旅游方式为衡量标准。由于国际贸易和资本的相互渗透,旅游企业间的国际竞争尤为激烈。

(六)旅游市场超细分化趋势明显

随着旅游者收入水平和需求层次的提高和旅游者出国旅游次数的增加,人们已不再满足于城市观光游览这种传统的旅游方式,而趋于追求能够满足其特殊需求且富于刺激性的旅游方式,同时追求更为灵活多变、参与性和娱乐性强的旅游方式。现代旅游市场出现了超细分化趋势。每一种细分市场都具有其独特之点,能够满足某一类型旅游者的特殊需求。旅游经营者将注重从更深层次来开发人们的旅游需求,根据人们的年龄、职业、爱好等不同情况组织各具特色的旅游产品来面向不同的细分市场。特殊旅游、专项旅游、主题旅游、文化旅游、体育旅游、生态旅游、会展旅游、游船旅游将愈加盛行。在追求个性化的浪潮下以及随着全球预订网络的普及完善,旅游者不再青睐于旅行社固定包价组团旅游的方式,散客旅游和家庭旅游在旅游者人数中所占比例逐渐增加。同时,小包价、个人委托代办服务也占有越来越重要的市场份额。旅游者对走马观花式的旅游模式感到厌倦,追求更多的参与性活动,渴求获得更多的旅游体验。具有浓郁民族风情和传统地方特色同时又与娱乐相结合的旅游产品尤其受到旅游者喜爱。

【补充阅读】

让旅游成为世界和平发展之舟

——在首届世界旅游发展大会开幕式上的致辞

中华人民共和国国务院总理 李克强

(2016年5月19日)

尊敬的纽西总统,

尊敬的瑞法依秘书长,

女士们,先生们,朋友们:

今天是中国旅游日,又恰逢首届世界旅游发展大会召开,用中国俗语说,这是双喜临门。在此,我谨代表中国政府,对大会的召开表示热烈祝贺,对远道而来的各位嘉宾表示诚挚欢迎,对长期致力于全球旅游事业发展的各界人士致以崇高敬意!

旅游是人类对美好生活的向往与追求,是认识新鲜事物和未知世界的重要途径。中国人自古就有旅游的文化传统,先贤们“读万卷书,行万里路”,留下了无数脍炙人口的旅游名篇佳作。中国明代著名学者徐霞客一生游历四方,“达人所之未达,探人所之未知”,经30多年旅行撰写的《徐霞客游记》,既是系统观察和记述自然的世界地理名著,又是描绘中国大好山河的旅游巨篇,有着广泛而深远的影响。《徐霞客游记》的开篇之日,即5月19日,被定为中国旅游日。但过去由于经济社会发展水平和居民收入等条件所限,能去旅游的人毕竟是少数。尤其是那些居住在偏远地方的人，有的一辈子连县城都没到过。改革开放以来，中国经济保持较高增长速度，居民收入不断增加，交通条件日趋改善，越来越多的人外出旅游。特别是进入新世纪以来，中国城乡居民消费结构快速升级，旅游由少数人的奢侈消费变成普通百姓的必需消费。去年中国居民国内旅游突破 40 亿人次、支出额占居民消费支出的 10%，出境游客超过 1.2 亿人次，接待入境游客 1.3 亿人次，旅游收入 4 万多亿元。预计到 2020 年，中国居民人均出游次数和旅游收入还将翻一番。

中国地域辽阔，历史悠久，民族众多，有着壮美秀丽的自然风光、光辉灿烂的传统文化、各具特色的民族风情，发展旅游业的优势和潜力巨大。中国政府高度重视旅游业的地位和作用。近年来，我们颁布了《旅游法》，出台了《国民旅游休闲纲要》，推出了一系列促进旅游业改革发展的政策措施，目的是把旅游业打造成国民经济的战略性支柱产业和人民群众更加满意的现代服务业，以迎接正在兴起的大众旅游时代。

旅游业是中国培育发展新动能的生力军。虽然中国旅游业取得长足发展，但总体上还处于供给不足的状态，特别是高品质、有创意的旅游项目和服务短缺。过去 5 年，旅游业投资年均增长 40%，去年突破 1 万亿元。现代旅游业是融合一二三产业的综合性产业，这是一种新经济，不仅促进农产品消费和升值，也带动更多适应群众需要的工业品开发，其关联产业达 110 多个，对餐饮、住宿、民航、铁路客运业的贡献率都超过 80%。“一业兴，百业旺”。2015 年旅游业对中国 GDP 的直接贡献率为 4.9%，综合贡献率达 10.8%。但目前中国旅游业发展水平还不高，对国民经济的贡献率仍低于世界平均水平。今后，中国将把发展旅游业作为推进结构性改革尤其是供给侧结构性改革、促进经济发展的重要方面来抓，实施旅游消费促进计划和旅游投资促进计划，落实向社会资本全面开放旅游市场的举措，进一步深化对外合资合作，以改革开放增强旅游业发展动力。中国将加强旅游交通、景区景点、自驾车营地和信息化等硬件设施建设，强化旅游市场监管，使中外旅客享受更加便捷安全、多彩快乐的旅游之美。中国还将推进全域旅游和“旅游＋”行动，大力发展乡村旅游、工业旅游、文化旅游、养老养生游，并与“互联网＋”相结合，在促进旅游中实现一二三产业融合发展，以旅游业的升级换代促进国民经济的提质增效。

旅游业是大众创业、万众创新的大舞台。创新是引领发展的第一动力。做优做强中国旅游业，迫切需要依靠创新驱动，转变发展方式，不断提高发展质量和水平。中国各地都有丰富的旅游资源，旅游产业链条也长，适合各层次的劳动力就业创业，是大众创业、万众创新最活跃的领域之一。2015 年，中国旅游业直接就业人数近 2 800 万人，加上间接就业总计吸纳 8 000 万人就业，约占全国就业总数的 10%。我们将进一步完善激励政策、搭建公共服务平台、加强职业教育和职业技能培训，为更多群众参与旅游产品开发和服务创造良好的环境条件。

旅游业是实现扶贫脱贫的重要支柱。农村贫困人口脱贫是中国全面建成小康社会最艰巨的任务，也是必须实现的目标。中国贫困人口大多分布在老少边穷地区，那些地方发展工业、农业受到很多限制，而发展旅游业具有得天独厚的优势。很多地方依靠发展旅游业实现了脱贫。同时，旅游业也打开了一扇通往外部世界的大门，人们的视野开阔了，思想观念更新了，精神状态改变了，促进了社会文明进步。中国政府已提出一个目标，即未来五年内通过发展旅游业使 1 200 万人口脱贫。

旅游业是建设美丽中国的助推器。旅游业消耗低、污染少、可循环，是典型的绿色产业。中国人常说：靠山吃山，靠水吃水。过去更多是理解为直接开发利用，搞的是挖山伐木、涸泽而渔，导致生态环境恶化，发展难以持续。这些年随着旅游业的迅速发展，人们越来越认识到，绿水青山本身就是金山银山,保住了绿水青山就保住了财富之源,从而更加自觉地保护生态环境、注重可持续发展。我们要把促进旅游业发展放在生态文明建设的突出位置来抓,大力倡导绿色富国、绿色惠民理念,坚持在发展中保护、保护中发展,实行最严格的生态环境保护制度,建立国家公园体制,统筹旅游景区开发和保护,兼顾经济效益和生态效益,走出一条生态保护与经济发展相协调的路子。

旅游业是中国对外友好交往的高架桥。国之交在民相亲,民相亲在人往来。旅游是人与人最直接、最自然的交流方式,是开放的窗口、友谊的纽带、和平的使者。中国政府高度重视旅游在促进人文交流中的作用,确定了 150 多个国家作为中国公民旅游目的地,还先后与俄罗斯、韩国、印度、美国等开展“国家旅游年”活动。我们愿与更多国家开展各种形式的旅游合作,举办丰富多彩的旅游活动,让民众参与其中、乐在其中,在美好的旅游经历中播撒友谊的种子。

女士们,先生们,

当今世界仍不太平,地区冲突和热点问题此起彼伏,恐怖主义危害加重。和平与发展是各国人民的共同期盼。旅游业发展既离不开和平与发展的国际环境,也是促进世界和平与发展的重要力量。本次大会以“旅游促进和平与发展”为主题,具有很强的现实意义。来自 100 多个国家和国际组织的上千位嘉宾出席大会,反映出国际社会对旅游事业的高度重视,也反映出各国对世界和平与发展的深切渴望。中方愿与各国一道,本着开放、创新、互利共赢的精神,共同推动全球旅游业包容、可持续发展,推动构建以合作共赢为核心的新型国际关系,造福各国人民。在此,我提三点建议:

第一,实施国际旅游合作计划,为世界经济复苏加油助力。当前,全球经济增长乏力,需要寻求新动力。旅游作为增长最快、最具韧性的产业部门之一,在促进世界经济复苏中承担着重要作用。据世界银行估算,旅游业每消费 1 美元,可为全球带来 3.2 美元的经济增长。目前,旅游业贡献了全球约 10%的 GDP、30%的服务出口,是名副其实的第一大产业。未来 15 年,国际游客数量将由 12 亿人次增长至 18 亿人次。中国出境游客连续 4 年居世界首位,去年境外消费超过 2 000 亿美元。为进一步促进世界旅游业发展,中国政府倡议实施国际旅游合作计划,共同营造更加便利的旅游环境。各国应进一步放宽签证政策,简化入境手续,开辟更多直航,为游客观光、购物提供更为专业化、人性化的服务,保护消费者权益。

第二,加强南北和南南旅游对话与互利合作,促进落实可持续发展议程。去年联合国可持续发展峰会通过了《2030 年可持续发展议程》,提出了今后 15 年内实现消除极端贫困、战胜不平等不公正、遏制气候变化三大任务。议程确立了 17 项可持续发展目标,其中 3 项与旅游直接相关。联合国大会还将 2017 年定为“国际可持续旅游发展年”。发达国家应增加官方发展援助和贸易促进援助,提升最不发达国家旅游业发展能力。发展中国家应将减贫目标纳入旅游政策,提高旅游业对青年、妇女、土著居民和弱势群体就业吸纳能力,确保贫困和边远地区共享旅游发展机遇和成果。中国将在未来 5 年实施 50 个国际旅游合作项目,包括开展旅游资源开发与保护,派遣专家提供旅游业规划咨询,培训一批中文导游和管理人员,提供 1 500 个来华人员培训名额。

第三,发挥旅游的和平桥梁作用,为促进各国人民友好交往、和睦相处、开放包容作出贡献。旅游可以加深理解、减少偏见、增进包容,在促进世界和平中有着独特作用。各国应深化多形式、多层次的旅游合作,加深不同民族和文化之间的尊重、包容和理解,为促进人民友好奠定坚实的基础。那些存在隔阂的国家和地区,应放宽人员往来限制,让人文交流为双边关系“破冰”。中国对外开放最早的行业就有旅游业。各国都有责任采取有效措施,应对突发事件,维护游客安全，坚决反对一切针对游客的恐怖行为。让我们积极行动起来，营造更加自由、便利、安全、舒适的旅行环境。

女士们，先生们！

长期以来，联合国世界旅游组织在促进各国旅游交流合作、推动世界和平与可持续发展方面发挥了积极作用，中国政府对此高度赞赏，并与之开展了卓有成效的合作。今后，我们将一如既往支持和参与联合国世界旅游组织的相关工作，加强与各国的交流与协作，共同推动承载着世界和平与发展希望的旅游之舟破浪前行，驶向胜利的彼岸！

谢谢大家！

第三节 我国旅游业的入境旅游市场

一、中国入境旅游市场规模与结构

（一）中国入境旅游市场规模

我国旅游业的入境旅游市场过去曾称海外来华旅游市场。这一市场的人员范围即我国旅游统计中的入境游客。根据我国的界定，入境游客由三类人构成：来我国内地旅游的外国人（包括外籍华人）；来我国内地旅游的海外华侨；来我国内地旅游的港澳台同胞。改革开放以来，我国的入境旅游接待规模有了巨大的增长，入境来我国内地旅游的上述人员中，海外华侨在其中所占的比重很小。因此，从 2001 年起，《中国旅游统计年鉴》中不再对入境游客中的海外华侨进行列项。

表 7—8 中国入境旅游人数（过夜）和旅游外汇收入

年份	过夜游客数（万人次）	世界排名	国际旅游（外汇）收入（亿美元）	世界排名
1980	350.00	18	6.17	34
1990	1 048.40	11	22.18	25
2000	3 122.88	5	162.24	7
2010	5 566.45	3	458.14	4
2011	5 758.07	3	484.64	4
2012	5 772.49	3	500.28	4
2013	5 568.59	4	516.64	4

数据来源：《中国旅游统计年鉴 2014》。

表 7—8 给出了中国从 1980 年到 2013 年的入境过夜游客数和国际旅游收入的数据及世界排名。中国接待的入境过夜游客数由 1980 年 350 万人次，增长到 2013 年的 5 568.59 万人次，接待入境过夜游客数的世界排名由第 18 位上升到第 4 位。在国际旅游收入方面，由 1980 年的 6.17 亿美元增长到 2013 年的 516.64 亿美元，国际旅游收入的世界排名由第 34 名上升到第 4 名。由此可见，中国自改革开放以后，无论是在接待入境过夜游客数还是在国际旅游收入方面，均一直保持持续稳步增长的势头。

（二）中国入境旅游市场结构

表 7—9 给出了中国入境旅游人数及市场结构的数据。有必要注意的是，这些数字实际上

来自我国公安部对边防入境人员的登记和统计。其中不仅包括了大量不经我国内地旅游部门接待，而是自行活动并在内地亲友家中过夜的港澳台回乡探亲人员，甚至将很多港澳地区居民早来晚归、当日往返的日常生活跨境活动，从而原本不应属于旅游统计范畴的入境人员也包括在内。因此，在使用这些统计数据去分析入境旅游的情况时，特别是在与其他国家的入境旅游发展情况进行比较时，应当有所谨慎。

表 7—9　　中国入境旅游人数及市场结构　　单位：万人次

年份	总计	外国人		港澳同胞		台湾同胞	
		人次	占比	人次	占比	人次	占比
2001	8 901.29	1 122.64	12.61%	7 434.45	83.52%	344.20	3.87%
2002	9 790.83	1 343.95	13.73%	8 080.82	82.53%	366.06	3.74%
2003	9 166.21	1 140.29	12.44%	7 752.73	84.58%	273.19	2.98%
2004	10 903.82	1 693.25	15.53%	8 842.04	81.09%	368.53	3.38%
2005	12 029.23	2 025.51	16.84%	9 592.79	79.75%	410.92	3.42%
2006	12 494.21	2 221.03	17.78%	9 831.83	78.69%	441.35	3.53%
2007	13 187.33	2 610.97	19.80%	10 113.57	76.69%	462.79	3.51%
2008	13 002.74	2 432.53	18.71%	10 131.65	77.92%	438.56	3.37%
2009	12 647.59	2 193.75	17.35%	9 557.04	75.56%	448.40	3.55%
2010	13 376.22	2 612.69	19.53%	9 735.42	72.78%	514.06	3.84%
2011	13 542.35	2 711.20	20.02%	9 778.55	72.21%	526.30	3.89%
2012	13 240.53	2 719.16	20.54%	9 987.35	75.43%	534.02	4.03%
2013	12 907.78	2 629.03	20.37%	9 762.5	75.63%	516.25	4.00%

数据来源：《中国旅游统计年鉴 2014》。

由表 7—9 可知，以 2013 年为例，中国入境旅游人数达到 12 907.78 万人次，其中外国人占到 20.37%，港澳同胞占到 75.63%，台湾同胞占到 4%。由此可见，我国的入境旅游者绝对多数为港澳台同胞，真正的外国游客来我国旅游的人次相对而言并不太多。但从 2001 年以来的发展趋势看，外国游客入境旅游人次占比呈上升趋势，港澳同胞入境旅游人次占比呈下降趋势，而台湾同胞的入境旅游人次则相对保持稳定，维持在 4%左右。

二、我国旅游业的主要海外客源市场

鉴于港澳台游客的来源区域已经十分明确，因此在了解中国旅游业的入境旅游客源时，真正值得注意的是外国人入境旅游市场。表 7—10 中列出了 2013 年外国人入境旅游市场地区分布状况。

表 7—10　　2013 年入境外国游客人数(按地区分)

地区	入境外国游客人数(万人次)	占总数比重(%)
总计	2 629.03	100
亚洲	1 608.83	61.19

续表

地区	入境外国游客人数(万人次)	占总数比重(%)
欧洲	566.00	21.53
美洲	312.38	11.88
大洋洲	86.34	3.28
非洲	55.27	2.10
其他	0.22	0.01

数据来源:《中国旅游统计年鉴 2014》。

表 7—10 中的统计数字表明,2014 年对世界各地区的来华旅游人次进行排列,我国入境旅游的外国人市场依次为:亚洲市场、欧洲市场、美洲市场、大洋洲市场、非洲市场和其他。来华旅游的外国人中亚洲市场是主体,其占到总数的 61.19%;欧洲市场和美洲市场,分别占到总数的 21.53%和 11.88%。

表 7—11 进一步给出了 2013 年我国主要客源国市场入境旅游人数。在 2013 年,韩国、日本、俄罗斯是我国前三大客源国,其入境旅游人数分别达到了 396.90 万人次、287.75 万人次和 218.63 万人次。第四到第十大客源国分别是美国、越南、马来西亚、蒙古、菲律宾、新加坡和澳大利亚。由此可见,在这十大客源国中八个分布在亚太地区,一个在北美,一个在欧洲(俄罗斯横跨欧亚)。

表 7—11　　2013 年主要客源国入境旅游人数(按国籍分)

排名	国籍	入境旅游人数(万人次)
1	韩国	396.90
2	日本	287.75
3	俄罗斯	218.63
4	美国	208.53
5	越南	136.54
6	马来西亚	120.65
7	蒙古	105.00
8	菲律宾	99.67
9	新加坡	96.66
10	澳大利亚	72.31

数据来源:《中国旅游统计年鉴 2014》。

表 7—10 和表 7—11 反映出我国旅游业主要国际客源市场已呈明显的近程化趋势,今后可能会进一步集中于亚洲。这也符合国际旅游客源市场构成规律的发展趋势,在很大程度上也意味着我国旅游业的国际客源市场正在趋于成熟。

三、中国旅游业在国际市场竞争中的问题

改革开放 30 多年来,中国在发展国际入境旅游和开拓国际客源市场方面取得了令世人瞩

目的成绩。在国际游客接待量方面,我国已经进入全世界前十大旅游接待国行列。在国际旅游收入方面,我国在 1996 年已经突破 100 亿美元大关,2013 年已经进步至 517 亿美元。但是我们也充分认识到,我国旅游业的高速发展在一定程度上是在起步较低基础上发展的必然表现。旅游业是一个市场导向的行业,也是一个国际上竞争激烈的行业。在旅游业已经进入买方市场的今天,我们必须对我国旅游业在国际客源市场竞争中的不利因素有一个清醒的认识。

(一)地理位置远,交通成本高

我国的地理位置距世界大多数主要客源产生地比较远。这一因素的不利之处主要表现在以下几个方面:

(1)路程远,交通运输费用昂贵。除俄罗斯、蒙古、越南外,其余七个主要客源国与我国并无陆地相连。由数据显示,北美游客来华旅游的往返交通费用约占旅游全程费用的 40%,欧洲各主要客源国与中国之间的距离平均也在 1.2 万公里左右。且时间距离也将成为前来中国旅游的又一大障碍。

(2)距离世界主要客源国较远的旅游目的地最容易遭受经济危机和世界油价上涨的打击。特别是对于以接待观光旅游和疗养旅游为主的旅游目的地来说,由于不少国家都有这方面的类似资源,因此在出现与客源国有关的经济危机和运输价格上涨的情况下,首先受到打击的便是距离客源国较远的旅游目的地。

(二)周边国家和地区旅游业的激烈竞争

(1)我国旅游业所处的区域性国际环境为东亚和太平洋地区,这一地区内各主要旅游目的地所面对的国际客源市场有着惊人的共同性。

(2)这些竞争对手旅游业比我国旅游业起步早,在从业经验、服务质量、交通运输和产品价格方面有着一定的优势。例如,在竞争日本客源市场方面,韩国、我国香港地区与台湾省、新加坡、菲律宾、泰国等周边国家和地区都是我国内地旅游业的有力竞争对手。

(3)与人民币升值形成鲜明对比的是,周边国家货币持续贬值。汇率是反映两个国际货币之间的比价。如果目的地国货币相对客源国贬值了,则意味着目的地国旅游产品价格相对下降了,从而会增加客源国的旅游需求;反之,则可能使来自客源国的入境旅游需求减少。人民币对美元汇率从 2005 年至 2014 年持续走低,这 10 年间人民币对美元升值了大概 25%。也就是说在不考虑其他因素的情况下,一个外国游客现在到我国来旅游,购买相同的旅游产品,比十年前要多花费 25%。与此同时,周边国家货币却纷纷贬值,从 2011 年 1 月至 2015 年 11 月期间,除韩元保持相对稳定外,日元、泰铢、马币、新币、菲币对美元均有不同程度的贬值,特别是日元贬值了 41.75%,泰铢和马币的贬值幅度也较大,分别达到了 19.27%和 38.27%。

(三)我国旅游产品的开发和质量问题

旅游营销工作是以旅游产品随时适应市场需要为基础的。如果产品保守不能迎合并满足市场的需求,那么无论怎样强化销售工作也难以获得成效。长期以来,我国入境旅游市场的经营一直依赖于接待团体观光旅游。这种产品类型上的单一化已落后于国际旅游潮流的变化。此外,我国旅游产品在质量方面仍存在着不少一直没有得到完全解决的问题,如清洁卫生条件差、旅行日程和交通安排变化多、接待散客旅游的条件不足,等等。

(四)市场宣传和海外促销工作仍有待改进

近些年来,我国旅游业的对外宣传和海外促销工作已有较大的发展。但同竞争者相比,我国旅游业的对外宣传和海外促销工作仍存在很多问题。问题主要表现在:营销经费不足,我国不但远未做到这一点,就是海外促销经费一项,也一直低于我国周边的任何竞争对手;营销和促销技术尚需改进和提高。

（五）环境污染问题严重，影响我国旅游形象

从旅游目的地的角度看，目的地的自然环境也是影响旅游需求的重要因素，旅游目的地良好的自然环境是吸引旅游者的重要因素，反之，则会对旅游者的出游热情造成负面影响。目前，我国在自然环境上出现的一个突出问题就是，雾霾天气越来越多，空气污染严重。我国的雾霾天气呈现出雾霾日数多、覆盖范围广、强度大、影响严重的特点。例如，2013 年 1 月合肥雾霾日数达 30 天，南京和杭州均为 29 天，几乎整月被雾霾笼罩；北京雾霾天数达 25 天，较常年同期偏多 13.6 天，为 1954 年以来同期最多。

严重的雾霾天气给我国旅游形象造成了极大的负面影响，既不利于国内居民外出旅游，更会影响到境外游客对我国旅游产品的选择。有研究已经指出，雾霾将损害游客的旅游感知，雾霾已经不可避免地对来华游客的体验效果产生了消极影响，威胁到中国的旅游市场。

【补充阅读】

《中国入境旅游发展年度报告 2013》发布

2013 年 12 月 26 日，由国家旅游局旅游促进与国际合作司和中国旅游研究院共同编制的《中国入境旅游发展年度报告 2013》在京发布。报告显示，2012 年我国接待入境游客 13 240.53万人次，同比下降 2.23%，虽然入境旅游出现小幅波动，但整体依旧呈现相对平稳发展态势，市场结构不断优化。

报告显示，2012 年我国接待的入境游客 13 240.53 万人次中，入境过夜游客 5 772.49 万人次，同比增长 0.25%，接待入境外国游客 2 719.16 万人次，同比增长 0.29%。规模总量继续保持世界第三位序，仅次于法国和美国。实现旅游外汇收入 500.28 亿美元，同比增长 3.23%，继续保持世界第四的位序，仅次于美国、西班牙和法国。

报告指出，入境旅游在三大市场中占比为 4.17%，比 2011 年下降 0.66%，但入境旅游市场结构不断优化，效益在逐步提高。外国游客与入境过夜游客在入境旅游市场中所占的份额分别为 20.54%和 43.6%，较 2011 年分别上升 0.52%与 1.08%；欧洲、大洋洲、非洲等远程市场的上升态势逐步显现；国内入境旅游地区差异趋于缩减。

第四节　我国旅游业的国内旅游市场

一、国内旅游市场概况

随着改革开放以来我国经济的持续快速增长和社会发展的不断进步，我国人民的收入水平和生活质量都在不断提高。国内旅游市场的规模也因此而迅速扩大。据国家旅游局的有关调查统计数据，1984 年全国国内旅游活动的规模仅为 2 亿人次，到 2005 年已增至 12.12 亿人次，实现国内旅游收入 5 285.86 亿元人民币。2014 年国内旅游花费占全国 GDP 的比重提高到 4.7%，占服务业增加值的比重达到 9.8%，2015 年，全国国内旅游人数突破 40 亿人次，达到 41.2 亿人次，全年实现国内旅游收入 4 万亿元。国内旅游已成为我国旅游业乃至国民经济一个至关重要的市场部分。

表 7－12 给出了近 20 年我国国内旅游发展的基本情况，1995 年我国国内旅游人数是 6.29 亿人次，国内旅游总花费为 1 376 亿元人民币，国内旅游人均花费 219 元；到了 2014 年国

内旅游人数是36.11亿人次，国内旅游总花费为30 312亿元人民币，国内旅游人均花费840元。由此可见，近20年是我国的国内旅游业飞速发展的20年。

表7—12　我国国内旅游发展概况

年份	国内游客（百万人次）	国内旅游总花费（亿元）	国内旅游人均花费（元）
1995	629	1 376	219
2000	744	3 176	427
2005	1 212	5 286	436
2006	1 394	6 230	447
2007	1 610	7 771	483
2008	1 712	8 749	511
2009	1 902	10 184	535
2010	2 103	12 580	598
2011	2 641	19 305	731
2012	2 957	22 706	768
2013	3 262	26 276	806
2014	3 611	30 312	840

数据来源：国家统计局。

二、国内旅游市场的基本特点

纵观近些年来我国国内旅游市场的发展，主要表现出以下一些特点：

（一）市场规模大，发展潜力大足

近年来我国国内旅游需求的发展，无论是在旅游人次上，还是在旅游消费总额上，都已大大超过入境旅游市场。以2013年的情况为例。2013年我国实现的国内旅游收入总额为26 276亿元人民币，相当于同年旅游外汇收入517亿美元的8.5倍。同时，我国有着13亿多的人口规模，在2014年居民人均可支配收入达到20 167元，大众旅游时代已经到来，我国的国内旅游市场仍有着相当大的发展潜力。

（二）短程旅游所占比重大

目前，我国国民多数人的旅游支付能力仍比较有限，带薪年假制度也尚未普及，多数人所拥有的闲暇时间仍很分散，所以国内旅游活动的开展多表现为短程旅游。例如，2011年国内旅游抽样调查的结果显示，在被调查的城镇居民中，一日游游客占44.3%，过夜游游客数占55.7%。另外，人们在参加国内旅游活动时，每次外出的旅游天数也比较短，以3天以下为主。

（三）旅游活动的开展形式以散客为主

在国内旅游活动中，绝大多数旅游都不使用旅行社提供的商业性服务。根据2014年中国旅游统计年鉴的数据显示，城镇居民的国内旅游活动中，参加旅行社组织的团体旅游的游客只占4.1%，而非旅行社组织的所占比例高达95.9%。

（四）旅游消费总额增长速度快，但人均消费水平仍较低

从全国国内旅游消费开支总额看，1978年仅为18.4亿元，2000年增至3 175.54亿元，

2005年达到5 285.86亿元,2014年达到30 312亿元,可见增长速度很快。但就国内游客的人均花费而言,1985年为33.33元,2000年为426.8元,2005年为436.1元,2010年为598元,2014年为840元,特别是与同年入境游客的人均消费额相比,仍明显较低。这在某种程度上反映出,我国国内旅游市场目前仍属于人次规模扩张型,在质量上仍显较低。

三、中国国内旅游市场需求新趋势

社会进步和经济的发展,使旅游市场需求从内容到形式都在不断发生着变化。

(一)旅游者更注重与健康、环保相结合的休闲度假旅游

中国旅游业在经历了多年以观光为目的的初级发展阶段后,休闲度假式旅游已逐渐成为国内旅游发展的重要方向,快餐式观光旅游转向休闲度假游将是一个不可阻挡的趋势。据统计,在世界旅游市场结构中,休闲旅游占62%,发达国家已经进入休闲旅游时代,而中国休闲旅游起步较晚,但发展较快。中国旅游统计年鉴的数据显示,2000年城镇居民国内旅游人次构成按出游目的分,有39.9%选择观光游览,选择度假休闲的有16.8%,而到了2013年选择观光游览的人数下降到28.1%,选择度假休闲的人数上升到25.6%。

随着生活节奏的日益加快和生活方式的日益多样化,观光式的旅游模式将无法适应现代消费者的旅游需求,到了周末或假期,带着家人到周边一些度假村去休闲,已经逐渐成为城市居民走出钢筋水泥、融入自然的时尚之选。

(二)旅游者更偏向于体验性、参与性强的旅游活动

现代旅游者对旅游的需求不再是简单的观光,而是想得到一种体验或一种经历,强调顾客的参与。比如在云南的民俗旅游中有一个反映摩梭人"走婚"的节目供游客广泛参与,在活动中,旅游者可参与到"背新娘"、"唱情歌"等环节中,使其感到无比快乐、非常放松。

(三)旅游者更追求旅游活动的文化内涵

随着人们文化素质的不断提高以及教育的普及,很多旅游者把旅游与历史、民俗、科技、宗教、文学、艺术等方面知识的学习结合起来。比如,近年来颇受欢迎的生态旅游,其核心之一就是认识自然,强调旅游者通过旅游区了解自然界中的地理知识、动植物生长知识、生态保护知识以及人文知识等。另外,还有工农业旅游、科技旅游等旅游形式都把旅游与科学知识结合起来,其市场需求也很大。

(四)老年旅游需求增长迅速

老龄化社会的来临,预示着老年旅游将迎来巨大发展机遇。首先,社会整体经济收入的增长和社会保障体系的建立健全,使老龄群体的可自由支配收入不断增长。其次,社会消费观念的更新,使老年人开始注重自我的生活品质和精神世界的充实。再次,老年人有充裕的闲暇时间。以上因素促成老龄群体强烈的旅游需求。

(五)乡村旅游市场前景看好

乡村旅游作为中国国内旅游的一个新领域已经显示出生命初始的无限生机,旅游经济的附加值改变了农村单一的经济结构,起到了"兴一处旅游,富一方百姓"的目的。中国乡村旅游是在市场需求的促动下,在农业发展急需调查产业结构、寻找新的经济增长点的情况下应运而生的。都市人"住农家屋、吃农家饭、干农家活、享农家乐"、享受田园风光的旅游活动是乡村旅游的主要形式。乡村旅游作为促进农业产业结构调整、充分利用农村剩余劳动力资源、维护农村社会经济可持续发展的重要途径,其发展将会越来越受到重视。

【补充阅读】

武汉市黄陂区发展全域旅游 10 万农民吃上旅游饭

今年年初,国家旅游局将黄陂区确定为全域旅游创建示范区。这也意味着该区 2 261 平方公里范围内,一山一水、一草一木都将被精心打造成风景。全域旅游惠民生。截至目前,该区已有 10 万余名农民吃上了旅游饭。黄陂,正在成为全域旅游扶贫致富的样板。

旅游发展跨入新时期

国家全域旅游示范区创建主要指标包括:旅游业实现当地经济贡献率 15%以上,新增就业贡献率 20%以上,实施"1+3"旅游综合管理和综合执法模式,旅游厕所建设达标,旅游数据中心建成等。通过验收后,正式列入"国家全域旅游示范区"名录。国家旅游局此次确定的创建单位,全国共有 262 个县市区。黄陂首批入围,底气何在?

武汉市黄陂区区长吴祖云表示:"底气在于黄陂独特的自然禀赋、资源优势和多年来的发展惯性,黄陂区上下,已经形成了抓旅游就是抓调整、抓富民、抓开放、抓就业、抓环境的高度共识。"

旅游,已成为黄陂的一张名片

黄陂区旅游资源丰富,拥有"盘龙殷商"、"木兰传奇"、"二程理学"和"首义黎黄陂"四大文化名片;拥有水陆空俱全、交通便捷的区位优势;拥有武汉境内最高的山、最洁净的湖、最大的森林公园、最多样化的动植物种类和集幽、奇、险、秀于一体的自然山水风光;还拥有国家地质公园、国家森林公园、国家水利风景名胜区、中国历史文化名村等多项国家级桂冠。

截至目前,黄陂区拥有国家 5A 级旅游景区 1 家,4A 级旅游景区 4 家,3A 级旅游景区 4 家,其他旅游景区 10 余家,各类宾馆酒店 63 家,全国休闲农业旅游示范点 4 家,星级农家乐近千家,初步形成了集食、住、行、游、购、娱于一体的全域旅游服务体系。

统计显示,2015 年,黄陂区共接待旅游人数 1 500 万人次,旅游综合收入近 60 亿元。旅游已成为黄陂区重要的支柱产业和兴农富民的拳头产业。一年一个台阶,一步一个脚印,黄陂旅游实现了从无到有、从小到大、从弱到强的华丽转变,从名不见经传到全国知名,从各景区分散突围到抱团发展,一举摘取国家 5A 级旅游景区金牌,此后一路高歌猛进,又开始创建国家级全域旅游示范区的征程,旅游发展跨入新时期。

10 万农民吃上旅游饭

最新统计显示,黄陂区共 10 万余名农民直接吃上了旅游饭,每年增加收入近 12 亿元。黄陂位于武汉北郊、大别山革命老区南端,其中老区面积 1 192 平方公里,涉及 13 万户约 50 万人。近年来,黄陂区做好"旅游+农业"、"旅游+农村"、"旅游+农民"三道加法,探索出一条以旅游推动新农村建设,达到兴农富民的道路。

全省贫困村刘家山村是清凉寨景区所在地,2004 年开园前该村农民人均收入不足 1 000 元,在景区建设的拉动下,2015 年人均收入达到 3 万余元。木兰天池景区所在龙池堰,过去由于大山阻隔,交通不便,当地农民一贫如洗,自从吃上旅游饭,农民人均年收入已突破 5 万元大关。

大山深处的贫困村,以前失学儿童多,光棍汉子多,无业游民多,聚众赌博多,现在大变样:上大学的多,农家别墅多,创业老板多、小轿车多。特别是景区周边,50 多个村的农户因直接参与旅游生产经营,收入均有大幅攀升,从当年的贫困村一跃成为耀眼的富裕村、景观村。

农民吃上旅游饭,生产方式发生变化

首先,促进从业观念的转变。农户从事旅游经营,频频与游客接触中,增强市场观念,培育开放意识,摒弃传统的陈腐观念。其次,加快老区配套设施建设。景区建成后,所在村落交通和通信设施得到改善,拓宽了信息交流渠道;建造了自来水系统和污水处理系统,修建了一批星级厕所等,加快了村镇化进程。第三,加速农村产业结构调整步伐。根据生态旅游发展要求,农产品大面积推广绿色无公害生产,该区有品牌农产品达到58个系列。

与此同时,农村面貌发生翻天覆地的变化。现在进入木兰文化生态旅游景群区域内,公路两旁绿树成荫、花草掩映,原来的破旧、落后的"老区",已经变身为乡风文明、村容整洁的"风景区"。吃上旅游饭,一些有头脑的农民逐渐意识到:山川秀美,也是一笔巨大的财富。对生态保护,从抗拒变为支持,从被动变为主动,从自发变为自觉。

旅游脱贫致富启示录

扶贫脱贫是一项硬任务。在转型发展的过程中,黄陂区找到了带领农民脱贫致富的金钥匙。黄陂区主管旅游和农业的副区长吴立群认为,多年来的旅游开发实践表明,合理利用老区的山水资源,让当地农民参与旅游业的经营,对扶贫帮困起到事半功倍的效果,是扶贫开发工作的宝贵经验。

启示之一:旅游扶贫要注重保护利用山水生态资源,实现可持续发展。

旅游扶贫开发过程必定会涉及生态资源的开发和利用,做好农民的组织工作,坚持"在开发中保护,在保护中开发"的原则,增强科学管理,才能实现长久利用。在建景区前,当地的农民大多习惯于伐薪烧炭,种植椴木香菇,不仅乱砍乱伐严重,而且经常发生森林火灾,森林覆盖率只有87%。景区建成后,农民从以农耕生产模式转变到吃旅游饭,员工和农户组成联合管理队伍,建立了森林防火的长效机制,从根本上杜绝了乱砍乱伐现象,现在森林覆盖率上升到98.9%。在对森林资源保护的同时,各景点十分重视加强对水资源的保护。每个景区都建有现代化的污水处理系统,利用地下污水管道将污水集中处理,实现了景区及周边农户污水处理无公害化。

启示之二:旅游扶贫中要注重企业与当地共同发展,实现互利双赢。

旅游扶贫,重在互动,贵在双赢。近年来,黄陂区上下形成共识,认真研究和解决旅游扶贫、开发建景区过程中出现的新情况、新问题,促进村企双方共同发展壮大,既促使景区在老区做大做强,又让老区群众分享景区受益后带来的成果。村里有固定的景区门票收入分成,景区为所在村的特困户、残疾人买养老保险,农户山林还有租金收入等。

据统计,每年各景区合计支付给村集体的门票分成收入达2 800万元,支付给农户的山林、田地租赁金达2 650余万元。不少干部群众反映说,旅游扶贫,村企联合,政府得民心,企业得发展,群众得实惠,老区得环境,继续发展下去大有希望。

启示之三:旅游扶贫要注重当地群众特别是贫困群众的持续稳定增收,实现脱贫致富。

实践证明,旅游扶贫成本低、见效快,扶持的方式有多种,可以采取"供血式",即对于无劳动能力的困难户给予慰问物资,也可以采取提高其"造血"功能的方式,让收入较低且有劳动能力的贫困户从事旅游产业的相关经营和务工,实现就地务工,使其通过合法经营、诚实劳动实现脱贫致富。

据统计,老区各景区的服务和管理人员大多数都是当地农民及其子女,他们占到景区工作人员的80%以上,其中从事旅游经营服务和相关产业链工作的原有贫困户已经全部脱贫。

全域旅游发展新路径

今年2月15日,全国旅游工作现场会在武汉召开,国家旅游局率全国省市区旅游局长和全国6个副省级城市市长实地考察黄陂后,肯定了黄陂旅游模式正从景区旅游向全域旅游转变。

所谓全域旅游，是将特定区域作为完整旅游目的地进行整体规划布局、综合统筹管理、一体化营销推广，促进旅游业全区域、全要素、全产业链发展，实现旅游业全域共建、全域共融、全域共享的发展模式。通过试点示范和引领带动，有利于各地因地制宜、突出特色、塑造品牌，形成各具特色、开放包容、共建共享的旅游发展新生态，开创大旅游发展新格局。

全域旅游创建示范区，让黄陂旅游又一次站在了新的起点。“黄陂将牢牢把握此次创建示范机会，集中人力、财力和智力，把整个黄陂作为最大的景区来规划和经营。”黄陂区委书记丁雨说。顶层设计中，黄陂大胆推动旅游业与工业、商业、金融、物流、影视娱乐等现代服务业互动发展，利用旅游业置换替代一些高污染、高耗能的工业项目和面源污染较重的传统农业项目，发展工商旅游和生态休闲观光农业，增强旅游业的辐射能力和发展后劲。

（资料来源：《湖北日报》，2016 年 5 月 3 日。）

第五节　我国旅游业的出境旅游市场

伴随着我国改革开放的深入和社会经济的发展，在国内旅游市场规模不断增长的同时，国人对出境旅游的需求也在日臻成熟。虽然参加出境旅游的人数在我国人口中所占的比例目前仍然很小，但就其绝对数量而言，已经形成了足以令很多发展旅游业的国家和地区感兴趣和重视的规模。

在持续 20 余年的高速增长之后，2001 年我国国民出境旅游的规模为 1 213 万人次，2005 年发展到 3 103 万人次，2006 年进一步上升至 3 452 万人，五年间增长了 2.85 倍。2011 年中国出境旅游人次数达到了 7 025 万人次，这个数量已经是美国出境市场的 1.2 倍，以及日本出境市场的 3.5 倍。

国家旅游局最新数据显示，2014 年，中国内地公民当年出境旅游首破 1 亿人次，达 1.09 亿人次，海外支出达到创纪录的 1 648 亿美元，较 2013 年增加 28%。中国旅游研究院数据显示，2015 年，中国公民出境游人次预计将实现 16%的增长，首次突破 1.2 亿，出境消费将达 1.1 万亿元。这些数据背后意味着，中国已稳居世界第一大出境旅游市场、第一大出境旅游消费国。

一、我国对国民出境旅游活动的类别划分

根据我国的国情和旅游管理工作的需要，国家旅游局目前将我国国民的出境旅游一般界定为我国公民的自费出境旅游，并且将其划分为三个组成部分：出国旅游、边境旅游和港澳台旅游。

（一）出国旅游

出国旅游是指我国公民自己支付费用，在有出境旅游经营权的旅行社的组织下，以旅行团的形式，前往经国家批准的旅游目的地国家开展的国际旅游活动。

我国公民目前的自费出国旅游是从最初的出境探亲旅游逐渐发展而来的。1983 年，广东省旅游公司开始率先面向省内居民组织“赴港探亲旅游团”。此后，国务院作出规定，关于组织赴港澳地区探亲旅游团的业务，统一由中国旅行社总社负责委托各地的中国旅行社具体承办。经过几年的发展，有关出国探亲游的初始政策开始出现变化，例如，有关费用的支付从最初由出国旅游者的海外亲友负担转变为由出国旅游者自付；出国访问的目的也由最初的探亲扩展到观光和游览。根据这些情况的变化，经国务院批准，国家旅游局和公安部于 1997 年 7 月 1

日联合颁布了《中国公民自费出国旅游管理暂行办法》，中国公民的出国旅游也自此正式开始。随着《中国公民自费出国旅游管理暂行办法》的颁布实施，140 余个 ADS 协议（旅游目的地协议）的不断签署，截至 2014 年底，已正式开展组团业务的中国出境旅游目的地国家或地区 117 个，占与我国建交的 172 个国家或地区的 68%。

（二）边境旅游

边境旅游是指我国公民在获准有特别经营权的旅行社的组织下，以旅行团的形式，从指定的边境口岸出境，到邻国指定的边境区域开展的国际旅游活动。

这种边境旅游活动的开展，始于 1987 年丹东市所组织的前往朝鲜新义州的“一日游”活动。此后，经我国主管部门批准，黑龙江、内蒙古、辽宁、吉林、新疆、云南、广西 7 个省、自治区先后开始组织赴俄罗斯、蒙古、朝鲜、哈萨克斯坦、吉尔吉斯斯坦、塔吉克斯坦等国家的边境旅游。

（三）港澳台旅游

港澳台旅游最初是指我国内地居民在获准有特别经营权的旅行社的组织下，以旅行团的形式前往香港和澳门地区开展的旅游活动，但后来也包括我国内地居民赴港澳的自由行。港澳游的发端始于 1983 年广东省旅游公司组织的“赴港探亲旅游团”。1984 年，国务院批准了国务院侨办、港澳办和公安部联合上报的《关于拟组织归侨、侨眷和港澳台眷属赴港澳地区探亲旅行团的请示》，规定此项组织工作由中国旅行社总社负责委托国内各地的中国旅行社承办，由香港和澳门的中国旅行社负责在当地的接待业务。此后，这种最初的赴港澳探亲旅游逐渐演变为今日内地居民的自费港澳游。2008 年，随着海峡两岸“三通”的实现，内地居民赴台湾旅游也正式开始。

二、出境旅游市场的特点

我国的出境旅游市场形成较晚，根据近些年来的发展情况，主要表现出以下一些特点：

（一）增长速度快

首先是出境旅游人次增长速度快。随着出境旅游政策的放宽和出境旅游目的地的增多，近年来我国公民出境旅游的规模持续增大，出境旅游人次已由 2000 年的 1 050 万人次增至 2015 年的 1.2 亿人次（见表 7—13）。这一期间，虽然因私出境人次和因公出境人次都在增加，但因公出境人员所占的比例相对下降，因私出境人员所占的比例则在增大。另一方面，由旅行社组织的出境旅游人数不仅所占比例较低，而且其比重呈下降趋势。出境旅游规模的持续上升和散客比重的不断增大，反映出我国出境旅游市场的发展正在加速走向成熟。从 2013 年的全面数据来看，中国出境的市场已经达到了 9 818 万人次，接近 1 亿的规模，相当于很多的欧洲国家的人口的总和。

表 7—13　　2000 年至 2012 年中国出境旅游人数　　单位：万人次

年份	出境旅游人数	年份	出境旅游人数
2000	1 050	2008	4 580
2001	1 210	2009	4 750
2002	1 660	2010	5 740
2003	2 020	2011	7 030
2004	2 890	2012	8 230

续表

年份	出境旅游人数	年份	出境旅游人数
2005	3 100	2013	9 800
2006	3 450	2014	10 900
2007	4 100	2015	12 000(预计)

数据来源:中国出境游研究所。

此外则是出境旅游消费额增长速度快。根据世界旅游组织发布的数据,1982 年我国公民出境旅游消费总额仅为 6 600 万美元,1996 年上升至 44.74 亿美元,2004 年为 191 亿美元,2005 年上升至 218 亿美元,已进入世界十大国际旅游支出国行列,占全世界国际旅游消费总额的 3.3%。从人均消费支出看,我国公民出境旅游者在海外逗留期间的人均消费开支也已超过来我国内地入境旅游者的人均消费开支。2014 年,我国出境市场的消费在境外已经达到 1 648 亿美元的规模。从横向的比较来看,在 2012 年的时候,中国的出境消费已经超过了德国和美国,成为世界第一。

(二)出境旅游目的地的选择范围拓宽

随着我国经济的快速发展和综合国力的提升,作为亚洲第一大出境旅游客源市场,其重要地位已逐渐被世界各国所认知。目前全球已有 140 个国家和地区与我国签约成为我国公民的出境旅游目的地,其范围几乎遍及世界的每一个角落,旅游研究院的调查显示,多次出境旅游的游客比例已上升到接近 40%。随着出境经验的不断丰富,中国游客对旅游产品的选择逐渐趋于成熟与理性。去香港红磡听演唱会,到瑞士阿尔卑斯山滑雪,去肯尼亚追逐动物迁徙,甚至到韩国美容,各种类型的深度游、主题游,正在成为很多中国游客,特别是年轻一代中国游客的选择。这些在极大地拓展了出境旅游范围的同时,也带给旅游者更多的新鲜感和体验,促进了出境旅游的发展。

(三)客流流向以亚太地区为主

在出境旅游的客流方面,尽管可供选择的目的地很多,但主要流向一直都是近距离的国家和地区,特别是那些开放时间比较早、距离比较近的亚太地区旅游目的地。中国出境旅游客流的这一流向格局是由旅游(需求)活动的基本规律所决定的(见表 7—14)。

表 7—14　　中国(内地)居民出境旅游客流的主要流向(2000~2010 年)

年份	按出境首站计列的前 10 位旅游目的地
2000	中国香港、中国澳门、泰国、日本、俄罗斯、韩国、美国、新加坡、朝鲜、澳大利亚
2001	中国香港、中国澳门、泰国、日本、俄罗斯、韩国、美国、新加坡、朝鲜、澳大利亚
2002	中国香港、中国澳门、日本、俄罗斯、泰国、韩国、美国、新加坡、朝鲜、马来西亚
2003	中国香港、中国澳门、日本、俄罗斯、越南、韩国、泰国、美国、新加坡、马来西亚
2004	中国香港、中国澳门、日本、俄罗斯、越南、韩国、泰国、美国、新加坡、马来西亚
2010	中国香港、中国澳门、日本、韩国、中国台湾、越南、美国、马来西亚、泰国、新加坡

资料来源:根据中国出境旅游发展年度报告整理。

根据《中国出境旅游发展年度报告 2015》,2014 年前十五位目的地国家和地区分别是中国香港、中国澳门、韩国、泰国、中国台湾、日本、美国、越南、新加坡、马来西亚、俄罗斯、印度尼西亚、澳大利亚、柬埔寨和法国。可见大多数中国游客选择了中国香港、中国澳门、韩国、泰国、中国台湾、日本与东南亚等周边目的地。但中长线出境旅游作为中国出境旅游的高端市场，表现出较大的增长潜力。2011 年，前往美洲、欧洲、大洋洲与非洲等中长线目的地的游客占据了出国游客总数的三分之一，其中赴非洲游客的增长接近 40%。具体调查监测数据显示，中国内地公民出境旅游目的地的分布为：亚洲占 89.5%，其中港澳台占 70.4%；欧洲占 3.5%；非洲占 3.0%；美洲占 2.7%；大洋洲占 1.1%；其他占 0.2%。

（四）购物游成为推动中国出境旅游市场发展的重要动力

2012 年，中国游客超过美、德游客，成为出国旅行出手最阔绰的游客。当年，8 300 万出国旅行的中国游客消费了 1 020 亿美元。2014 年，中国游客海外支出达到创纪录的 1 648 亿美元，较 2013 年增加 28%。

中国人均 GDP 不断地增长，带动出境市场的快速增长。此外，最近几年人民币对内贬值对外升值，中国老百姓境外的消费能力增强，对于中国出境市场是一个促进。贝恩咨询中国公司报告显示，2014 年中国奢侈品消费总额同比增长 9%，约为 3 800 亿元人民币，其中近 70% 来自海外消费，目前中国仍是全球奢侈品最大的购买国。由于很多国家奢侈品售价比在中国内地便宜两到三成，对于中国游客来说，飞去国外买奢侈品会更划算。

【补充阅读】

十年后中国境外旅游支出或超德英法总和

过去 5 年，国际游客境外游支出已达到 1 万亿美元。未来 10 年，旅游开支的增长预计将超过全球经济增速。而到 2025 年，中国旅游者的境外游支出有可能超过德国、英国和法国的国际旅游者的总和。

这是咨询机构牛津经济研究院（Oxford Economics）和支付公司 Visa 共同发布的一份报告作出的预测。该报告结合了 Visa 的支付数据和牛津经济研究院的宏观预测，研究对象为年收入在 2 万美元及以上的家庭。

2025 年，中国内地境外游的支出将达到 2 554 亿美元，比 2015 年的 1 370 亿美元提高 86%。这一数字将是美国的近两倍。美国人境外旅游支出到 2025 年可能达到 1 341 亿美元。2025 年，德国、英国和法国游客的出境游支出将分别增长至 976 亿美元、969 亿美元和 439 亿美元，总和为 2 384 亿美元，略少于中国内地（2 554 亿美元）。

未来 10 年，俄罗斯将成为出境游支出增幅最大的国家，为 118%；排在第二位的是巴西，增幅为 106%；增幅排第三的是新加坡，为 99%。

该报告显示，随着中国、巴西、俄罗斯和其他新兴市场中产阶层的扩大，到 2025 年全球将有 9.45 亿个家庭收入达到 2 万美元以上。其中，新兴市场中产家庭数量（5.26 亿个）将超过发达市场（4.19 亿个）。在这些家庭中，约 2.82 亿个家庭每年至少会进行一次出境旅行，平均每个家庭支出 5 309 美元，总支出将升高至 1.5 万亿美元，相比 2015 年提高 35%。

新兴市场家庭出境游的支出也逐年上涨，到 2025 年，新兴市场出境游支出（7 910 亿美元）将超过发达市场（7 420 亿美元）。2015 年，中国的出境游支出中，年收入在 2 万～15 万美元的家庭贡献了 87.3%，15 万美元以上收入家庭贡献了 12.7%。这一支出占比与全球和新兴市场相仿：全球为 81.7%与 18.3%、新兴市场为 82.5%与 17.5%；而在德国，年收入在 2 万～15 万美元的家庭却贡献了 95.1%的出境游支出，15 万美元以上家庭的贡献仅为 4.9%；美国的占比差距则不那么大，分别为 62.5%和 37.5%。

2015～2025年，按家庭收入划分的出境游支出实际年均复合增长率：收入2万美元以上的中国家庭在出境游支出年均复合增长率为6.4%，全球和新兴市场为4.4%和6.1%，美、德分别为2.9%和2.8%；收入在15万美元以上的中国家庭在出境游支出上的年均复合增长率为5.7%，虽不及德国的6.7%，但高于全球和新兴市场（分别为5.0%和5.3%）以及美国（4.6%）。

就全球范围而言，每户出游家庭的年出境游支出呈逐年上升趋势，到2025年达到5 309美元。届时，中国家庭的平均年出境游支出将达到5 275美元，略低于德国的5 528美元，但高于美国的4 433美元。

（资料来源：《第一财经日报》，2016年7月7日。）

三、出境旅游的发展前景

在21世纪中，我国的出境旅游市场将会继续成长，不仅出境旅游人次将会继续增加，出境旅游的人员范围以及出游目的地的地域范围也都会继续扩大。

第一，随着我国社会经济的繁荣和小康社会的实现，国民家庭的实际收入水平将会继续提高。这意味着，除了那些目前已经率先致富的人群外，未来将会有更多的家庭具备出境旅游的支付能力。另一方面，随着未来国民休假制度的完善，特别是随着带薪年假的逐渐普及，越来越多的人将会具备实现出境旅游的时间条件。这预示着在未来的发展中，中国出境旅游市场能够得以发育和壮大的客观条件将会变得更加成熟，因消遣性目的而出境旅游的人群规模将会不断增大。

第二，随着经济全球化的发展，中国与世界各国的经济联系将会更加紧密。以此为基础，各个领域中的对外交流与联系也都会更加频繁。这意味着以商务旅游为代表的因公出境旅游的市场规模将会进一步增大。

第三，我国政府对国民出境旅游的开放政策，如不断放宽允许旅行社组团出境旅游目的地范围、不断提高国民用于出境旅游的换汇额度等，加之我国“全球通”等移动通信业务所带来的便利，以及我国“银联卡”在国际上的使用范围不断拓展等，所有这一切可助推出境旅游市场发育的环境条件，都将有力地推动我国国民出境旅游的发展。

第四，我国出境旅游市场的迅速发展与成长，已经引起国际社会越来越多的关注和重视。越来越多的国际旅游目的地国家都已开始在我国设立旅游办事机构，并采取多种招徕措施，面向中国出境旅游市场实施高密度、大范围的促销宣传活动。这一情况的出现和发展，也将对中国出境旅游客流形成一定的刺激和拉力。

总之，我国公民出境旅游市场的发展，使我国旅游业市场体系更加完整，在国际旅游市场上的地位进一步提高；满足了国内居民的出境旅游需求，使出境旅游成为人们生活水平提高的重要标志。随着改革开放的逐步深入，尤其随着我国加入世界贸易组织后同世界各国贸易往来日趋频繁，以及人们生活水平的不断提高，将会有越来越多的国内居民走出国门，到世界各地旅游。

【课后阅读】

《泰囧》为何“不小心”带火泰国旅游

小成本喜剧片《人在囧途之泰囧》带来的惊喜，看来远不止12.6亿元的票房。近日，泰国总理英拉在总理府接见了徐峥和《泰囧》摄制组工作人员，感谢《泰囧》对泰国旅游的宣传，表示欢迎更多的中国导演到泰国取景拍片。

一部电影的导演因影片拉动拍摄地旅游而受到该国政府最高领导人的接见,《泰囧》可谓开了历史先河。泰国旅游业到底因《泰囧》受益多大?从中可见一斑。

有统计数据显示,去年前往泰国的中国游客超过250万人次,春节期间报名参加泰国团队游、自由行的国内游客比上年同期增加3倍,泰国游价格也水涨船高。

在狂收票房的同时,还能产生意料之外的"旅游效益",用电影带动拍摄地旅游业,《泰囧》之前国内外成功的案例数不胜数:《指环王》、《霍比特人》让有着"魔法风景"资源的新西兰成为全球热门的旅游胜地;一部《阿凡达》让中国的张家界声名远扬;少林寺、乔家大院无不是因影视剧跻身热门旅游景点;电影《庐山恋》更是让庐山成了浪漫爱情的代名词;2008年年底,冯小刚的贺岁片《非诚勿扰》一夜之间让日本的北海道红遍中国,而杭州西溪湿地的房价也因此如日中天。

2012年,除了横空出世的《泰囧》,几部国内外大片的上映也给取景地带来了不同程度的连锁热效应:《碟中谍4》的热映带动了迪拜旅游,有旅行社及旅游网站更是迅速推出了"碟中谍主题团队游";《2012》中出现过的美国黄石公园、夏威夷、中国西藏以及墨西哥玛雅文明核心区等成了部分游客最想去的地方;随着《一九四二》的上映,片中多次出现的两江国际影视城民国街也火了,民国街一天涌入游客近两万人,主动联系入驻的商家络绎不绝;就在《泰囧》之前,导演李安的一部《少年派的奇幻漂流》在造就高票房、勇夺奥斯卡的同时,也带火了原本冷清的印度游……

携程旅行网的一项调查显示,旅游者对影视旅游认可度较高。83%的观众会因为一部喜欢的影视作品想去拍摄地旅游。91%的参与调查者认为,相比一些商品在影视剧中的植入式广告,旅游目的地通过作为拍摄外景地在影视中做宣传,更能让观众接受。

(资料来源:《中国青年报》,2013年3月24日,03版。)

本章小结

旅游市场是旅游产品和服务交换与消费的场所;旅游市场是旅游产品买卖双方以及旅游中间商之间交换现象和交换关系的总和;旅游市场就是指在一定的时间和地点条件下,具有旅游购买能力、旅游愿望和旅游购买权利的消费者群体。旅游市场是一个复杂的体系,主要由旅游者、旅游购买力、旅游愿望、旅游购买权利四个要素构成。面对庞大的旅游市场,需要对其进行市场细分,以便更好地服务于旅游者。第二次世界大战以后,世界国际旅游迅速发展,欧洲是世界上国际旅游最主要的目的地和客源地,其次是亚洲及太平洋地区,再次是美洲地区。1978年以来经过近40年的努力,我国旅游业保持持续快速增长,形成了入境旅游、国内旅游、出境旅游三个市场相互驱动、相互补充的形势,奠定了我国旅游大国的地位。

思考与练习

1. 名词解释:旅游市场、市场细分。
2. 试述旅游市场的概念、构成要素和特点有哪些。
3. 简述划分旅游市场的常用标准。
4. 试分析全球旅游市场的发展趋势及其特点。
5. 影响全球旅游市场的主要因素有哪些?
6. 简述旅游客流的基本规律和发展趋势。

7. 在全球国际旅游人次中，近距离的国际旅游何以会占绝大比重？
8. 你如何认识我国旅游业在国际旅游客源市场竞争中存在的问题？
9. 中国国内旅游市场发展迅猛的原因是什么？
10. 简述我国出境旅游市场的特点。

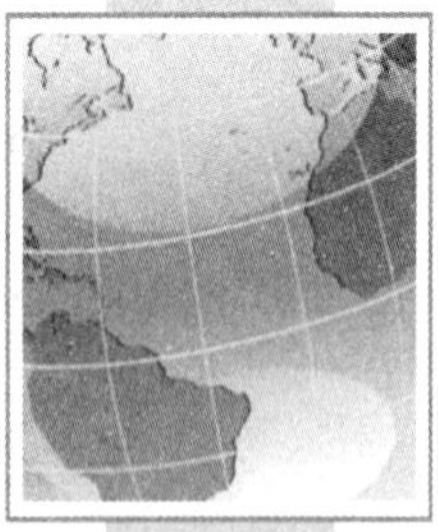

第八章 旅游的影响

学习目标

通过学习本章，熟悉旅游及旅游业的发展对旅游目的地的经济、社会文化以及环境等方面影响的基本表现，了解其产生的基本原因及决定其程度大小的条件。

教学内容

1. 旅游的经济影响
2. 旅游促进经济发展的依据
3. 旅游的社会文化影响
4. 旅游的环境影响
5. 可持续发展旅游

【案例导入】

湖南凤凰的旅游发展

凤凰县地处湖南西部边缘，由苗、汉、土家族等 18 个民族组成，全县面积 1 759 平方公里，人口 39.47 万，少数民族占 62%。自唐置渭阳县，迄今已有 1 300 多年历史。凤凰县城距湘西州府吉首市 52 公里，距张家界 200 公里，距铜仁凤凰机场 31 公里，有 319 国道和枝柳铁路穿越县境，旅游业发展条件优越。凤凰山川秀丽、名人史迹荟萃、民风淳朴、民族风俗风情浓郁，该县旅游资源主要有以南华山国家森林公园和沱江河为代表的自然山水风光，以凤凰古城、南长城和沈丛文、熊希龄旧居为代表的一批历史人文景观，及以苗族为主的浓郁民族风情。

1997 年，因国家政策调整，凤凰县财政的支柱、收入过 1 亿元的卷烟厂关闭，凤凰县充分利用古朴的历史风貌、厚重的文化底蕴、浓郁的民俗风情、秀美的山水风光、辈出的名人英才五大特色资源，开始了艰难的二次创业。经过短短数年的保护性滚动开发，旅游业不断发展壮大，成为县域经济的支柱产业。2001 年 12 月，凤凰被国务院列为国家历史文化名城。先后被列为全国旅游开放县、省级风景名胜区、国家级生态示范县。“凤凰古城”是中国旅游报评选的“中国旅游知名品牌”。2007 年又被评为中国旅游强县。

2011 年，凤凰县全年共接待国内外游客 600.14 万人次，实现旅游总收入 44.31 亿元，门票收入 1.55 亿元，同比分别增长 15.4%、47.01%、2.65%。旅游接待人数首次突破 600 万人次大关，创凤凰旅游发展历史新高。其中，以文化旅游产业为主的第三产业占 GDP 比重超过 60%。旅游产业为凤凰直接提供就业岗位 1.5 万个，全县涉旅从业人员 4.5 万人。凤凰已经成为湘西旅游业的龙头和湖南三大旅游目的地之一，“天下凤凰”旅游品牌闻名海内外。

（资料来源：根据网络资料收集整理。）

现代旅游既是一种高层次的精神文化享受，又是一种高消费的经济行为。旅游者的移动成为一种中介体，建立了旅游目的地与客源地之间的联系，引发了两地一系列的变化，既有经济的变化，更有社会文化的变化。这是旅游活动的特殊性所带来的必然结果。这些变化既有积极的影响，也有消极的结果。认识旅游活动对目的地和客源地社会带来的积极影响和消极影响，可以更深入地认识到旅游活动的本质，进而指导旅游开发、经营、管理等行为更加科学化。

第一节　旅游对经济的影响

旅游消费的经济影响是双方的，既会影响到旅游目的地的经济，也对旅游客源地的经济产生影响。就国际旅游而言，海外旅游者入境后的旅游消费构成了旅游接待国的国际旅游收入，而客源国居民出国旅游期间的旅游消费则构成了该国的国际旅游支出。就国内旅游而言，将全国作为一个整体的角度看，似乎没有必要区分旅游目的地和旅游客源地，但在旅游消费对两地经济的双向影响实际上也是同样存在的。一般来说，在旅游研究中，人们主要讨论的是旅游的发展可能对旅游目的地的经济带来的各种影响。因此，本节主要讨论的也是一个国家的国内旅游和海外入境旅游对该国经济的影响。旅游者在旅游目的地的旅游活动不仅为当地旅游企业提供了商机，也通过其带动功能对当地的其他产业产生了间接的影响。这种影响也存在积极的和消极的两个方面。

一、旅游业积极的经济影响

旅游业对国民经济所产生的积极影响，概括起来，主要体现在以下几个方面：

（一）增加收入，平衡收支

不论是发达国家还是发展中国家，发展旅游业的一个主要目的是赚取收入，改善收支平衡状况。以国际间的出入境旅游为例。外汇是国际间用于经济结算的支付手段，包括外币和以外币表示的支票、汇票、有价证券等票据。一个国家拥有外汇数量的多少，表明了这个国家经济实力的强弱和国际支付能力的大小。在当前世界经济日益全球化的趋势下，国际竞争不断加强，要想在激烈的国际经济竞争中站稳脚跟，必须不断开辟创汇的途径，努力增加外汇储备。

一般来说，一个国家获取外汇收入的途径有三条：①贸易收入，即通过出口有形的物质商品换取外汇；②非贸易收入，即对外提供劳务和技术服务、承包工程、运输、国际保险、旅游、侨民汇款、外交人员费用、政府和私人的赠款等方面的外汇收入；③资本往来收入，即对外投资和贷款所收的外汇。

旅游外汇收入是非贸易外汇收入的重要组成部分。旅游创汇与传统的商品出口相比，具有很多优点，主要表现在以下几个方面：

1. 换汇成本低

旅游出口是一种无形贸易，而且旅游活动的异地性要求旅游者必须前往旅游产品的生产地点进行消费。这种出口可以节省商品外贸过程中所必不可少的运输费用、仓储费用、保险费用等项开支。而且，它也不存在一般外贸出口商品在运输过程中的损耗问题。所以，旅游换汇成本低于一般外贸商品的换汇成本。

此外，在国际贸易市场上，生产和技术比较落后的发展中国家长期靠初级产品、原材料出口来换取外汇，在价格上明显处于不利地位。特别在进口国家实行贸易关税壁垒政策的情况下，出口国家为了获得外汇，有时甚至不得不以低于商品成本的价格出售，这样换汇的成本常常比较高。而国际入境旅游者在接待国旅游时，其外币则须完全按照当地公布的外汇牌价兑汇。因此，同传统的商品出口换汇的情况相比，旅游产品的换汇成本低，一般其成本为外贸商品出口换汇成本的2/3左右。

2. 换汇速度快

在传统的商品出口中，出口商品与支付款项的流向是相反的，从发货到结算支付往往要间隔一段较长的时间。而在旅游出口中，买方往往采用预付或现付的方式结算，因此卖方即旅游接待国能立即得到外汇。

3. 不受进口国关税壁垒的影响

在传统商品出口中，进口国往往会对进口商品实行配额限制，超过这一数额，便会提高进口商品的关税。此外，在对进口商品没有配额限制的情况下，为了控制商品进口量，进口国也会以调高进口关税为常用手段，这就是所谓的关税壁垒。而旅游出口是"风景就地出口"，不受贸易保护主义的干扰、出口配额的限制和关税壁垒的影响。

4. 物质资源消耗少

旅游产品主要以服务性产品为主，主要依靠服务收取外汇，不必付出很多的物质产品，不需消耗很多的能源，且旅游资源能够持续利用。这是商品出口所不能及的。

由于旅游创收具有以上种种优势，尤其在国际旅游中，旅游业的创汇率优于其他行业的创汇率，所以，在第二次世界大战后尤其是20世纪60年代以后，旅游创汇成为世界上许多国家一条重要的创汇途径和一种平衡国际收支的手段。

（二）扩大内需，加快回笼货币

在商品经济社会中，任何一个实行纸币制的国家（地区）的政府都要有计划地投放货币和回笼货币，控制货币流通量。因为在商品投放量不变或增加不多的情况下，人们持有的货币量超过了流通的商品价格总量，就有可能出现通货膨胀，产生货币贬值。因此，国家必须监督和控制货币的投放与回笼，以保持社会上流通的货币量与流通的商品量协调一致，以维护社会经济的正常运行。

国家回笼货币一般有四个渠道：一是财政回笼，即通过征收各种税款收回货币；二是信用回笼，即通过吸收存款、收回贷款、发放国债等收回货币；三是商品回笼，即通过出售各种商品收回货币；四是服务回笼，即通过服务行业的收费回笼货币。

在国家的物质商品生产能力有限，一时难以扩大物质商品投入量的情况下，发展旅游业，特别是国内旅游业，转移人们的购买趋向，鼓励旅游消费，是扩大内需、回笼货币的一个重要途径。因为旅游业是满足人们享受和发展需求的行业，消费水平高、消费面广，可以通过提供少量的商品供应和大量的服务达到回笼货币的目的。正因如此，当今世界各国都十分重视国内旅游业的发展，借以拉动内需，加速货币回笼，促进国内市场的繁荣和稳定。

我国国内旅游自20世纪80年代中期开始活跃，到90年代走上了发展的快车道。近几年，在政府部门、旅游企业和消费时尚的引导下，国内旅游规模更是迅速扩大，显示出扩大内需拉动消费的强大作用。

国家旅游局公布的数据，2009～2011年中国国内旅游人数和收入保持了平稳较快增长。从表8－1中可见，从2008年到2011年，国内旅游人次大幅攀升，国内旅游收入几乎跨越式增长，其增长的速度超过旅游人次的增长速度，表明平均每人次创造的收入增加，也即人均旅游单次消费额增加。

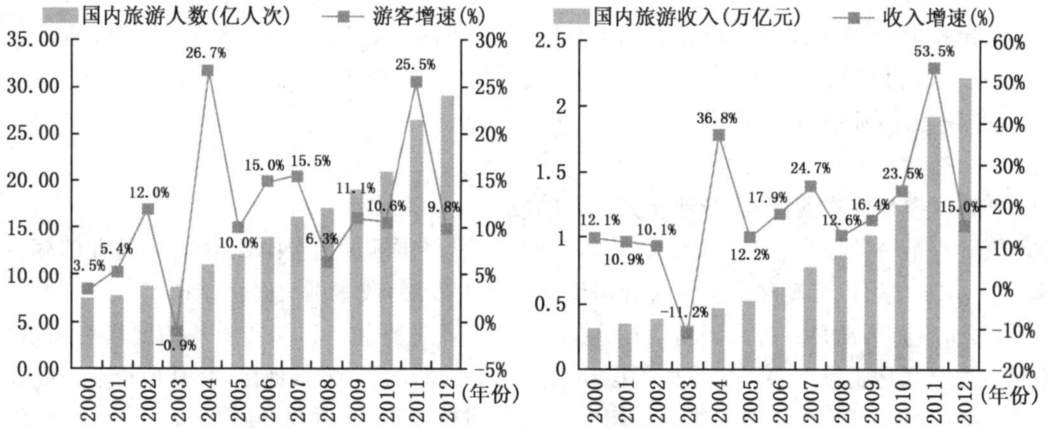

数据来源:中国行业咨询网(http://www.china－consulting.cn/)研究部汇总。

图 8－1　2000～2012 年国内旅游人数、收入及增速情况

表 8－1　　2008～2011 年我国国内旅游人次和旅游收入

年份	国内旅游人次(亿)	增长量	增长率	国内旅游收入(万亿元)	增长量	增长率
2008	17.12			0.88		
2009	19.02	1.90	11%	1.02	0.14	16%
2010	21.03	2.01	11%	1.26	0.24	24%
2011	26.40	5.37	26%	1.93	0.67	53%

旅游产业内需市场的发展空间巨大。目前,我国国内个人旅游消费额占个人消费总额的比重还比较低。2007 年,我国居民国内旅游消费额仅占社会消费品零售总额的 8.7%。2012 年,我国城镇居民旅游消费 17 678.03 亿元,农村居民旅游消费 5 028.19 亿元,占当年社会消费品零售总额的 11%。这说明发展国内旅游在扩大内需上的潜力仍然很大。

(三)增加政府税收

税收是国家财政收入的主要来源。没有足够的税收,政府不仅不能增加对经济发展和公共事业的投资,而且也难以维持国家机构的正常运转。发展旅游业可以起到增加国家税收的作用。旅游(直接、间接)影响行业对财政的贡献是旅游产业对财政贡献最重要的方面。旅游消费所带来的总财政收入应是旅游直接影响行业和旅游间接影响行业因旅游所带来的财政收入之和。国家的旅游税收目前主要来自两个方面:一是对游客直接征收的税与费,主要包括入境签证费,出入境时交付的商品海关税、机场税等;二是对旅游企业征收的营业税和所得税等。例如,2003 年天津旅游产业所上缴的直接税收为 34.81 亿元,上缴的间接税收是 15.34 亿元,因旅游带来的总财政收入为 50.15 亿元,旅游直接影响行业对天津财政的贡献度是 7.71%,旅游间接影响行业对天津财政的贡献度是 3.40%,对天津财政完全贡献度是 11.11%。

【补充阅读】

福建厦门 2013 年春节旅游业缴地方税费 1.18 亿元

据悉,春节黄金周,福建省厦门市旅游业为厦门市贡献地方税费 1.18 亿元,同比增长

19.85%。2013年春节假期里，厦门在最受欢迎境内自由行目的地中排名第二位，旅游人数和旅游总收入再创新高，共接待国内外游客145.89万人次，同比增长18.39%。旅游总收入14.63亿元，同比增长21.91%。

（资料来源：厦门网，2013年3月7日。）

（四）调整地区产业结构，带动相关行业的发展

旅游业是一项综合性产业，关联性强，它的发展一方面有赖于国民经济各行各业的综合发展，另一方面也可以带动和促进国民经济许多行业的发展，改善国民经济结构。

首先，旅游活动是一种高消费活动，决定了旅游者对消费品和消费服务的要求在质量、数量和规格上都是比较高的。这就成了推动生产发展的新动力，为其他部门、其他行业开辟新的生产门路提供了可能。生产和服务部门要尽量采用新技术、新材料、新设备，生产出符合旅游者和旅游企业需要的、品种齐全的新产品。在这方面，轻工、纺织、建材、交通等部门负有直接的使命。比如，我国旅游宾馆和高层建筑中使用的材料、用具，轻工产品占80%左右，涉及轻工部门的十几个行业。为此，轻工部门要从满足旅游宾馆和高层建筑的需要出发，开拓我国轻工生产的新领域，发展新门类，闯出新路子，以带动整个轻工业和旅游业的发展。

其次，在社会化大生产的条件下，国民经济各部门、各行业是有机联系在一起的。一个新行业的发展，其影响所及绝不止这个行业本身和与之有直接关系的部门，而几乎涉及国民经济的所有部门和行业。旅游消费涉及食、住、行、游、购、娱等各方面的需求，这就会刺激与此相关行业的发展，如建筑、建材、装潢、水电安装、园艺、副食、交通等。随着这些行业的发展，又会间接带动其他行业的发展，如种植业、畜牧业、林业、机械制造、加工等。

由此可见，“旅游兴，百业旺”，旅游业不仅促进了国民经济现有部门、行业的发展，而且对调整国民经济产业结构、促进产业结构合理化和综合发展起到非常积极的作用。

表8－2　2005～2011年中国旅游业总收入占GDP的比重　单位：亿元

年份	国内生产总值（现价）	同比增长（%）	中国旅游业总收入	同比增长（%）	中国旅游业所占比重（%）
2011	471 564	9.2	22 500	20.1	4.77
2010	397 983	10.3	14 832	11.5	3.73
2009	335 353	8.7	12 900	11.3	3.85
2008	300 670	9.0	11 600	5.8	3.86
2007	257 306	13.0	10 957	22.6	4.26
2006	210 371	11.1	8 935	16.3	4.24
2005	183 368	10.4	7 686	12.4	4.18

资料来源：全球分析网（www.qqfx.com.cn）旅游课题组整理。

（五）增加就业机会，缓解社会压力

就业问题是国民经济中的一个重要问题，它不仅关系到每个劳动者的生存和发展，而且也关系到整个社会秩序的稳定。如果失业率太高，会演变成非常突出的社会问题。一个国家安排就业能力的大小对其社会稳定和经济发展有直接的影响。所以，各国政府都十分重视并采取一系列措施创造条件增加就业机会，减少社会失业压力。

国家解决国民失业问题虽然可有多种不同的途径，但主要的选择有以下方式：

其一，通过削减劳动力价格，实行低工资。这是一种传统的解决就业的办法。但这种方法对经济的发展是不利的，所以也难以有效地解决就业问题。

其二，发展制造业，通过生产技术上有竞争力的产品来扩大市场、增加产量，从而扩大生产队伍，提供更多的就业机会。这种方法不可能在短期内解决目前面临的就业问题，特别是对发展中国家而言。

其三，通过发展第三产业来增加就业机会。这是一种有效解决就业问题的重要途径。

旅游业是第三产业的重要组成部分，在提供就业机会和解决就业问题方面，与其他产业相比，具有相当大的优势：

(1)旅游业能提供大量的直接就业机会。旅游业属劳动密集型的产业，在旅游接待工作中，许多工作需靠员工手工操作，且需要直接面对客人提供富有人情味的服务，因此需要大量的劳动力。以饭店业为例，在低工资成本地区，每增加一间客房，可为 1.2～2.0 人提供直接就业机会。

(2)旅游业就业层次较多、就业门槛较低。旅游业的就业岗位层次众多，一方面需要高素质的管理与技术人才；另一方面，很多工作，尤其是旅游交通、旅游餐饮、旅游商品、旅游景区等行业的大多数工作并不需要很高的技术，对年龄要求也不十分苛刻，能为尚不具备技术专长的青年和下岗职工提供就业机会。当然，这并不是说旅游就业不需要知识和技术。为了保证旅游产品的质量，也需要对从业人员进行适当的教育和训练。但同技术程度要求较高的制造业等就业相比，旅游业就业门槛较低，只需短期培训即可很快胜任。据一些发达国家的统计，旅游业安排就业的平均成本要比其他经济部门低 36.3%。

(3)能给相关行业提供就业机会。旅游业是一个具有关联带动性的产业，不仅自己可以直接提供就业机会，而且能够连带其他行业提供就业机会。根据世界旅游组织专家的测算，发达国家旅游业每增加 3 万美元的收入，将增加 1 个直接就业机会和 2.5 个间接就业机会。对于旅游资源丰富的发展中国家，旅游业每增加 3 万美元的收入，将增加 2 个直接就业机会和 5 个间接就业机会。而旅游业每年增加 1 个直接就业人数，就可增加 5 个与之相关联的间接就业机会。

由此可见，发展旅游业是增加就业机会的重要途径之一。2012 年我国旅游直接就业人数达 1 100 万，全部旅游就业达 7 600 万。仅 2006 年我国就有超过 600 万的农村人口通过发展旅游业获得了新的就业岗位。2013 年新增旅游直接就业 50 多万人。旅游业在为国家解决社会就业方面，起着举足轻重的作用。特别是在改革不断深化的今天，旅游业更为实施“4050”再就业工程作出了重大贡献。

(六)旅游扶贫致富，缩小地区差距

世界不同国家和地区，或者一个国家的不同地区，由于受自然条件、开发历史等方面因素的影响，其经济发展水平是不平衡的。而旅游在缩小这种地区差距方面能够起到一定的积极作用。如果说国际旅游可以引起旅游客源国的财富向旅游目的地国转移，在一定程度上促使国际间的财富再分配，那么，国内旅游则可以把国内财富从客源地向目的地转移，使国内财富在区域间进行再分配。就一般情况而论，经济较发达的地区外出旅游的人数较多，经济落后地区外出旅游的人数较少。当经济落后地区的旅游资源足以吸引经济发达地区的居民前往旅游时，这些旅游者在旅游目的地的旅游消费对当地经济显然是一种外来的刺激。这种刺激，不但对当地旅游业的发展是个促进，而且也在一定程度上带动了落后地区整个社会经济的发展，从而发挥旅游扶贫致富的作用。

【补充阅读】

重庆乡村旅游扶贫效果显著 已招商引资40亿元

[央广网重庆1月9日消息](记者吴新伟) 好山好水好空气的乡村成为越来越多城里人休闲的去处。重庆市扶贫办今披露,日益发展的乡村旅游也成为该市贫困地区农民增收的重要渠道。

据介绍,近几年来,该市整合资金近10亿元,在全市18个重点扶贫区县177个村发展了近10 000户农户开展乡村旅游接待。据统计,仅去年,累计接待游客超过600万人次,旅游直接收入达5.9亿余元,户均收入6万余元。旅游收入也从单纯的吃住发展到农副土特产品加工销售。

围绕休闲旅游配套服务,特色蔬菜、水果以及畜禽养殖业快速发展,武隆的特色蔬菜采摘园、酉阳的苹果桃、城口巫溪的散养鸡、开县云阳的羊以及巫山奉节的党参天麻等产业,融采摘、观光、体验于一体,延长了产业链条,利润率大幅增长。

一些精明的农户把普通的农产品通过简单的包装加工,变成了旅游商品,提升了价值。一些贫困村围绕旅游开发手工艺品,如城口漆器、野核桃,万州泰安刺绣等,深受游客青睐。

重庆市扶贫办称,乡村旅游扶贫产业已逐步成为全市乃至全国扶贫系统的一个品牌,也吸引城市投资、消费、文化三下乡,促进了乡村的发展。据统计,全市贫困村通过乡村旅游招商引资达到40亿元。

(资料来源:中国广播网,2014年1月9日。)

(七)改善投资环境,扩大地区间的合作

旅游业的发展可以改善投资环境,吸引外资,扩大出口,加深地区间、国际间经济交流和合作,是对外开放的一个"窗口"。发展国际旅游业能加深各国人民之间的了解,并从中获得各种经济信息,为企业界和投资公司到旅游目的地投资和开展经济合作提供决策依据。国际旅游业还促进了各国科技人员和信息的交流。通过这种交流,密切了相互之间的关系,促进了中外经济、文化和科技的发展。这种民间的交往形式起到了官方外交所不能起到的作用。

【补充阅读】

海南生态园深圳促销 吸引粤企5.5亿大投资

海南国际旅游岛建设规划正给该省带来发展契机,海南省政府承办的海南生态软件园专题推介会日前在广东省深圳举行,成功吸引广东6家企业签约六大项目,投资总额5.5亿元。

来自广东的六家企业主要投资IT和文化创意产业,包括广东丰采集团将在海南生态软件园投资动漫新媒体公共服务平台、广东日先商业零售策划公司投资海南日先全国服务链项目、深圳吉美文化科技投资隐形二维码数据处理等6个项目,合计投资额5.5亿元。据悉,海南生态软件园规划3 000亩,"十二五"期间将培养以产业服务为核心竞争力、实现100亿元产值的产业集群。

(资料来源:摘自《香港文汇报》,2011年5月。)

二、旅游业消极的经济影响

虽然旅游业的发展对国民经济有很大的促进作用，在产生积极影响的同时，也会带来一些消极的影响。旅游对目的地经济可能产生的消极影响主要表现在以下几个方面：

（一）引起物价上涨、通货膨胀

由于外来旅游者的收入水平较高或者他们为了旅游而积蓄的缘故，旅游者的消费能力普遍高于旅游地当地的居民，因而他们能够出高价购买食、宿等旅游产品，在经常有大量游客来访的情况下，难免引起旅游目的地的物价上涨，损害了当地群众的生活。此外，随着旅游业的发展，带动当地地价水平也节节高升。很多地区的旅游开发事例都表明，在最初旅游者到访不多的地区，兴建饭店时对土地投资仅占全部投资的1%左右。而伴随旅游业的发展，新建饭店的地价很快上升，土地投资会占到全部投资的20%。由此造成的地价上涨，也会影响当地居民的生产生活。

（二）旅游业过度超前发展会影响产业结构

旅游业被认为是一种投资少、见效快、回报高的行业。于是很多地区为了发展地区经济而优先发展旅游业。可是这种超前的发展并没有带来当地经济的增长反而留下了很多不良后果。如一些原先以农业为主的地区发展旅游业后，需要大批劳动力，于是很多人弃农从事旅游接待，造成了农副产品生产能力的下降，致使当地原有产业结构发生变化，农业经济萎缩。旅游业的综合性决定了旅游业的发展必须与国民经济发展相适应，只有在与旅游业相关的产业可以承受的范围内，旅游业才能正常运行。

（三）过分依赖旅游业会影响国民经济的稳定

旅游业在国民经济各行业中不是关系国民生计的行业。一个国家或地区不宜过分依赖旅游业来发展自己的经济。一些旅游目的地过分依赖旅游业，容易受到旅游需求变化的影响，将导致经济发展偏离良性循环轨道。特别是对于像我国这样一个大国更是如此。这主要是因为：

1. 旅游活动有季节性差异

旅游业的季节性波动加大了供需之间的矛盾。旅游业淡季时，必然会有劳动力闲置和当地物资剩余导致物资降价从而使得当地居民收入减少。虽然需求方面的这种季节性波动有时可通过旅游业的营销努力减小，但毕竟不可能完全消除。因此，旅游接待国或地区在把旅游业作为基础产业的情况下，淡季时不可避免地会出现劳动力和生产资料闲置或严重的失业问题，从而会给接待国或地区带来严重的经济问题和社会问题。

2. 旅游活动受制于市场

旅游需求在很大程度上取决于客源地居民的收入水平、闲暇时间和有关旅游的流行时尚，而这些都是旅游接待国或地区所不能控制的。如果客源地出现经济不景气，其居民对外出旅游的需求势必会下降。在这种情况下，接待地区很难保住或扩大市场。此外，一旦客源地居民对某些旅游地的兴趣爱好发生转移，将导致原接待地区的旅游业衰落，甚至经历相当长一段时间的萧条。特别是从长远的观点来看，这些问题都难免发生。

3. 旅游是一个脆弱的产业

旅游业在发展，旅游需求量也在增长，但并不是所有目的地都能受益于这一增长。旅游是一个非常脆弱敏感的产业，会受到各种政治、经济、社会乃至某些自然因素的制约和影响。例如，气候反常、洪水、地震、火山爆发、泥石流等自然灾害；战争、外交形势严峻、政治局势动荡和恐怖活动猖獗；社会福利和工作制度的改变，重大的国际活动，汇率的变化；等等。一旦这些因素发生不利变化，会使旅游需求下降，旅游业乃至整个经济都会受到影响。如 2003 年的 SARS 危机、2004 年的东南亚海啸，以及 2008 年底的全球金融危机等都引起当年旅游业的大幅度回落。

一旦这些旅游业所不能控制的因素发生不利变化，也会使旅游需求大幅度下降，旅游业乃至整个经济都将严重受挫，必会造成严重的经济和社会问题。因此，任何一个国家的旅游业发展都要适应当前经济发展的需要，不能盲目发展。

第二节 旅游对社会文化的影响

从文化产业发展的角度看，旅游产业是文化发展的重要载体。文化固然有着自己独特的发展方式和途径，但实践证明，通过旅游产业，不仅可以增强人们对相关文化的认识和理解，促进文化的发展和传承，还可以实现文化资源的保值、增值甚至是创新，为文化的发展提供强大的推动力。旅游业的发展有利于挖掘文化、丰富文化，通过旅游业的发展，可以充分挖掘各地区、各民族特色的文化资源；通过旅游活动达到发展经济的目的，同时开展文化交流，进而丰富和保护文化。因此，文化与旅游之间的关系可以说是“灵魂”与“载体”、“内涵”与“外显”，具有天然的耦合性。这也决定了文化产业与旅游产业具有较强的融合性，可以在融合中达到相互提升和共赢。

旅游活动的进行必然会伴生旅游者与旅游地居民的社会交往，在双方交往过程中，他们所受到的影响强度是有差异的。旅游者与当地居民之间存在着文化上的梯度，通常有两方面表现：

一是发达地区当地居民的文化包容性和外来旅游者的文化所产生的梯度。由于发达地区所代表的是先进文化，如城市景观、艺术、文化古迹等所表达的深厚文化底蕴，在外来文化的冲击和转移中能被转化和吸收，因此这种文化差异对于发达地区发展旅游业是更为有益处的。

二是欠发达地区当地居民与来自发达地区的旅游者之间产生的文化梯度。一些地区在谋取经济利益的同时，常常产生“主”、“客”关系倒置的问题。一些历史悠久的传统文化、工艺和地方文化被破坏、演化甚至扭曲以迎合旅游者的需求。

在文化冲突和移植中，较为发达的文化具有明显的优势地位，呈现出文化替代的趋势。一般来说，旅游者受到来自旅游地的影响比较小，随着时间变迁，这种影响就会消失；但对于旅游地居民来说，这种影响随着旅游者的不断来访是持续进行的，当影响达到某种程度时，会使当地的社会文化发生变迁，如过度商业化的婚礼表演、节庆表演等。

但任何事物都有两重性，旅游业也是一把“双刃剑”。当前不少地区发展旅游业主要着眼于它所产生的经济效益，而对“大众化旅游”浪潮给当地社会文化带来的负面影响重视不足，给该地区旅游业的可持续发展带来隐患，具有明显消极作用。

一、积极方面的影响

(1)旅游活动的开展具有促进人们身心健康的作用。

现代城市化进程中，紧张的工作和快节奏的生活，给人们带来巨大的压力，迫使人们更向往适时改变和调节生活，更向往静宜、舒适的大自然，以便恢复体力、焕发精神，重新投入生活和工作中去。

(2)旅游活动的开展有助于人们突破惯常环境对思维的束缚，使人们开阔眼界，增长知识。

实践证明，通过旅游活动的进行，旅游者不但得到了身体的锻炼，更是学习和接受新事物的过程，可以了解世界、熟悉社会、增长知识和才能。特别是对青少年，通过与大自然的亲密接触，对他们的教育是生动而真实的，影响非常大。

(3)旅游活动的开展有助于培养人们的爱国主义情感，有助于促进民族文化的保护和发展，有助于增进国与国间的相互了解。

开展旅游活动将学习与游玩互为表里，营造出自我启发式的教育氛围，达到“游中学，学中游”，寓教于乐、润心无声的境界。

以旅游对国民进行本国历史的教育，在一些发达国家和地区已成为制度。如德国一些州对中小学生进行反法西斯的修学旅游做了专门立法，要求每个学校都要定期组织学生到纳粹集中营等地游览参观，勿忘历史。中国自古时就有“读万卷书、行万里路”的游与学的传统，这是把旅游与学习紧密连在一起的思想意识。现在全国各地开展的红色旅游，将这个优良传统发扬光大。“忘记历史就意味着背叛”，牢记历史、重温历史，才能体会当时的屈辱，才能激发中华儿女的上进心，为中华民族之崛起贡献自己的力量。从分类研究角度看可将其归类于修学的大类，定位于朝觐“革命圣地”的专题旅游，列入学校、机关、企事业单位、党团工会组织的爱国主义教育的序列。

在旅游开发的推动下，民俗文化旅游成为一种可供利用的市场资源与族群交往的外在标志，特别是旅游地当地居民高度参与的民俗文化表演活动，很大程度上强化了参与者对本民族群体身份及其传统文化的认识，帮助民族本原的复归，对民族文化的发展与保护都有极大的作用。同时，通过国际旅游活动的开展，有助于广泛地宣传本民族文化，加强不同国家、民族、地域的人们之间的文化了解与交流，增强国际间的和平友好关系。

【补充材料】

三月三爱情节

农历三月初三是黎族人民一年一度的盛会日子。会场一般设在开阔的橡胶林里，头上绿叶蔽天，脚下“叶毯”铺地，幽邃、凉爽、安谧。“三月三”成了当地人自由选择爱人的“爱情节”。传说远古时代，聚居于昌化江畔的黎族百姓遭受了一次大洪水。只有一对恋人幸免于难，漂流到燕窝岭边，三月初三，洪水退去，两人结为夫妻，男耕女织，生儿育女，辛勤劳作，渐渐使黎族繁衍发展起来。后人奉他们为祖先，每逢三月三便隆重纪念。

节日里男女老少皆着盛装，带着糕点、粽子。小伙子们捕鱼，姑娘们做饭烤鱼，然后把祭品供于有天妃和观音化石的洞口。拜祭完毕，青年人来到会场，进行射箭、爬杆、摔跤等。夜幕降临，岸边燃起篝火，小伙子撑开花伞，姑娘们的银饰及贝壳饰物在火光下闪闪烁烁。

情歌婉转，舞蹈渐起，由平缓抒情而进入欢快奔放。有时一对对情人悄悄离开篝火旁，小伙子把耳铃挂在姑娘耳朵上，把鹿骨做的发钗插在姑娘的发髻上，姑娘把自己亲手精心编织的七彩腰带系于情郎腰间，双方信誓旦旦，相约明年三月三不见不散。因三月三从其来历和主要活动内容来说，都与婚恋有关，故而成为爱情节。

(4)有助于推动科学技术的交流和发展。

科学技术的发展是旅行和旅游产生与发展的前提条件，这已由历史实践所证明，如交通运输工具、通信设备及旅游设施等方面的发展和改善，都需要以科学技术的发展为保障；另一方面，旅游也是科学研究和技术传播与交流的重要手段。很多旅游活动本身就是一种科学探索的过程，在旅游过程中可以发现重大科研线索。现代商务会议、专业会议、商业博览会等都是旅游活动发展的另一种新形式。

(5)有助于促进生活方式和生活环境的改善。

旅游者以其自身的意识和生活方式介入旅游地社会中，引起当地居民的思想变化，产生各种影响，形成一种示范效应。这种示范效应是旅游活动对目的地社会产生影响的主要途径，特别是年轻一代会注意到外来旅游者的各种特征及行为，受到的示范影响更为明显。正面作用是对提高当地人口素质有积极作用，如当地居民通过模仿和学习，其行为举止、卫生习惯、经济意识等都得到改善和提高，从而使生活方式发生变化。

通过旅游业的发展，促进旅游接待地基础设施得到改进，改善当地居民生活环境；在依托自然资源为主的旅游地，通过旅游业的发展，使森林、湖泊、动植物及环境等得到治理和保护。

【补充阅读】

旅游促进和平国际联合会与安曼宣言

旅游促进和平国际联合会(IIPT)是一个非营利的全球性国际组织，致力于促进和发展旅游，从而增进世界范围的理解、合作，提高环境质量，保护遗产，促进世界和平和可持续发展。自1986年成立以来，已经主办了一系列的全球会议、高峰论坛、圆桌会议、研讨会等活动，致力于通过旅游打造和平的文化。

2000年，该组织在约旦首都安曼举办了第一届关于和平旅游的全球高峰会议。会后发表了关于和平促进旅游的安曼宣言，内容如下：

我们是和平旅游全球高峰的代表和与会者，本次会议于2000年8～11月于约旦安曼召开……

……我们认识到，旅游是一世界性的社会和文化现象，世界各地人民互为主人和客人，因而是人类一项真正的全球性活动。

……旅游业是世界上规模最大并且成长速度最快的产业之一。全球每11个工作岗位中就有1个源于旅游业，旅游业的发展促进了地区和世界的经济增长，填平了发达国家和不发达国家的鸿沟，带来了和平环境下的繁荣。

……和平是实现旅游活动以及人类各方面发展的前提条件。

……发展旅游能在全球范围内促进了解、信任，创造美好的愿望，需要合适的政治和经济框架支撑。

……因此，我们就"旅游促进和平文化"发表声明，并拥护以下原则：

1. 旅游是涉及社会、文化、宗教、经济、教育、环境以及政治价值与责任的最基本的人类活动。

2. 旅游是人类的基本人权之一，不应对此加以限制，包括那些因残疾和其他原因有特殊需要的人士。

3. 提高社区的生活质量，促进社会和谐。社区及其居民都是系统展示传统文化的有机组成部分。

4. 发展可持续旅游，尊重人类宝贵财富——民族的差异性和文化的多元性，改善人际关系。

5. 必须随时保护、修缮、恢复历史古迹和遗址，对于人类留给后代的宝贵遗产，让每个人都有机会参观游览。

6. 保护并合理利用环境，维持生态平衡，对于旅游的未来极其重要。尊重并认可当地人的古老智慧和对地球的关注。

7. 抓住旅游业全球化发展的机遇，在全世界不同地域之间搭建沟通的桥梁。

……尊重侯赛因国王所说的以地域和平为基础，将哈桑王族的约旦变为一片和平的土地和热情的土地，欢迎怀有和平之心的游客，阿布拉二世殿下致力于将侯赛因国王的和平思想遗产发扬光大，约旦政府和百姓也致力于以无私的热情支持此次会议，确保会议的召开。

……并且赞赏旅游促进和平国际联合会提供和平旅游的视角，并自始至终给予不断的努力；感谢所有的赞助者和其他为此做出贡献的人们，是他们推动了旅游和平事业的发展。

……欢迎美国将2000年作为和平文化年和世界无暴力儿童年。

……对美国行动声明中的目标始终铭记于心，并致力于通过我们的行动去加以实现。

（资料来源：http://www.iipt.org，2000年11月11日。）

二、消极方面的影响

(1)旅游地历史文化遗产遭受不同程度的破坏，“文化生态环境”逐渐恶化。旅游活动带来了大量的市场需求，许多旅游地为迎合这种需求，大规模发展商业，导致很多古城、古镇过度商业化，破坏了文化价值。

由于游客特有的物质摄取心理及不检点的行为，使得蜂拥而来的旅游者每到一处，常常毁损掉他们不辞辛苦特地前来观赏的宝物；有的偷偷地掀下古庙的一片瓦，更多的人将摩崖石刻抚摩得光滑无痕，或在游览点随意刻上“某某到此一游”……而更加普遍也是更棘手的问题是因开发旅游所导致的客观上的损害。

据美国《福布斯》杂志2007年5月30日报道，联合国今日评选出全球濒危旅游景点。埃及帝王谷、澳大利亚大堡礁、中国西藏以及美国大沼泽国家公园均上榜，其中部分景点还是世界文化遗产，组委会一致认为，西藏上榜的重要原因是过度开发。

《福布斯》强调，出此榜单的目的是告诉世人们这些景点已非往日，尤其是部分地区不断开发，不断兴建道路、酒店来吸引游客，在不久的将来会变得面目全非。其实不管是业内专业人士，还是普通游客大家都已发现国内许多景点景区已经与开发前风貌相去甚远。

例如，过去周庄主要靠摆渡进出，为了开发旅游，1998年周庄“告别摆渡”，建了一座水泥大桥，从此旅游客车长驱直入，破坏了周庄的原生态。当地政府不顾规划设计，受一家公司千万元投资吸引，在周庄南湖区域兴建一座“全福寺”，这里曾是陆龟蒙垂钓处和刘禹锡寓所遗址，现在被现代水泥梁柱的寺庙取代。古镇内商业气氛浓厚、市场管理不规范等问题很严重。

曾经多次进西藏的旅游职业经理人徐伟跃说：最初在青藏铁路的列车上还能看见成群的藏羚羊，现在很难了；如今拉萨城里酒店宾馆林立，不经意间以为到了一个现代化的大都市。“现在国内的旅游区，很多都是掠夺式开发，期望在短时间内赚最多的钱，基本上不顾以后还会不会有游客光顾。”几乎走遍大半个中国的驴友小张很是痛心。

(2)旅游地的文化传统遭到异地强势文化的冲击和同化，地方文化的独特性逐渐消失。

文化的独特性与地理环境的封闭性紧密相连，而旅游的发展却与当地的可进入性息息相关。随着交通的改善，地理的封闭性被打破，旅游地文化的独特性也必然受到冲击。一个国家、一个地区的人们在历史长河中所形成的生产方式、生活方式和思维方式，如果没有受到外界的影响，该地区的文化就能长期保留其固有的特征，而无实质性的变化。

(3)干扰旅游地居民的生活。

任何旅游地的承载能力都是有限的。随着大量游客的涌入,当地居民的生活空间逐渐缩小,交通工具、生活设施等承载量都增大,干扰当地居民的日常生活,侵害当地居民的利益,影响旅游者与当地居民之间的人际关系。这样,当旅游业发展到一定程度时,当地居民对待游客的态度会从旅游开展初期时的热情转变为不满和反感,甚至怨恨,最终影响旅游业的发展。

(4)当地文化被不正当地商品化,导致文化滥用。

为了发展旅游业,接待地会积极吸引各方旅游投资者,有时还会刻意迎合旅游者的口味而改变原有的文化特色。正如有的学者说,不少旅游者并不关心接待地文化特色的真实含义,而只是为了猎奇。这就使接待地文化在发展旅游过程中有被不正当舞台化、商品化进而庸俗化的可能。一些地方文化特色的东西被肆意移植仿造,似乎其存在的基础再不是当地的社会生活,而是旅游者的需求。这种迁就游客"期望"的文化表演,同时也是文化歪曲,对旅游接待地文化的自然发展极其有害。旅游者无法全面有效地接触和发现接待地活生生的文化,而是接受了一种经过了包装的"伪文化"、"伪民俗",而且接待地固有的文化也会因此而逐渐失去特色。从长远的眼光来看,如此开发民俗文化旅游,无异于"杀鸡取卵"。

【补充阅读】

"洞房"项目狠宰游客百元

从西双版纳回来的男女游客,大多有这样一个教训,就是"洞房不是随便进的"。记者也曾经在西双版纳看到过"洞房"陷阱:游客进入村寨后,打扮得花枝招展的少女热情地将其迎进二层竹楼,参观其民居,不由分说把一个幸运符挂到男士脖子上,然后"送进洞房",接着女孩就伸手向你要做嫁妆的钱。主婚人会说,如果反悔,就要把你在村口的大树上倒挂 3 天,还要给他们做 3 年苦力。游客只好忍痛掏钱把自己赎回来,价钱少则五六十,多则上百元。如果掏的钱是整数,这里的规矩是概不找零。

(资料来源:中国旅游新闻网,2007 年 6 月 18 日。)

三、旅游对社会文化影响的辨识

相对而言,旅游发展对经济的影响非常明显,但对社会文化的影响是长期、潜移默化的,不易被人们发现,这对我们客观正确地认识这些影响造成了一定难度。

很多时候,我们认为是对社会文化发展有意义的旅游影响会在某些环节产生问题时变成相反的效果。例如,国际旅游的开展对客源国与接待国人民互相了解具有非常好的促进作用,但也有另一种使双方关系"恶化"的事实,因为国际旅游者一般只是短暂逗留,他们带来了自己的文化标准和行为模式,并通常不愿意为这一短暂逗留而改变内化的东西,当他们以一种高姿态并坚持自己的行为出现在旅游地时,很容易引起当地人民反感,而造成双方理解的壁垒。这种情况多发生在文化背景和思想观念差异大的国家或地区之间。

同样,一些被看作是旅游对社会文化的消极影响也并非全部是由于发展旅游而引起的。如不同国家文化冲突中的"不良示范"到底是完全由旅游业引起的,还是由报纸、电视、广播等多方面因素引起的,其界限本身就很难判断。客观上讲,任何问题的形成都是从量变到质变的发展过程。在这个意义上,旅游对社会文化的消极影响一般应指其存在潜在性或可能性。实际上,有些消极影响在某些地区导致的社会问题,在其他一些地区可能并未形成社会问题,这说明,如果旅游对社会文化的潜在影响是绝对的,那它们能否在当地形成社会问题则至少是有条件的。换个角度看，旅游对社会文化的消极影响是可预防、可克服和可控制的。因此，我们在对待旅游文化的时候必须吸取其精华部分，对事物持一分为二的观点。

认识旅游对目的地社会文化的影响，关键要在澄清认识的基础上采取相应的策略和措施，扩大旅游对社会文化的积极作用，抵制和最大限度地缩小其消极影响。我国是社会主义国家，完全有条件使自己的旅游业沿着健康的道路发展。这不仅是发展旅游业的需要，也是社会主义精神文明建设的需要。

【补充阅读】

威尼斯的"葬礼"

曾经有科学家预言——威尼斯在21世纪末将完全被淹没！这个预言没有引起人们的重视。然而，温室效应导致海平面逐年上升，已经严重威胁威尼斯的存在。2009年，威尼斯本岛居民为威尼斯举行了"葬礼"，借此警醒世人：关注全球变化，莫让威尼斯"真的死去"。

几十年来，威尼斯人口锐减，据官方统计，1957年威尼斯常住居民为17.4万人，同期来此的旅游者数量仅100万人；而2009年统计显示常住人口达到历史最低水平，不足6万人，而如今每年有约2 000万游客进入威尼斯。

造成威尼斯人口数量急剧减少的原因，除了由气候变化引起的海平面上升，频繁的水灾，人们担心被淹没以外，更重要的是兴盛的旅游业、大量的游客推高了生活成本。2008年，一张水上巴士的票价是12欧元，2009年就成了15欧元。其他方面的生活费用，如垃圾收集费等也在不断上升；原本提供各种生活必需的商铺和服务机构却纷纷被披萨店和专门接待旅游者的餐馆所代替；蔬菜、面包等日用品商店转行销售面具、玻璃制品等纪念性商品；威尼斯房屋价格高昂，很多房主将房子短租给游客以获取更高利润，而不是租给当地长住者。在威尼斯，如果不想从事旅游、餐饮等服务工作，则很难找到工作。

（资料来源：百度百科。）

第三节　旅游对环境的影响

【案例导入】

可可西里生态旅游对游人开放 每年限制在千人以内

记者从有关部门了解到，广袤、神奇的可可西里"无人区"现在已正式对游人开放，但可可西里生态旅游每年游客数量将限制在1 000人以内。

可可西里生态探险旅行社有限公司负责人介绍说，为保护可可西里原始的生态环境，每批团队的游客数量将限制在15人以内，游客将在五六天的行程中沿巡山路线观赏雄浑神秘的雪山草原，了解高原珍稀野生植物，感受巡山队员生活，开展各种环保活动。

据了解，可可西里生态旅游接待方要求游客在报名时出具健康证明，到达格尔木仍需进行体检，患有高血压等病症的申请者不允许入团。同时，可可西里旅游对游客有严格的环保要求，进入保护区后游客必须遵守环保方面的各项规定。

素有"动物王国"之称的可可西里位于青海省境内，是目前世界上原始生态环境保存最完美的地区之一，拥有中国境内重要的高原生态系统类型，尤其是高原特有的高寒草地、荒漠及湖泊湿地等生态系统及相关的珍稀野生动植物和自然景观为世界罕见。

（资料来源：中央政府门户网站，www.gov.cn，2009年2月23日。）

旅游环境是旅游业生存之本，旅游环境是旅游发展的基础。这不仅仅体现在旅游环境激发旅游者进行旅游活动的动机上，还体现在旅游环境对旅游者旅游的吸引力上。旅游环境直接影响到旅游资源的品质高低、旅游资源利用效益、旅游资源开发保护模式，进而影响到旅游产品的开发和营销。但任何形式的旅游活动都会对环境产生一定的影响，只是在表现形式、程度、强度上有所不同。

一、旅游与环境的关系

旅游与环境之间有着非常密切的联系，是一种相互依赖又相生相克的关系。一方面，环境资源为旅游产品的生产提供了最基本的成分。由于大多数旅游资源，无论是自然资源，还是历史遗留下来的和当代新建的人造资源，其本身就是目的地环境的组成部分，加之旅游者的访问活动的开展无一不是以目的地的环境为依托的，所以旅游目的地的环境是构成当地总体旅游资源最基本的要素。它不仅是吸引旅游者来访的重要决定因素，而且其质量还将影响来访游客的访问经历和满意程度。

另一方面，旅游业生产出了诸多“副产品”——垃圾、废气、废水等。随着旅游业的开发和旅游者的来访，一些旅游带来的副产品被直接排放到环境中去，旅游目的地的环境因此不可避免地会发生变化。这种旅游对目的地环境的影响从一开始就不是潜在性的影响，而是事实上的影响。正因为如此，随着大众旅游的发展，人们对于旅游对环境的影响也愈加关注。时至今日，在不少国家中，保护环境和有助于改善环境已经成为旅游开发决策时首先要考虑的问题。

旅游项目的开发和旅游活动的开展在导致环境发生变化方面既有其积极的影响，也有其消极的影响；既有其直接的影响，也有其渐进和诱导的影响。

二、旅游对环境的积极影响

旅游对环境的依赖性极强，旅游开发以旅游目的地的环境为依托，环境的变化会直接作用于旅游业的发展；随着旅游的开发和旅游业的快速发展，对环境的要求越来越高，这使得开发者或管理者都更加注重环境的保护。旅游的发展促进了人们对环境的珍惜与保护。

旅游与旅游环境之间的关系应该是协调和谐、互相促进的共生关系，即旅游与环境相互支持、彼此受益。从旅游与环境保护方面看，自然环境特征和条件保存得越接近原生状态，对开发旅游活动越好。良好的自然环境为旅游者提供了游览、休闲、疗养、保健等功能。

1. 保护动植物、自然景区和历史建筑及古迹遗址

旅游活动的合理开展对自然景区的资源有较好的保护作用。根据李贞等人研究，世界地质公园丹霞山游览区植被受到很好的保护，基本保持和稳定了原生森林群落的正向演替。而非游览区植被遭到砍伐破坏，原生植被几乎荡然无存。值得一提的是，在远离丹霞山游览区10公里的巴寨是全丹霞山最高峰，它的自然条件和面积与丹霞山景区差不多，但由于未纳入旅游开发保护区，森林严重被破坏。这充分说明，合理的旅游开发和严格的管理有效地保护了自然资源。

2. 促进自然环境良性循环，保护水体、土壤、空气环境等自然环境因素

洁净的空气、清澈的水体、绿树环绕……优美的大自然本身对旅游者就有强烈的吸引力，也是旅游环境质量较高的一种体现；反之，污水泛滥、臭气熏天、土壤沙化、空气污染、漫天雾霾则会导致旅游者感知体验下降，甚至影响身体健康而引发疾病。为此，各旅游地要想进行旅游开发，就必须加强当地各项环境保护，对污染之处进行治理，促使政府与投资者对各种自然保

护区、野生动物保护区、湿地保护区的建立与修复，通过土地绿化、植被种植、河流湖泊治理等来改善环境，通过控制空气污染、噪声污染以及进行垃圾无害处理等，促使环境得到全面净化，大大提高旅游地对旅游者的吸引力，为当地经济发展注入动力。

当地经济发展了，政府、投资者、民众受惠于良好的环境条件以及得益于旅游业发展，自然愿意把资金再投入环境治理与保护工作中去，由此，产生好的环境来提升旅游吸引力、推动经济发展，经济发展再带动环境投资，促进旅游发展的良性循环。

【补充材料】

黄山汤口的寨西村、源溪村在未开发旅游之前，每年砍木烧炭、砍柴煮饭等毁坏林木达35万～40万公斤，不仅造成森林和黄山旅游资源的破坏，还因木材等燃烧污染了大气。现在当地发展旅游业，开发了九龙溪、翡翠谷、猴园三处旅游景区，1995年创造产值128万元。这使得当地人们认识到环境保护的重要性，家家户户自觉地改善燃料结构，改用了液化气等。

3. 促进旅游区域社会整体进步

旅游活动不仅是人的活动，同时也带来了信息流、资金流、人才流等，为旅游地带来诸如价值观、个人行为、家庭关系、生活方式、宗教信仰等多方面的影响。例如：增加就业机会，稳定社会秩序；提高人们的思想认识；消除民族隔阂，加强民族团结等。

【补充材料】

赫哲人的新生活

位于黑龙江同江市街津口的赫哲民族乡，几乎家家涉足旅游业。由于旅游业的发展，使这里以前靠捕鱼、打猎为生的赫哲人尝到了甜头，获得了实惠。由于邻近地区总是有成批的人来这里钓鱼、品尝赫哲人饮食、欣赏山林风光，世代以渔猎为生的赫哲人，已经吃上了余味不尽的“旅游饭”。许多赫哲人不打猎、不摇船，却每日忙于为旅客表演舞蹈，制造并销售赫哲工艺品，并为游客提供各种休闲服务。

三、旅游对环境的消极影响

旅游固然对环境起到了很大的保护作用，但旅游业的繁荣发展，仍然会产生一些废气、废水、废物；需要建设一些基础设施和旅游设施，仍然会产生一些对环境造成不利影响的人类活动。如果旅游发展不适当，则产生的不利影响会更大。

1. 产生大量的污染物

由于大量的游客进入旅游景区，给景区直接带来大量的生活废水、生活垃圾、噪声、灯光污染以及交通工具增多带来的废气等各种污染物，还有人们呼出的大量二氧化碳直接影响了空气的质量。

【补充材料】

皖南著名黄山风景区从2005年4月2日起禁售盒装方便面，避免大量的方便面包装盒给风景区生态环境造成破坏。记者在黄山环卫部门了解到，方便面在黄山景区内销量每年达3万件(每件24碗)以上，旅游旺季，一个摊点一周就要售出100多件。1996年，黄山环卫部门曾主动联系“康师傅”等方便面生产厂家，建议将在景区内销售的方便面的包装改用优质环保型材料制作。如今景区内所售方便面的包装盒，虽然大多使用可降解材料，但降解效果均不尽如人意，盒装方便面上盖的锡箔纸更是只能做卫生填埋处理。另外，黄山环卫科科长魏四海说，游客吃后的残羹大多倾倒在游览道的两侧，一方面造成沿途土壤盐碱化，植被受破坏现象严重；另一方面，松鼠等野生动物过量食用，对整个生态系统的良性循环十分不利。因此，风景区管理部门从黄山生态保护角度考虑，决定从2日起在景区内所有宾馆、饭店、招待所及部分工商摊点禁止出售盒装方便面。

2. 外来人口数量快速增加，经常造成交通堵塞，使得当地居民出行严重困难

外来游客每到一地，除了进行各种旅游活动，也需要消费当地的各种物质资源，如各种农副产品、当地特产等，因此容易造成当地物价波动，影响旅游地居民日常生活。

名特产品的生产与销售也会给旅游地物种和生态环境带来危害，如云南抚仙湖盛产抗浪鱼，由于捕捞过度等因素，如今抗浪鱼的生存严重受到威胁；大理洱海用网箱养鱼，导致淡水湖呈现赤潮和“水葫芦”的大面积出现等。

3. 破坏生态系统

生态系统是一个动态平衡系统，具有一定的自我恢复能力和承载能力，当超出它的承载能力时，原有的平衡被破坏，生态系统就会崩溃，造成严重的破坏。有时这种破坏是无法再修复的，对于人类来说损失是无法弥补的。例如，野生动物由于环境的改变而失去安身之所，最终濒临灭亡等。

在生态环境原本就较为脆弱的地方诸如云南、西藏、四川等地区所受破坏更甚。据不完全统计，每年到滇池游玩的游客数以万计，每年给滇池留下的垃圾就达数十万吨。现在滇池水质治理成了最棘手的问题。云南的抚仙湖是我国第二深的淡水湖，被誉为“南国明珠”，享誉国内外。多年来，抚仙湖湖区周围的旅游度假区、宾馆饭店的生活污水、垃圾、废物的污染，使其水质透明度从1991年的675米下降到现在的450米，局部区域水质甚至恶化到2～3米。

4. 文物古迹的损毁

长期接待大量旅游者，若是保护不利，会使得当地文物古迹的原始风貌被改变甚至使其存在寿命受到威胁。此外，旅游者的自身修养也会影响文物古迹的保护，有些游客乱写乱画等不文明行为直接影响文物古迹的美观和存在寿命。例如：我国一些风景名胜区遭到影视剧组的严重破坏，《神雕》剧组破坏九寨沟景区；《楚留香》剧组将我国目前保存最完整、最大的新疆唐代烽燧——大墩烽燧遗址损坏。

5. 对旅游资源的过度开发和建设，使得当地原有风貌被破坏

最典型的就是海滨沙滩的近水地段，由于建设滨海建筑，特别是高层建筑，直接影响了海岸线的美观和沙滩的价值。特别是在发展中国家，旅游业开发时常出现类似的问题。

旅游活动和旅游业的快速发展会给环境造成各种负面影响，但这些破坏的程度到底如何，目前还无法准确评估。世界旅游理事会曾发表有关报告，指出：“对于环境问题的成因，人们有很多争论；至于结论究竟如何，谁都无法做出有把握的预测……但有一点非常明确，即全世界的环境正在因人类的活动而改变，如果不采取补救措施，其后果可能是灾难性的。”

第四节　旅游可持续发展

【案例导入】

黄山旅游业的可持续发展

据《经济日报》报道，安徽省黄山市作为中国旅游标志城市之一，不断探索旅游业可持续发展之路。经过多年的不懈努力，黄山市旅游产业从无到有、从小到大，进而一跃成为安徽旅游龙头，进入全国旅游"第一方阵"，每年接待的海内外游客数量不断攀升，旅游收入年年创下新高。

经过坚持不懈的探索，2008 年，黄山市实现地区生产总值 249.9 亿元，是 1978 年的 76 倍；地方财政收入 25.72 亿元，是 1978 年的 39 倍。旅游业已成为黄山市吸纳劳动力的第一大产业。

黄山市坚持走可持续发展之路，探索出众多符合黄山生态特征的保护经验。"景点轮休"便是其中之一。黄山还率先编制风景区总体规划，组建全国首家高山防火水网。黄山市在加快旅游业发展的同时，努力建设山清水秀、林茂物丰的优良生态环境。

未来一段时间内，黄山市将着力打造安徽旅游龙头、华东旅游中心、中国旅游名牌、世界旅游胜地，努力建设成为科学发展示范区、生态文明展示区、文化繁荣先行区、平安和谐优秀区。

旅游活动对目的地环境产生的影响，既有直接的影响，也有间接的影响。由于旅游业的综合性特征，它的影响和被影响都有波及性和多因性。所以说，旅游业是"脆弱的"行业。旅游业的发展和来访旅游者的增多必然会扩大其对其他行业或服务的需求，很多其他行业因此需要扩大其生产和再生产。这些活动的发生必然会对当地的环境产生这样或那样的影响，这些影响虽然不是旅游业或旅游者直接造成的，但追根溯源都与旅游的发展有关。所以，旅游发展必须考虑与环境、相关行业、社会的发展协调同步，走可持续发展的道路。

一、可持续发展理论的由来

（一）历史线索

对于旅游发展带给目的地的各种消极影响，特别是对目的地物质环境的消极影响，人们早有所察觉。

美国女海洋学家 R. 卡逊的著作《寂静的春天》在 1962 年的出版，是人类对生态环境问题开始关心的标志。卡逊提出了人类必须与其他生物共同分享地球，在人与生物之间建立合理的协调，才能维持人类健康生存的看法。

1972 年 3 月，罗马俱乐部发表了由 D. 米都斯主持的第一个研究报告《增长的极限》，在这里已经提出了可持续发展的思想。

1972 年 6 月，在斯德哥尔摩召开了第一次"人类与环境会议"。会议期间，出版了经济学家 B. 奥德和生物学家 R. 杜博的报告《只有一个地球：对一个小小行星的关怀和维护》。会议还通过了《人类环境宣言》。

这些著述都对旅游所带来的消极影响表示种种担忧或提出警告。

但是，在大众旅游兴起之后相当长的时间内，由于人们主要关注的是旅游带给目的地的经济收益，因此这方面的巨大声浪淹没了一些有识之士关于警惕消极影响的呼喊。旅游和旅游业发展较早的发达国家尚且如此，出于发展经济和创汇目的而发展旅游业的发展中国家的情况更不必说。

这些情况到了20世纪80年代初出现了较为明显的变化。随着旅游活动规模的扩大和一些旅游接待地区接待能力饱和现象的出现，人们对旅游活动的消极影响开始关注，并逐渐有了较为全面的了解和认识。

20世纪80年代中期至末期环境保护主义的兴起与“绿色”意识的形成和普及，进一步提高了人们对环境问题的关注程度。所有这一切都使得人们开始重新评价旅游对目的地的作用和价值，也正是在这一重新评价过程中，人们发现并引进了“可持续发展”这一概念。

（二）《布伦特兰报告》

“可持续发展”(sustainable development)一语源于“可持续性”这一概念。对于这一概念，人们有着不同的解释。例如，人们最初将“可持续性”解释为“保护和加强自然环境系统的生产和更新能力”。后来，人们对“可持续性”概念的解释不断延伸，因而出现了社会可持续性、经济可持续性等方面的解释。对于“可持续性”最具权威的解释莫过于1987年联合国世界环境与发展委员会的《布伦特兰报告》中所做的解释。

1987年，由布伦特兰担任主席的联合国环境与发展委员会以“我们共同的未来”为标题，提出了一份研究报告，该报告对当前人类在经济发展与环境保护方面存在的问题作了系统而全面的评价，并正式提出了“可持续发展”这一术语和口号。这就是著名的《布伦特兰报告》(The Brundtland Report)。该报告中对“可持续性”概念做了简短而明确的解释，即“满足当代人的需要而又不损害子孙后代满足其自身需要的能力”。也就是说，所谓“可持续发展”，既要以满足当代人的需要为目的，同时也要以不损害后代人为满足其自身需要而进行发展的能力为原则。所以，就其所主张的社会发展观而言，可持续发展强调的是代际公平分配，以使当代及未来人类的需要都能够有条件得到满足；就其经济观而言，强调经济发展和增长必须建立在维护地球自然系统这一基础之上；就其生态环境观而言，强调人类应与大自然和谐相处，使人类赖以生存的自然环境能够切实得到保护；等等。由此可见，可持续发展观念的提出是对传统发展模式的挑战，是为谋求新的发展模式而创立的新的发展观。

可持续发展观的提出正值人们对旅游的作用和影响进行全面评价之时，因而很快为人们所接受，并成为对旅游发展进行重新评价的中心议题，“可持续旅游”(sustainable tourism)一语也因此而产生。可持续旅游的提出，要求人们以长远的眼光从事旅游经济开发活动并对经济不断增长的必要性提出质疑，以及要求确保旅游活动的开展不会超过旅游接待地区未来也有条件吸引和接待旅游者来访的能力。

二、可持续旅游发展的内容

关于可持续发展的内容，“Globe ’90”国际大会上提出以下目标：

(1)增进人们对旅游所产生的环境影响与经济影响的理解，加强人们的生态意识；

(2)促进旅游的公平发展；

(3)改善旅游接待地区的生活质量；

(4)向旅游者提供高质量的旅游经历；

(5)保护未来旅游开发赖以生存的环境质量。

从这些目标可以看出，可持续旅游的含义是多层面的。但其最核心的一点，便是要确保在从事旅游开发的同时，不损害后代人为满足其旅游需求而进行旅游开发的可能性。换言之，就是要从长远观点出发，全面认识旅游的影响，在满足人们开发旅游业和开展旅游活动的需要方面，实行代际平衡。

三、实现可持续旅游发展的关键

（一）可持续旅游发展的核心问题——旅游承载力

简单地讲，旅游承载力是指一个旅游目的地在不至于导致当地环境和来访游客旅游经历的质量出现不可接受的下降这一前提下，所能吸纳外来游客的最大能力。

旅游承载力所涉及的内容很多。综合国际学术界的普遍看法，一个旅游目的地的承载力由多个方面共同构成和确定，其中主要包括：

（1）旅游设施用地的承载力，是指适合用于建造旅游设施的土地数量以及这些设施的最大综合接待能力。

（2）物质环境承载力，是指在不至于导致当地旅游环境的对外吸引力出现下降的前提下，所能接待来访游客的最大数量。

（3）生态环境承载力，是指在不至于导致当地的生态环境和生态体系发生不可接受的变化这一前提下，所能接待来访游客的最大数量。

（4）社会承载力，也称社会心理承载力，是指在不至于导致社会公众的生活和活动受到不可接受的影响这一前提下，所能接待来访游客的最大数量。

显然，旅游承载力决定着可持续旅游发展的规模极限。由于随着旅游者来访数量的增加，旅游带给目的地环境和社会文化的消极影响的程度也会随之加深，因此，游客来访量的增加一旦超过当地的旅游承载力，这些消极影响的程度便会突破当地环境和社会文化的自净或免疫能力，从而极易使原来的潜在影响转化成为现实的严重问题。在这个意义上，我国在发展旅游业之初所提出的关于“量力而行”的发展原则——不论当时人们怎样去理解——在推行可持续发展的今天，仍然具有重要的指导意义。

旅游承载力在理论上不难为人们所理解，但在实践中往往不大容易被重视。这主要是由于环境质量下降到何种程度才是“不可接受的”，以及旅游经历的质量下降于何时发生等问题是由旅游目的地的管理者和旅游者来决定的。换言之，一个旅游目的地的承载力水平既取决于该地的客观条件，在一定程度上也取决于该地管理者的决策。

（二）旅游管理能力——旅游影响是消极还是积极结果转化的关键因素

致使旅游的潜在消极影响转化为严重的现实问题的又一影响因素是接待地区的旅游管理能力。有些目的地的旅游接待量可能并未超越当地的旅游承载力，但旅游的消极影响已经转化为严重的现实问题，其原因在很大程度上在于当地的旅游管理能力较差。

预防和控制旅游的消极影响扩大化的一般措施：

（1）端正认识。不能单从经济的观点看待旅游业的发展，对旅游的经济效应和环境影响应有全面的理解和认识，在追求经济收益的同时，强化环境意识和可持续发展思想。

（2）加强旅游规划，防止超负荷发展。为了防止旅游消极影响的扩大，必须要量力而行地进行旅游开发，将开发规模和旅游接待量控制在旅游承载力容许的范围之内。在制定规划时，应注意旅游开发的合理布局。在实施规划时，应注意根据情况的发展变化，实行有效的控制。

（3）健全法制，加强管理。目的地政府和旅游行政部门要建立和健全有关法律和法规，将旅游企业和旅游者有害于环境的行为置于法律和法规的监督之下。

（4）加强宣传教育，进行旅游伦理建设。旅游接待地区应向旅游从业人员和当地居民进行环境保护的宣传教育，应使他们明白，如果当地人自己都不注重和爱护环境，则无理由要求外来旅游者爱护当地环境。同时，旅游接待地区应通过旅游企业向旅游者告知有关的法律法规和注意事项，使其了解哪些事情不可以做，以避免其危害环境行为的发生。

【补充材料】

生态旅游

生态旅游（ecotourism）是由国际自然保护联盟（IUCN）特别顾问谢贝洛斯·拉斯喀瑞（Ceballas-Lascurain）于1983年首次提出的。当时就生态旅游给出了两个要点：其一是生态旅游的物件是自然景物；其二是生态旅游的物件不应受到损害。

在全球人类面临生存环境危机的背景下，随着人们环境意识的觉醒，绿色运动及绿色消费席卷全球。生态旅游作为绿色旅游消费，一经提出便在全球引起巨大反响，生态旅游的概念迅速普及全球，其内涵也得到了不断的充实。针对目前生存环境不断恶化的状况，旅游业从生态旅游要点之一出发，将生态旅游定义为"回归大自然旅游"和"绿色旅游"；针对现在旅游业发展中出现的种种环境问题，旅游业从生态旅游要点之二出发，将生态旅游定义为"保护旅游"和"可持续发展旅游"。同时，世界各国根据各自的国情，开展生态旅游，形成各具特色的生态旅游。

生态旅游发展较好的西方发达国家首推美国、加拿大、澳大利亚等国，这些国家的生态旅游物件从人文景观和城市风光转为谢贝洛斯·拉斯喀瑞所指定的"自然景物"，即保持较为原始的大自然，这些自然景物在其国内定位为自然生态系统优良的国家公园，在国外定位为以原始森林为主的优良生态系统，这就使不少发展中国家成为生态旅游目的地，其中加勒比海地区和非洲野生动物园成为生态旅游热点区域。

"生态旅游"概念一经提出，世界上很多组织和研究者都从不同的角度对生态旅游进行了界定，至今尚未有一个统一认可的定义，对生态旅游的内涵也众说纷纭。不过，关于生态旅游的目标却得到了基本的认同：生态旅游应该保护自然资源和生物的多样性，维持资源利用的可持续性，实现旅游业的可持续发展。为了更好地实现这一目标，生态旅游应该促进地方经济的发展，唯有经济发展之后才能真正切实地重视和保护自然；同时，生态旅游还应该突出对旅游者的环境教育，生态旅游的经营管理者也更应该重视和保护自然。

根据世界野生动物基金会估计，1988年，发展中国家旅游收入为5 500亿美元，其中生态旅游为120亿美元。在哥斯达黎加，每年接待的国际游客中，几乎半数以上是去欣赏热带雨林的生态旅游者。据世界旅游组织统计，1994年去非洲的国际旅游者为1 857.73万人次，其中生态旅游者占相当比例。在西方发达国家，周末和节假日到大自然去旅游已成为一种时尚。

西方发达国家在生态旅游活动中极为重视保护旅游物件。在生态旅游开发中，避免大兴土木等有损自然景观的做法，旅游交通以步行为主，旅游接待设施小巧，掩隐在树丛中，住宿多为帐篷露营，尽一切可能将旅游对旅游物件的影响降至最低。在生态旅游管理中，提出了"留下的只有脚印，带走的只有照片"等保护环境的响亮口号，并在生态旅游目的地设置一些解释大自然奥秘和保护与人类息息相关的大自然标牌体系及喜闻乐见的旅游活动，让游客在愉悦中增强环境意识，使生态旅游区成为提高人们环境意识的天然大课堂。

过去，西方旅游者喜欢到热带海滨去休闲度假，热带海滨特有的温暖的阳光（sun）、碧蓝的大海（sea）和舒适的沙滩（sand），使居住于污染严重、竞争激烈的西方发达国家的游客的身心得到平静，"三S"作为最具吸引力的旅游目的地成为西方人所向往的地方。随着生态旅游的开展，游客环境意识的增强，西方游客的旅游热点从“三 S”转向“三 N”，即到大“自然”(nature)中，缅怀人类曾经与自然和谐相处的“怀旧”(nostalgia)情结，使自己在融入自然中进入“天堂”(nirvana)的最高精神境界。从“三 S”到“三 N”标志着人类从以身体享乐为主的旅游追求转变为以精神追求为主的生态旅游追求。

【课后阅读】

山西旅游业：纵向比成就可喜 横向比还有差距

一、纵向比较：山西旅游业成果丰硕，各项指标节节攀升，再创历史新高

作为“十一五”收官之年，2010 年旅游产业发展取得了明显成效，山西旅游业处在历史最好时期，各项指标均创历史新高。

1. 旅游总收入突破千亿大关

2010 年我省入境旅游、国内旅游、出境旅游三大市场协调发展，全年实现旅游总收入 1 083.46亿元，高于 2009 年全年 190.93 亿元，同比增长 21.39%，完成年度计划的 102.79%。

2. 海外旅游客源突破 130 万人次

2010 年全省入境旅游累计接待人数达到 130.29 万人次，同比增长 22.01%。入境旅游创汇保持较快增长，2010 年全省入境旅游创汇达到了 46 459.91 万美元，同比增长 22.93%。根据国家旅游局公布的数据，2010 年全国入境过夜旅游者人均每天花费为 184.01 美元，同比增长 1.8%。我省 2010 年入境旅游者人均每天花费为 189.97 美元，同比增长 7.93%，山西人均每天花费高于全国平均数 5.96 美元，增速高于全国增速 6.13 个百分点。

3. 国内旅游接待量突破 1.25 亿人次

随着全省国民经济的稳定增长，人民群众生活水平的日益提高，国内旅游接待已步入大众化阶段，2010 年全省国内旅游接待量达到了 1.25 亿人次，同比增长 17.78%。国内旅游者在我省的人均花费为 861.1 元，比上年提高 18.6 元。

4. 假日旅游进一步繁荣

假日旅游经济是扩大内需、刺激消费、培育新的经济增长点的重要手段。2010 年我省假日旅游经济得到了进一步的发展。2010 年“春节”、“十一”两个黄金周和“五一”小长假，全省各景区游人如织，随着景点吸引游客人数的增长，拓宽了商贸服务、餐饮娱乐等第三产业的发展空间，全省共接待国内外游客 2 057.47 万人次，占到全年接待总量的 16.29%，实现旅游收入 94.04 亿元，占到全年旅游收入的 8.68%。

表一　　**2010 年旅游黄金周接待收入情况**

项　目	2010 年度		2009 年度		同比增减	
	人数(万人次)	收入(亿元)	人数(万人次)	收入(亿元)	人数(%)	收入(%)
春节	284.03	11.92	267.73	11.2	6.09	6.43
五一(小长假)	627.39	24.05	579.86	19.7	8.20	22.08
十一	1 146.05	58.07	1 044.89	49.76	9.68	16.70
合　计	2 057.47	94.04	1 892.48	80.66	8.72	16.59

5.“世博年”里风光无限

世博会期间，不仅有大量山西游客前往上海参观世博，大量世博游客也被山西吸引前来游

览。为了利用世博契机宣传山西，山西省制订了以“参与世博，畅游三晋”为主题的综合性、立体式、系列化整体市场推广营销方案。世博旅游山西活动方案以山西旅游整体形象宣传为基础，以“三大世界文化遗产”和“六条旅游精品线路”为重点的宣传全面展开。世博会期间，在五台山、平遥古城、乔家大院等知名景区，经常能看到从世博会上转来的游客，山西旅游在国内外的吸引力和知名度不断加大。

二、横向比较：山西旅游业与全国相比还有差距，在中部六省位居靠后

2010 年，山西旅游业取得了明显成效，但是我们应该认识到，山西旅游业发展与中部省份相比，仍有较大差距，旅游市场所占份额依然很少。

1. 快马加鞭：7 年旅游总收入年平均增速居中部六省之首

近 7 年来数据显示，2004～2010 年山西旅游总收入累计完成 4 177.3 亿元，在中部六省中排名第 5 位，低于第 1 位河南省 5 458.55 亿元，仅比第 6 位江西省高出 710 亿元。从平均增速来看，山西 7 年来旅游总收入平均增速为 40.25%，在中部六省中居于首位，其次分别为河南省(30.97%)、安徽省(28.96%)、湖南省(25.30%)、湖北省(23.00%)和江西省(22.52%)。这表明山西旅游业正在以快马加鞭的速度前行，具有极大的发展后劲。

表二　　2004～2010 年中部六省旅游总收入　　单位：亿元

年份	山西	安徽	江西	河南	湖北	湖南
2004	160.7	261.7	240.6	573.3	410	372
2005	291.4	304.1	319.4	799.5	473.4	441.5
2006	428.39	411.55	390.89	1 039.85	539.74	588.39
2007	581.5	575.9	463.5	1 352.6	640.8	733.2
2008	739.32	732	559	1 592	744	852
2009	892.53	908.9	675.61	1984.6	1 004.48	1 099.47
2010	1 083.46	1 150.6	818.3	2 294	1 460.5	1 425.8
合计	4 177.3	4 344.75	3 467.3	9 635.85	5 272.92	5 512.36
平均增速	40.25%	28.96%	22.52%	30.97%	23.00%	25.30%

2. 不容忽视：旅游经济效益总量在中部六省还有差距

2010 年中部六省累计完成旅游总收入 8 232.66 亿元，较 2009 年增加了 1 667.08 亿元，增速为 21.1%。从总量上看，山西完成旅游总收入 1 083.46 亿元，在中部六省中排位第 5，与 2009 年排名相同，与排名第一位的河南省相差 1 210.54 亿元，仅比第六位江西省高出 265.16 亿元。从增速上看，2010 年山西旅游总收入增速为 21.39%，在中部六省中排位第 4，与排位第一的湖北省相差 24.01 个百分点，比第六位河南省高出 6.39 个百分点。

表三　　2009 和 2010 年中部六省旅游总收入

	2010 年旅游总收入		2009 年旅游总收入		2010 年增速	
	亿元	排名	亿元	排名	%	排名
河南	2 294	1	1 984.6	1	15	6
湖北	1 460.5	2	1 004.48	3	45.4	1

续表

	2010年旅游总收入		2009年旅游总收入		2010年增速	
	亿元	排名	亿元	排名	%	排名
湖南	1 425.8	3	1 099.47	2	29.7	2
安徽	1 150.6	4	908.9	4	26.6	3
山西	1 083.46	5	892.53	5	21.39	4
江西	818.3	6	675.6	6	21.1	5
合计	8 232.66		6 565.58		25.39	

3. 亟待提高:海外旅游市场所占份额依然较少

表四　　2010年中部六省旅游创汇收入和接待海外旅游人次

	旅游创汇收入		旅游创汇收入增速		接待海外旅游人次		接待海外旅游人次增速	
	亿美元	排名	%	排名	万人次	排名	%	排名
河南	5	4	15.18	6	146.8	4	16.67	6
湖北	7.5	3	47.2	1	181.7	3	36.2	2
湖南	8.9	1	31.8	2	189.9	2	45.1	1
安徽	8.2	2	23.6	3	198.4	1	27.1	3
山西	4.6	5	22.93	4	130.2	5	22.01	4
江西	3.5	6	19.5	5	114.1	6	18.3	5

从海外市场表现来看,2010年山西旅游创汇收入完成4.6亿美元,在全国排名第20位;在中部六省中排名第5,与排名第1的湖南省相差4.3亿美元,比排名第6位的江西省高出1.1亿美元。旅游创汇增速为22.93%,在全国排名第14位,在中部六省中排名第4,与中部六省增速排名第1的湖北省相差24.27个百分点。

2010年山西接待海外旅游人次共计130.2万人次,在全国排名第20位;在中部六省中排名第5,与排名第1的安徽省相差68.2万人次,比排名第6的江西省高出16.1万人次。接待海外旅游人次增速为22.01%,在全国排名第14位;在中部六省中排名第4,与排名第1的湖南省相差23.09个百分点。

三、拉动经济新引擎:旅游业对山西经济的带动作用明显

据测算,2010年全省旅游业增加值为753.66亿元,占全省GDP的比重为8.29%,占第三产业的比重为22.41%。旅游业有力地促进了山西经济的发展,成为山西经济腾飞的新引擎。

1. 对社会消费品零售总额的拉动较为明显

旅游业综合性消费强的特点带动了吃、住、行、游、娱、购等相关产业,对商品销售、餐饮收入和住宿收入的拉动作用较为明显,2010年山西实现社会消费品零售总额3 207.9亿元,比上年同期增长18.4%。其中,旅游黄金周对消费的拉动作用尤其明显,2010年春节、"十一"黄金周所在的2月、10月山西社会消费品零售总额达到了252.3亿元和296.7亿元,增速分别为21.1%和19.3%,2月增速为全年最高的月份。

2. 为全省增加财政收入 211.1 亿元

根据山西旅游卫星账户测算结果,旅游发展对财政收入的影响或贡献是旅游直接影响行业和旅游间接影响行业因旅游所带来的财政收入相加之和。据测算,2010 年全省财政总收入共计 1 810.66 亿元,其中旅游业带来的财政收入为 211.1 亿元,占全省财政总收入的 11.7%。

3. 为全省城镇居民人均可支配收入增加 1 787.6 元

旅游发展对居民收入的影响或贡献是指当地居民在一定时期内的全部收入中,因旅游而带来的收入。2010 年山西城镇居民人均可支配收入为 15 647.7 元,其中旅游业带来的收入为 1 787.6 元,占城镇居民可支配收入的 11.4%。

4. 为全省创造就业 214.8 万人

根据产业联系效应理论,旅游业的后向联系较强,其发展会对相关产业产生较强的刺激作用,从而创造就业机会。根据山西旅游卫星账户测算结果,2010 年山西旅游业为全省创造就业 214.8 万人。

四、新的征程:积极吸取先进省份经验,推进山西旅游强省战略

在山西转型发展、跨越发展的重要历史阶段,旅游业是经济转型发展的一个重要支点,把旅游业培育成山西国民经济的战略性支柱产业已成为刻不容缓的紧急任务。先进省份发展旅游业的成功经验,对于山西旅游业的发展具有重要的指导意义。我们应当积极吸取先进省份发展旅游业经验,抓住契机,发展山西旅游,应本着突出特色、综合开发、扩大宣传、创新产品、融入文化的思路,从整体上加快山西旅游业发展步伐。

1. 深入挖掘,准确定位旅游形象内涵,拓宽传播渠道,是山西旅游发展的重中之重

(1)河南省旅游宣传经验:中部六省旅游总收入最多的是河南省,河南省精心确立了"中华之源,锦绣河南"、"文化河南、壮美中原"等河南旅游形象,2009 年河南省形象在 CCTV－1《新闻联播》后黄金段位的强势亮相,集结央视 5 大频道 12 个栏目,将广告片分三波进行密集投放,这是政府形象及旅游品牌传播的第一次,也开创了文化品牌结合旅游品牌组合传播的新模式,河南旅游形象更加鲜明。这种方法值得山西借鉴。

(2)山西旅游发展重中之重:定位形象,拓宽宣传。山西是中华文明的发祥地之一,悠久的历史留下众多的文化遗产,博大丰厚,无论种类、数量还是品位均居全国前列,现已公布的各级文物保护单位近万处。山西地形地貌复杂、河流山川众多,拥有国家级森林公园 18 处,国家级自然保护区 4 处,国家级风景名胜区 5 处,具有较高价值的自然旅游资源。然而,山西旅游经济的发展在全国排名靠后,导致这种状况的原因,除了客观存在的自身经济基础薄弱、旅游业发展起步晚等原因,对山西旅游形象认识不足,缺乏对其的深入挖掘、准确定位,从而在旅游形象传播上表现出许多问题,直接影响了山西旅游经济的持续健康发展。因此深入挖掘旅游形象内涵,准确定位,拓宽传播渠道,是山西旅游发展的重中之重。首先,要对山西旅游进行综合性分析,掌握山西景区概况。对资源有全面准确的认识才能很好地把握资源。其次,要定位山西旅游形象,着力突出山西的人文特色,结合山西地上文物最多和晋商历史悠久为核心,突出体现文物特色和晋商文化的主打品牌这一理念。再次,分别定位山西晋北、晋中、晋南三区旅游形象,突出特色。最后,对山西旅游形象的传播进行强势宣传,如广告策划、公共策划、网络媒体等诸多角度。

2. 发挥潜力,引导、规范乡村旅游发展,是山西旅游经济发展的新亮点

(1)四川乡村旅游成功经验:四川省成都地区是我国乡村游的发祥地,起步早、发展快、规模大。四川乡村旅游有几种类型:一是以农家独特的田园风光为依托,以绿色生态休闲为主题

的农家园林型。游客除了参观竹林茅舍、稻海麦浪或林木葱绿、天人合一的美景外,还可从事与农业相关的一些参与性较强的农事活动,尽情领略山乡绿野风情,体验农家生活。二是以成片花园、果园、茶园为依托,以赏花摘果品茶、园艺习作为主题的花果观赏型。三是以自身的风土民情、人文古迹为依托,以民俗旅游为主题,为游人提供农家风味服务的"古迹民俗型"。由小镇的石板街巷、宅门、影壁、店铺、摊贩、风味小吃等构成的市井文化和民俗风情独具特色。

(2)山西旅游发展新亮点:发挥乡村旅游潜力。乡村旅游作为一种回归田园、体验民族民俗风情的旅游生活方式,越来越受到都市人的青睐,山西有着众多生态旅游资源,但就是缺乏宣传,在外界鲜为人知,要对乡村旅游加以规范的引导,使之成为山西旅游市场的新亮点。一是发展生态旅游。以右玉县生态湿地公园为例,游客除了参观生态湿地外,还可从事采摘、品尝沙棘果活动,体验绿野风情。二是对基础设施进行规划和建设,在交通、通信、供水、供电等基础设施方面进行规划和建设。逐步对公共图形标识、卫生条件和环保设施进行完善。三是推行"星级农家乐"评定工作。考虑推出乡村旅游街道点评定标准,对从业资格、经营服务场地、接待服务设施、环境保护、服务质量要求、服务项目等方面对乡村旅游经营管理和服务提出明确要求。四是树立品牌,形成合力。制订乡村旅游宣传促销总体方案,系统宣传乡村旅游,制作乡村旅游宣传品、VCD光盘、画册等,在新闻发布会上,专题推荐"星级农家乐"。

3. 转变观念,重新定义"旅游资源",挖掘和整合,是山西旅游发展的关键点

(1)无锡灵山奇迹:赢在创新。在全国旅游大省江苏省的无锡市有个灵山胜境景区,该景点项目分为三期:88米高的青铜佛像、以九龙灌浴为主体的文化园区和世界佛教论坛会址梵宫。然而15年前,这里仅仅是一片其貌不扬的小山坡,一棵老树、一眼枯井、半片残庙是仅有的"家当"。灵山公司从创业之初,就确立了高位站点、以大取胜的创新发展理念,面对眼前一片荒芜的土地和全国时兴开发主题景区的现实,他们以独特的视角,创新了传统佛教文化的主题内涵和时代特色,投入了以灵山大佛为核心的文化主题景区建设。在一无资金、二无技术、三无模式借鉴的困难情况下,依靠100万元启动资金和四方化缘、百折不挠的苦行僧式的毅力,历经1 000多个日日夜夜,在太湖之滨建造起了高达88米的世界第一大佛——灵山大佛。随后,他们又建造了灵山胜境二期工程——文化园区和梵宫,创造了世界上最大的文化单位功能建筑的奇观。"点子比钻石更重要,只有发散性的思维才能打造传世精品,我们就是要创造新的文化遗产。"这是该景区负责人的总结。

(2)山西旅游发展的关键点:挖掘和整合。提升"二、三流"旅游资源,通过"转化"成为"一流"旅游产品。山西旅游资源丰富,但是资源优势不等于产品优势,更不等于产业优势,需要对资源进行整合,树立新的发展观、产业观和资源观,围绕主题,凝练成产品,推介给游客,并为游客所接受才算把潜在优势转化为现实优势。重组一批旅游企业、转型一批旅游企业、引进一批旅游企业,在旅游各个领域培育一批规模较大、实力较强、科技水平较高的旅游大企业集团,并开发一批大项目,借此拉长产业链,提高旅游消费水平。深入挖掘,精心提炼,形成规模,努力打造一批在国内外具有影响的旅游亮点。要找准定位、突出特色,紧密结合自身实际,努力实现山西旅游业差异化、特色化发展。

(资料来源:摘自山西统计信息网,www.stats-sx.gov.cn,2011年3月31日。)

本章小结

旅游对旅游地的经济、社会、环境产生着深刻的影响,这些影响既有积极方面,也有消极方面。通过本章

的学习，可以更好地理解和分析旅游发展与经济、社会文化、生态环境等方面的相互关系，正确认识这些矛盾的产生根源及解决办法。旅游可持续发展是在可持续发展理论下形成的，是使旅游业获得长期稳定和持续良好发展的保证。

思考与练习

1. 为什么许多国家和地区都把旅游业作为支柱产业或重点产业来发展？
2. 旅游对经济的消极影响主要体现在哪些方面？
3. 分析旅游对社会文化的积极影响和消极影响。
4. 如何理解地方文化的敏感性？
5. 试述旅游过程中的跨文化交流。
6. 归纳旅游活动对目的地环境的影响。
7. 旅游对生态环境的效应表现在哪些方面？
8. 可持续旅游的基本内容涉及哪些方面？
9. 在预防和控制旅游的消极影响方面，你认为应采取哪些措施？

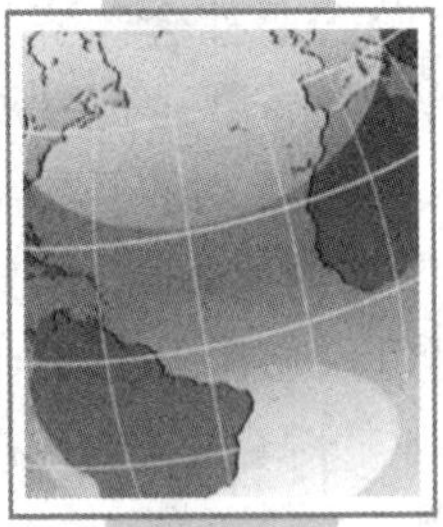

第九章
旅游组织

学习目标

通过学习本章，了解旅游组织的概念、类型；掌握旅游组织的模式及其主要职能；熟悉我国旅游组织的基本状况并了解与我国有关的主要国际旅游组织。

教学内容

1. 旅游组织的概念、类型
2. 旅游组织的模式及其主要职能
3. 我国旅游组织的基本状况
4. 与我国有关的主要国际旅游组织

【案例导入】

三个关于旅游组织的新闻报道资料

［新华网］ 7月26日，出席当天在广西阳朔县举行的2005世界旅游组织旅游可持续性发展指标国家研讨会的中外代表，为世界旅游组织在阳朔设立的旅游观测点举行了奠基仪式，标志着世界旅游组织在中国的首个旅游观测点正式确立。

［中国旅游网］ 由全国高等旅游院校协作会主办、北京第二外国语学院承办的"21世纪世界与中国旅游业"国际学术研讨会于8月21日至23日在京召开。来自国内外40多所高校的近百名旅游教育界专家学者，就加入WTO后中国旅游产业的发展战略和旅游文化及作为热点的西部旅游资源开发等问题进行了深入研讨。

［人民网澳门4月18日电］ 记者曾坤报道：第五十四届太平洋亚洲旅游协会年会今天上午在这里举行。来自世界50多个国家及地区的旅游业界的1 100多名代表及嘉宾，将在为期3天的会议中共同探讨旅游业的发展形势，分享对旅游业的见解和经验。

同学们可以设想一下，世界旅游组织、全国高等旅游院校协作会、太平洋亚洲旅游协会年会在机构性质上有什么共同之处？

第一节　旅游组织的类型及其职能

旅游是一种综合性的社会现象，旅游业是一项开放、关联程度极高的综合产业，牵涉到社会生活中的政治、经济、文化、法律、环境等诸多领域。区域旅游的可持续发展，需要社会各部门的通力协作与支持，旅游参与的大众性决定了要进行社会化管理。特别是国际旅游的开展，还需要国际间的合作与协调。旅游组织在旅游的发展中起着重要作用，这种作用是通过制定旅游产业政策和具体的法规来发挥，并通过采取行政的、法律的、经济的手段来实施的。

一、旅游组织与旅游发展

旅游是人们的一种审美行为，是社会经济发展到一定阶段的产物。旅游需要社会经济条件的支撑，需要服务的支持。旅游业为旅游者提供服务，满足旅游者的诸多需求，并由此发展壮大。旅游业是一个综合性的产业，它涉及社会上数十个相关部门和行业，旅游活动的开展需要众多部门和行业的大力支持。如需要依靠轻工、建筑、食品加工等部门提供物质保障，需要道路交通、通信信息、金融保险、医疗卫生、教育等部门提供支持。因此，可以说旅游和旅游业是在一定的社会经济环境中发展起来的，旅游发展离不开社会支持。旅游业的综合性表明，相关行业和部门必须高度协调、步调一致，这就需要一定的组织来管理和协调。

开展旅游管理，必须坚持"大旅游、大市场、大产业"的发展战略。旅游者在旅途中的吃、住、行、游、购、娱的活动，需要社会众多生产、服务部门提供物资和服务。旅游业的正常运营和发展，牵涉到社会的政治、经济、文化、环境等许多领域，一方面需要这些相关部门的通力协作；另一方面，旅游业的壮大也促进了其他相关产业的发展，带动了全社会的共同进步。发展旅游并不仅仅是单个旅游企业的事，也不仅仅是旅游部门的事，它是全社会的共同责任，社会有责任为旅游的健康发展提供一个良好的环境。另外，旅游发展中必须维护旅游者的权益、规范社会行为、维护社会安定、保护旅游环境。解决这些问题，旅游组织起到了十分重要的作用，行业协会等行业组织通过企业间的联合可以起到一定的协调作用。全社会的广泛协调最终必须由政府管理，政府在旅游发展中具有重要地位和不可替代的作用。从世界旅游发展进程来看，不管是经济发达国家，还是发展中国家，政府在旅游事业发展中都大有作为。政府对旅游的管理，是旅游能否健康、快速、持续发展的关键因素，这已在世界范围内达成共识。如 1963 年在罗马召开的联合国国际旅行和旅游会议上明确指出：为确保旅游事业的顺利进行，让政府掌握对旅游事业的最终管理权是非常重要的。

我国政府在改革开放以来 30 多年里，对旅游采取了一系列措施，其结果是十分有效的，极大地推动了我国旅游业的进步，使我国实现了从旅游资源大国向世界旅游大国的跨越。今后，我国向世界旅游强国迈进，仍然需要政府有力和有效的管理，因此可以说，政府的组织管理和社会的支持是旅游发展的重要保证。

二、旅游组织的类型

世界上的旅游组织很多，它们在管理和协调旅游事项方面起到了积极作用，促进了旅游活动和旅游业的正常有序开展。旅游组织有广义和狭义之分，广义旅游组织包括专门管理协调旅游事项的旅游同业组织以及其工作部分涉及旅游事项的综合组织；狭义的旅游组织仅指专门管理协调旅游事项的旅游同业组织。

可以从不同角度将旅游组织划分为多种类型。按旅游组织管理的地域范围，划分为全球性的、世界某些地区的、国家的、国家某些地区的、省（或州、郡、自治区、直辖市）的、省里某些地区的以及地方的旅游组织等；按旅游行业性质，划分为旅行社、酒店住宿、旅游交通（飞机、火车、汽车、游船等）、旅游区和游乐场所等；按职能或活动类型，划分为开发者、供给者、销售者、研究者、教育者、出版者、职业协会、消费者组织等；按动机，划分为营利性和非营利性组织；按会员形式，划分为以个人为成员、以企业为成员、以社会团体（旅游组织）为成员、以国家和地方政府代替为成员的旅游组织；按行使权限，划分为政府旅游组织（旅游行政组织）和非政府旅游组织（旅游行业组织）。

三、旅游行政组织

(一)旅游行政组织的模式

世界各国为了旅游事业的顺利发展,都设立了相应的机构来管理本国旅游事务,但管理主体和权限是有差异的。据世界旅游组织统计,全世界约有68%的国家将旅游主管部门设在中央政府机构中,约31%的国家由大的国营公司管理旅游事业,极少数国家的旅游业由私人企业经营管理,国家不直接进行管理。世界各国政府建立的旅游行政组织模式大致有以下五种。

1. 旅游委员会模式

只有保加利亚、波兰等部分东欧国家以及苏联的最高旅游行政管理机构为旅游委员会,这种旅游组织模式地位较高,专门管理旅游事业,相当于政府的一个部。如苏联在1983年为加强对旅游业的管理,将原国际旅游总局升格为国家国际旅游委员会。还有一些国家设有旅游委员会,但这些委员会只是协调机构,而非权力部门。

2. 旅游部模式

目前,世界上有亚洲的土耳其、叙利亚、黎巴嫩、马尔代夫、菲律宾、尼泊尔,非洲的埃及、阿尔及利亚、摩洛哥、科特迪瓦、塞内加尔、坦桑尼亚,美洲的墨西哥、牙买加、巴哈马,欧洲的卢森堡、意大利、罗马尼亚、马耳他等约25个国家采用旅游部模式,管理全国的旅游事业。

3. 混合职能模式

这种模式是指旅游管理职能和其他行政职能混合在政府的一个机构中,世界上多数国家采用这种模式。混合职能模式又分为以下两种情况:

(1)混合职能部模式。一个部管理旅游以及其他事项,目前,约有40个国家设有这种机构。例如,法国的工业、邮电与旅游部,马来西亚和巴基斯坦的文化旅游部,印度和斯里兰卡的旅游民航部,西班牙的交通、旅游与通信部,肯尼亚和乌干达的旅游与野生动物保护部等。

(2)在其他职能部下设旅游局模式。例如,美国在商务部、荷兰在经济事务部、芬兰在工商部、匈牙利在商业部、南斯拉夫在市场与经济事务部、韩国在交通部下设旅游局。旅游局专门管理国家旅游事业。

4. 旅游局模式

旅游局直属于内阁,但其级别低于部,行使国家旅游管理职能。如朝鲜、泰国、巴巴多斯等十多个国家采用这种模式。我国也采用这种模式,国家旅游局直属国务院领导,统一管理全国旅游事业。

5. 非中央机构模式

目前,世界上约有30多个国家和地区的最高旅游行政机构不属于政府部门序列。这类旅游行政管理机构多数仍属官方机构,行使政府职能,一般由政府资助,但它们具有独立的法人地位,并在行政上和财政上独立,如伊拉克国家旅游组织和爱尔兰旅游局。我国20世纪50年代中国国际旅行社代行政府的旅游管理职能,由国务院有关部门归口管理,类似这种模式。

(二)旅游行政组织的职能

尽管各国旅游行政组织的形式和地位不同,但政府在旅游发展中起到的重要作用是不可替代的。旅游行政组织通过对旅游进行组织、领导、指导、监督和调节等一系列活动,行使管理职能,实现对旅游发展过程进行宏观管理和调控的目的。各国旅游行政组织管理的内容有差异,但一般主要包括旅游规划管理、旅游基本建设管理、旅游业务经营管理、旅游资源开发管理、旅游从业人员管理和旅游市场管理等,即一般具有以下管理职能:

1. 制定旅游发展战略、政策和法规

拟定旅游业的方针、政策以及法律、法规，制定旅游开发和服务的标准，并组织实施。由于牵涉面广，任何一个单独的行业或旅游企业，都不可能担当起这样的重任，只有旅游行政组织来行使这一职能。

2. 组织规划、制订计划

组织和参与旅游规划的制定、审批和实施，组织开展旅游资源调查、开发与保护，制订人才培养计划，组织实施旅游教育，规划旅游发展规模和方向。

3. 实施控制与监督

政府运用行政、法律、经济等手段，对旅游企业的数量、规模、经营活动等进行监督。审核、发放营业执照，颁布质量标准，进行质量监控。

4. 推广国家形象，进行旅游促销

树立国家的整体旅游形象，将国家和区域作为旅游目的地向国际推广，拓展旅游市场。需要进行市场调查，研究营销策略，实施促销措施。旅游市场群雄并起，国家之间、区域之间竞争十分激烈，需要政府组织大规模的旅游促销，拓展国内外旅游市场。

5. 开展多边合作和协调

加强与其他国家政府、有关旅游组织的协作，作为本国旅游业的代言人，开展多边协调和合作，减少国与国之间的旅游限制，促进旅游发展，在本国中央和地方之间、地区之间、部门之间、企业之间起到协调作用。

6. 财政管理

负责国家财政资助的旅游项目的审批、监督和控制，保障财政资金的有效运作。另外，旅游的发展有赖于各种基础设施的完善，政府要通过政策引导，吸引资金流入，集中全社会的财力和物力，开展旅游地的建设活动。

7. 培养和储备旅游人才

根据旅游业发展需要，制订旅游人才的培养计划，理顺人才培养机制，直接投资或引资开办学校和培训机构，培养和储备旅游人才。

（三）旅游行政组织的管理方式

旅游行政组织为了实现管理目标，都会在一定的体制下采取多种既有原则性又有灵活性的手段实施管理。通常采用以下管理方式：

1. 行政管理手段

虽然各国的旅游管理体制不尽相同，但多数国家都设有旅游行政组织，并以行政管理手段行使对旅游的管理职权。各级行政机关和旅游行政组织按照行政区划、行政系统、行政层次，用行政命令、指示、规定和下达指导性计划、制定规划等形式来管理旅游事业。我国对旅游进行行政管理的机关是国家旅游局和各有关地方旅游局及其他旅游主管单位，采取旅游行政管理的主要手段是：通过制定相关政策，引导和鼓励各类旅游经营单位在国家总体规划的框架内开展活动；监督所辖区域内的相关单位贯彻、执行旅游法律、法规和政策；为相关单位提供必要的信息咨询服务；协调上下级之间、区域之间、旅游单位与非旅游单位之间、旅游经营单位与旅游者之间的相互关系。如我国旅游行政主管部门采用行政命令、决定、通知和通告，制定工作目标，倡导开展旅游竞赛活动，会同有关部门对旅游市场进行综合治理，采取政策导向、倡议和信息引导等方式进行管理，取得了有效成果。

2. 经济管理手段

在市场经济条件下，仅仅用行政管理手段是不够的，还需要采用经济管理手段进行调控。旅游经济管理手段是指旅游行政组织按照经济规律，通过价格、税收、信贷、奖惩等经济杠杆来管理旅游。如采用补贴形式，鼓励旅游经营单位和旅游区附近居民植树造林、养花种草，从而达到保护旅游环境的目的；对旅游经营单位实行保证金和押金制度，可以促进其合法经营，提高旅游服务质量。

3. 法律管理手段

旅游法律管理手段是旅游管理中强有力的手段之一，是将旅游活动中的客观规律用法律的形式固定下来，成为人们必须遵守的强制性行为规范，并依此实施管理。通过制定旅游法律、法规，明确旅游活动中各主体的权利和义务，规范和引导旅游活动行为，对旅游业进行有效的宏观调控，维护旅游业的正常秩序。因此，这是旅游管理重要的、必须加强的管理手段。

此外，旅游行政组织还采用咨询、宣传、教育、技术革新等手段进行旅游事业的管理。采取什么方式最有效，需要分析管理对象，因时制宜、因地制宜。

四、旅游行业组织

旅游行业组织是旅游企业自愿联合的社会旅游组织，不是政府的行政机构，它们以自愿和非营利为原则，通过加强行业间的协作，协调企业的经营管理，从而扩大行业影响，理顺行业竞争秩序，提高行业信誉与效益。也有旅游行业组织是一些基层行业组织组成的联合体，即旅游行业组织成员有的是企业，有的是团体，也有个人会员。

加强行业管理是提高旅游服务质量和服务水平、规范旅游企业经营、规范旅游市场秩序、促进旅游业持续健康发展的内在需求，旅游行业组织也是旅游发展所必需的。旅游行业组织是非官方机构，各种旅游行业组织行使职能不尽相同，但大致有以下职能：①组织调研活动，向政府提供咨询和建议；②制定行业自律文化并监督成员实施，维护行业竞争秩序；③开展宣传促销，开拓国内国际市场；④联系各会员，协调各种关系，维护会员利益；⑤组织开展经验交流、学术交流活动，协助会员单位提高经营水平；⑥组织培训人才，传播管理信息，提高行业素质。

在一些国家里，旅游行业组织被政府授予较高的权力，具有半官方性质，在旅游事业中行使更多职能。有的国家没有旅游行政组织，甚至由旅游行业组织行使旅游行政组织的职能。总而言之，旅游行业组织在旅游事业中发挥着重要作用。

第二节　我国的旅游组织

我国的旅游组织根据管理权限分为旅游行政管理机构组织和旅游行业组织两大类。旅游行政管理机构主要是由国家旅游局和各省、市、自治区及地方旅游行政机构组成，负责管理全国或者所辖行政区域旅游事业；旅游行业组织是旅游企业自愿联合的组织。

一、旅游行政组织

我国国务院在1985年批转国家旅游局《关于当前旅游体制改革几个问题的报告》中提出："国家旅游局作为国务院的职能部门，要面向全行业，统管全国旅游事业。各省、自治区、直辖市可根据国际、国内旅游发展的需要设置旅游局，经管本地的旅游工作。"时至今日，不仅我国各省、自治区、直辖市都已普遍设置了旅游局或旅游管理委员会，其行政辖区内的很多地区、市、县也都根据当地发展旅游业的需要，设立了相应的旅游行政管理机构。我国的旅游行政管理体系也因此而主要由这三个层次组成。

目前,我国的旅游行政组织主要包括:

(一)国家旅游局

1964年7月,全国人大常委会批准设立中国旅行游览事业管理局,直属国务院领导;12月1日,该局正式成立,与中国国际旅行社政企合一,合署办公。1978年4月26日,中国旅行游览事业管理总局更名为中华人民共和国国家旅游局,简称国家旅游局。

在全国层次上,国家旅游局是我国的最高旅游行政主管机构。它对外代表中国国家旅游组织,对内负责领导和管理全国的旅游业。

1998年,根据国务院办公厅印发的《国家旅游局职能配置、内设机构和人员编制方案》(即"三定"方案),对机构设置和人员编制进行了调整。调整后的国家旅游局设置了办公室、政策法规司(简称政法司)、旅游促进与国际联络司(简称促进司)、规划发展与财务司(简称计财司)、质量规范与管理司、人事劳动教育司、纪检组、监察局、信息中心9个司(局、室)和服务中心。国家旅游局的主要职能如下:

(1)制定旅游业发展的战略目标和方针政策,编制发展旅游事业的中长期规划和年度计划并组织实施,进行综合平衡和宏观调控。

(2)研究和推进旅游业体制改革,协同有关部门培育和完善旅游市场,扩大旅游业的对外开放,推动旅游企业集团的发展,落实国有旅游企业的经营自主权。

(3)制定旅游业各项行政法规、行业标准和规范并组织实施,参与制定和协调旅游行业有关财政、税收、外汇、信贷、价格等政策和规章制度,负责全国旅游统计工作,为发展旅游业提供信息服务。

(4)促进和引导旅游行业利用外资和社会投资工作,负责全国旅游资源的普查、规划并协调资源开发利用和保护工作,负责国家下达的旅游事业发展资金的投资立项审批,对国家旅游度假区和其他重点旅游建设项目实施宏观指导和检查,管理和监督直属企业,实现国有资产的保值增值。

(5)制定开拓国际旅游市场的规划并组织实施,负责组织国家旅游整体形象的宣传和重大促销活动,组织并指导重要旅游产品的开发。

(6)负责国内旅游的宏观管理,制定发展国内旅游的政策,引导国内旅游市场的健康发展。

(7)制定中国居民出境旅游政策,管理出境旅游事务,研究掌握出境旅游的发展规模和外汇平衡。

(8)对经营旅游业务的企事业单位进行行业管理,归口审批经营出入境旅游业务的旅行社(公司),组织和指导旅游饭店的星级评定,会同有关部门协调旅游交通运输、旅游区秩序,会同有关部门协调和指导旅游商品生产销售、旅游安全、旅游娱乐等工作,监督、检查旅游服务质量,受理国内外旅游者投诉,维护旅游者合法权益。

(9)归口管理旅游涉外事务和旅游签证,负责旅游对外交往与合作,负责旅游行业派驻境外的机构及外国和港澳台地区在境内开设旅游机构的审批、管理事宜。

(10)管理和指导全国旅游教育培训,组织和指导旅游行业岗位资格考试认证,指导旅游行业的劳动工资工作和直属单位的人事管理工作,指导旅游行业精神文明建设,指导旅游行业和旅游事业单位的工作。

(11)承办国务院交办的其他事项。

（二）省（自治区、直辖市）旅游局

国家旅游局成立后，各省、自治区、直辖市人民政府都下设了旅游局，是地方性旅游行政管理机构，管理本省（自治区、直辖市）的旅游事业，受地方政策和国家旅游局的双重领导，以地方政府为主。它们的组织机构基本上采取与国家旅游局主要业务司对口的做法，以便接受国家旅游局的业务指导。

（三）省级以下的地方旅游行政机构

我国有200多个旅游重点城市和地区以及一大批县成立了旅游行政管理机构。它们的组织机构基本上采取与省级旅游局各主要业务处、国家旅游局有关司对口的做法，受上级旅游局的领导和指导，当然主要受地方政府的领导。还有一些没有单独设置旅游行政管理机构的市、县，则由上级旅游行政管理机构领导、当地政府有关机构配合进行旅游事务的管理。

二、旅游行业组织

随着旅游事业的发展，为了更好地协调各地区、各旅游业单位的工作，加强各部门的联系，中国一大批旅游行业组织纷纷建立起来，许多旅游业单位加入了不同的行业组织。据统计，目前，全国省以上旅游协会的会员单位有近2万个，会员涵盖了国内大型旅游企业集团、国际旅行社、高星级饭店、世界自然文化遗产单位和著名旅游区。旅游行业组织是非行政机构，也是非营利性社会组织，是具有独立的社团法人资格的组织。以下介绍全国主要的旅游行业组织。

（一）中国旅游协会（CTA）

中国旅游协会（China Tourism Association，简称CTA）是1986年1月30日经国务院批准成立，是我国第一个旅游全行业组织。它是由中国旅游行业的有关社团组织和企事业单位在平等自愿基础上组成的全国综合性旅游行业协会，接受国家旅游局的领导、民政部的业务指导和监督管理。

协会的宗旨是：遵照国家的宪法、法律、法规和有关政策，代表和维护全行业的共同利益和会员的合法权益，开展活动，为会员服务，为行业服务，为政府服务，在政府与会员之间发挥桥梁纽带作用，促进我国旅游业的持续、快速、健康发展。

协会的主要任务包括：

（1）对旅游发展战略、旅游管理体制、国内外旅游市场的发展态势等进行调研，向国家旅游行政主管部门提出意见和建议。

（2）向业务主管部门反映会员的愿望和要求，向会员宣传政府的有关政策、法律、法规，并协助贯彻执行。

（3）组织会员订立行规行约并监督遵守，维护旅游市场秩序。

（4）协助业务主管部门建立旅游信息网络，做好质量管理工作，并接受委托，开展规划咨询、职工培训，组织技术交流，举办展览、抽样调查、安全检查，以及对旅游专业协会进行业务指导。

（5）开展对外交流与合作。

（6）编辑出版有关资料、刊物，传播旅游信息和研究成果。

（7）承办业务主管部门委托的其他工作。

中国旅游协会设有旅游城市分会、旅游区（点）分会、旅游教育分会、妇女旅游委员会、旅游商品及装备专业委员会5个分会和专业委员会，分别进行有关的专业活动。在中国旅游协会指导下，有4个相对独立开展工作的专业协会：中国旅行社协会、中国旅游饭店业协会、中国旅游车船协会和中国旅游报刊协会。

(二)中国旅行社协会(CATS)

中国旅行社协会(China Association of Travel Services,简称 CATS)成立于 1997 年 10 月,是由中国境内的旅行社、各地区性旅行社协会和其他同类协会等单位,按照平等自愿的原则结成的全国旅行社行业的专业性协会。协会接受国家旅游局的领导、民政部的监督管理和中国旅游协会的业务指导。《旅行社之友》为协会会刊。

协会的宗旨是:遵守国家的宪法、法律、法规和有关政策,遵守社会道德风尚,代表和维护旅行社行业的共同利益和会员的合法权益,努力为会员服务、为行业服务,在政府与会员之间发挥桥梁和纽带作用,为中国旅行社行业的健康发展作出积极贡献。

协会的主要任务包括:

(1)宣传贯彻国家旅游业的发展方针和旅行社行业的政策法规。

(2)总结交流旅行社的工作经验,开展与旅行社行业相关的调研,为旅行社行业的发展提出积极并切实可行的建议。

(3)向主管单位及有关单位反映会员的愿望和要求,为会员提供法律咨询服务,保护会员的共同利益,维护会员的合法权益。

(4)制定行规行约,发挥行业自律作用,督促会员单位提高经营管理水平和接待服务质量,维护旅游行业的市场经营秩序。

(5)加强会员之间的交流和合作,组织开展各项培训、学习、研讨、交流和考察等活动。

(6)加强与行业内外的有关组织、社团的联系、协调与合作。

(7)开展与海外旅行社协会及相关行业组织之间的交流与合作。

(8)编印会刊和信息资源,为会员提供信息服务。

(三)中国旅游饭店业协会(CTHA)

中国旅游饭店业协会(China Tourism Hotel Association,简称 CTHA)原名中国旅游饭店协会,成立于 1986 年 2 月 25 日。它是由中国境内的旅游饭店和地方饭店协会、饭店管理公司、饭店用品供应厂商等相关单位,按照平等自愿的原则结成的全国饭店行业的专业性协会。协会下设一个分支机构,即中国旅游饭店业协会饭店金钥匙专业委员会。

中国旅游饭店业协会的宗旨是:遵守国家的宪法、法律、法规和有关政策,遵守社会道德风尚,代表和维护中国旅游饭店行业的共同利益,维护会员的合法权益,在主管单位的指导下,为会员服务、为行业服务,在政府与会员之间发挥桥梁和纽带作用,为促进我国旅游饭店业的健康发展作出积极贡献。

中国旅游饭店业协会的主管单位为国家旅游局,社团登记管理机关为民政部。中国旅游饭店业协会接受国家旅游局的领导、民政部的监督管理和中国旅游协会的业务指导。协会现有会员 2 516 家。

(四)中国旅游车船协会(CTACA)

中国旅游车船协会(China Tourism Automobile and Cruise Association,简称 CTACA)前身是“中国旅游汽车理论研讨会”,1988 年 8 月,经国家旅游局局长办公会议研究决定正立成立。1990 年 3 月,正式定名为“中国旅游车船协会”。

中国旅游车船协会是由中国境内的旅游汽车、游船企业和旅游客车及配件生产企业、汽车租赁、汽车救援等单位,在平等自愿基础上结成的全国旅游车船行业的专业性协会。协会接受国家旅游局和民政部的管理与监督,接受中国旅游协会的业务指导。协会现有会员 200 余家。

（五）中国旅游报刊协会

中国旅游报刊协会成立于1993年8月25日，是由全国与旅游信息传播相关的报纸、期刊、大众传媒单位及相关报刊单位，按照平等自愿原则组成的全国性专业组织。协会接受国家旅游局和民政部的管理与监督，接受中国旅游协会的业务指导。

协会的宗旨是：遵守中华人民共和国宪法和法律，遵守国家有关旅游和新闻的法规，遵守社会道德风尚，代表和维护会员的共同利益和合法权益，努力为会员服务、为政府服务、为行业服务，在政府部门与会员之间发挥桥梁和纽带作用，团结全国各类传播旅游信息的报刊和大众媒体，为促进旅游业持续、快速、健康发展作出积极贡献。

（六）中国乡村旅游协会

中国乡村旅游协会是由广大乡村旅游事业的专家、学者、知名人士和有关的单位、团体等组成的乡村旅游领域中的全国性行业组织。协会原名“中国农民旅游业协会”，于1987年12月成立，1990年10月29日更名为“中国乡村旅游协会”。协会受国家旅游局的管理与监督，接受中国旅游协会的业务指导。

（七）中国旅游文化学会

中国旅游文化学会于1989年9月18日在北京正式成立，是具有法人资格的民间学术团体。学会的宗旨是研究旅游文化的理论与实践，推动我国旅游事业的发展。

学会的主要任务包括：

(1)组织和推动我国旅游文化的研究和旅游文化的创作。

(2)举办各种类型的旅游文化研讨会和旅游文学笔会，并组织与其有关的国内和国际的交流活动。

(3)组织有关方面和有关专家，为历史文化名城、著名风景名胜区和待开发的旅游区就旅游资源的开发和利用进行研讨和咨询，为促进旅游文化的发展提供服务。

(4)为各地开发具有中国风格、民族特色和地方特点的旅游纪念品和晚间文娱活动提供咨询、人才和服务。

(5)编辑、出版有关旅游文化和旅游文学的书刊、资料，承接委托摄制有关旅游有关的影视片等。

第三节 国际旅游组织

一、国际旅游组织概述

第二次世界大战以来，随着国际旅游的迅速发展，各国在进出境制度、安全检查、交通以及旅游企业之间协调等方面的问题成为人们关注和必须认真解决的问题。随之，一些国际性和国际区域性的旅游组织相继成立，在减少国际间的障碍、方便旅游活动的组织和开展方面做了卓有成效的工作，促进了国际旅游的发展。按组织的地位划分，可将国际旅游组织分为政府间组织和非政府间组织；按管理范围，又可分为全球性组织和地区性组织。

（一）政府间国际旅游组织

世界上有很多政府间的国际性组织，其中一部分组织与国际旅游事务有关，包括全球性组织和地区性组织。

1. 全球性政府间国际旅游组织

在与旅游事务有关的全球性政府间国际组织中，规模最大者当为联合国组织。

直接涉及国际旅游事务的组织包括全面涉及全球国际旅游事务的组织，如世界旅游组织(WTO)；涉及旅游业具体部门的组织，如政府间海事协商组织(IMCO)、国际民航组织(ICAO)。

间接和部分涉及国际旅游事务的组织，如世界卫生组织(WHHO)、联合国教科文组织(UNESCO)、国际劳工组织(ILO)、万国邮政联盟(UPU)等。

2. 地区性政府间国际旅游组织

在地区性的政府间国际组织中，涉及国际旅游事务的大致有三种类型：①行业专门组织，如欧洲民航会议(ECAC)、欧洲投资银行(EIB)；②区域集团，如欧洲联盟(EU)、美洲国家组织(OAS)；③共同利益集团，如经济合作与发展组织(OECD)。

(二)非政府间国际旅游组织

非政府间国际旅游组织也称为国际旅游行业组织。相对于政府间的国际旅游组织来说，非政府的国际旅游组织非常多，也可根据管理旅游事务的范围和程度，划分为全球性组织和地区性组织。

1. 全球性非政府间国际旅游组织

包括：①以机构团体(协会)为成员的组织，如国际旅游联盟(AIT)、国际社会旅游协会(BITS)、世界旅行社协会联合会(UFTAA)、国际饭店业协会(IHA)、国际海运联合会(ICS)、国际青年旅舍联合会(IYHF)、旅游代理商协会国际联合会(UFTAA)；②以企业为成员的组织，如国际旅馆协会(IHA)、国际航空运输协会(IATA)、国际铁路联盟(IUR)、世界旅游代理商协会(WATA)、国际会议组织商协会(ICCA)；③以个人为成员的组织，如旅游科学专家国际联合会(AIEST)、国际旅游学会(IATS)、旅游职业训练协会(AMFORT)、旅游研究协会(TTRA)。

2. 地区性非政府国际旅游组织

包括：①以机构团体(协会)为成员的组织，如欧洲旅游委员会(ETC)、拉美旅游组织联盟(COTAL)、太平洋亚洲旅游协会(PATA)、加勒比旅游协会(CTA)、非洲旅游协会(ATTA)；②以企业为成员的组织，如欧洲航空公司协会(AEA)；③以个人为成员的组织。当然，一些组织既接受团体会员，也接受个人会员。

二、与我国有关的主要国际旅游组织

随着我国入境旅游和出境旅游规模的不断增大，我国正在朝着建设旅游强国的方向发展和迈进，对世界旅游事务的参与越来越广泛。与此同时，随着我国在世界旅游业中的地位的提升，越来越多的国际旅游组织都在注意发展同我国的关系。自20世纪80年代以来，我国的旅游组织或企业已成为很多国际旅游组织的成员，而且几乎所有全球性国际旅游组织都在关注和谋求与我国的合作。现将那些影响力较大特别是其中与我国有关系的国际旅游组织作一基本的介绍。

(一)世界旅游组织(WTO)

世界旅游组织的英文全称是 World Tourism Organization，简称 WTO，为避免与世界贸易组织(World Trade Organization，缩写为 WTO)缩写混淆，有时用法文 Organisation Mondiale du Tourisme 的缩写 OMT 表示世界旅游组织。

世界旅游组织是目前世界上唯一全面涉及旅游事务的全球性政府间组织。它的前身是

1925年在荷兰海牙成立的官方旅游宣传组织国际联盟(IUOTPO)，当时是一个非政府的技术机构。1946年10月1日至4日，在伦敦召开了首届国际旅游组织大会，并成立专门委员会研究重建该联盟。1947年10月在巴黎举行的第二届国家旅游组织国际大会上决定正式成立国际官方旅游组织联盟(IUOTO)，仍为非政府组织，总部设在伦敦，1951年迁至日内瓦。1975年5月该组织改为现名，总部迁至马德里。1976年成为联合国开发计划署在旅游方面的一个执行机构，成为世界唯一全面涉及旅游事务的全球性政府间机构。2003年，联大经济和社会事务委员会决定吸纳世界旅游组织为联合国专门机构。

其宗旨是促进和发展旅游、推动经济发展、促进世界和平、增进国际间理解。为此，世界旅游组织旨在制定相应的政策和规定，以使旅游业在各国政府及国际贸易中发挥应有的作用。

世界旅游组织的成员分正式成员(代表主权国家)、联系成员(代表未独立领地)和附属成员(多为与旅游有关的组织团体，如航空公司、旅行社、饭店、旅游研究所等)。现有正式成员143个，联系成员4个，它们制定与旅游有关的政策，并根据共同的利益参与制定世界旅游组织的章程，另有附属成员170多个。世界旅游组织是政府间唯一接纳旅游经营者的组织。这些附属成员的范围十分广泛，包括直接从事旅游业或与旅游业有关的组织和企业，如：航空公司以及其他运输公司、饭店、餐馆，旅游批发商和零售商，金融界，出版界，咨询事务所，教育研究机构，地方、全国或区域性的私人协会或半官方性的协会。附属成员参加世界旅游组织，对制定旅游政策和规划旅游项目有积极的作用，并推动各国政府对旅游业相关的战略问题作出决策。因此，世界旅游组织的有关活动项目已成为联系官办与私营两者之间非常重要的桥梁。

我国于1983年10月5日加入世界旅游组织，成为该组织第106个正式成员国。1987年9月，我国当选为世界旅游组织执行委员会新成员，同时为东亚和太平洋地区委员会副主席。

世界旅游组织成员按地区分为非洲委员会、美洲委员会、欧洲委员会、中东委员会、东亚与太平洋委员会、南亚委员会六个地区委员会。地区委员会为非常任机构，每年召开一次会议，协调组织本地区的研讨会、工作项目和地区性活动。

世界旅游组织全体大会选举执行委员会，执委员每年召开两次会议。一般情况下，执委会成员按5∶1的比例由正式成员国选举产生，加上东道主国，再由联系成员国选举产生一个，共30个执委。附属成员有其列席代表。执委会下设计划和协调技术委员会、预算和财政委员会、环境保护委员会、简化手续委员会、旅游安全委员会五个委员会。执委会选出秘书处，其下设秘书长、副秘书长、活动计划处长、计划援助处长、新闻通信处长等职务。

世界旅游组织活动的主要内容有：

1. 技术合作

对世界各国在广泛的旅游领域里给予咨询和援助，如适度的旅游发展、必要的投资、技术转让、市场销售和宣传推销。下列范围内的项目可得到世界旅游组织的援助：潜在的旅游资源调查，全国发展总体计划(包括财政来源和投资)，为国内和国际旅游的发展制定政策、规划和拟定项目；合理利用国土，开发新的旅游区和旅游产品；旅游法规、旅游统计、旅游业的预测和数字分析、旅游宣传、旅游市场、市场销售的研究和分析；旅游培训、旅游学院及其可行性研究、经营实体的发展；旅游宾馆、度假村、疗养所、汽车旅游、宿营地等的规划、选址、利用与完善；饭店星级评定制度。

2. 教育与培训

世界旅游组织提供不同形式的教育与培训。一方面，与法国珀杜大学宾馆餐饮管理系(Restaurant, Hotel and Institutional Management Institute de la Universidad de Purdue)、索

尔邦内大学世界旅游高等研究中心(Centre Mondial d'etudes Superieures du Tourisme de la Universidad de la Sorbonne)合作举办函授班，培训内容包括文化遗产的保护、通信、调研、旅游经营、市场学等，同时向需要经济援助的学生提供奖学金。另一方面，正在建立一个全球性的教育培训中心网络。目前培训中心包括：美国乔治·华盛顿大学国际旅游研究系(International Institute of Tourism Studies George Washington University)、美国马诺阿夏威夷大学旅游管理系(School of Travel Industry Management University of Hawaii at Manoa)、美国康奈尔大学饭店管理系(School of Hotel Administration Cornell University)、加拿大加尔加里大学(The University of Galgary)、加拿大魁北克蒙特利尔大学城市旅游系(Department d'etudes urbaines et touristiques Universitédu Québec à Montréal)、意大利国际旅游科学学校(Ecole Internationale de Sciences Touristiques)、法国潘特翁—索尔邦内巴黎第一大学世界旅游高等研究中心(Centre d'etudes superieurres du tourisme Universite de Paris I, Pantheon-Sorbonne)、荷兰海牙饭店学院接待管理系(Institute of Hospitality Management Hotel School the Hague)、南斯拉夫萨格勒布大学经济系(Faculty of Economics University of Zagreh)、英国萨里大学饭店旅游管理系(Department of Management Studies for Tourism and Hotel Industries University of Surrey)、澳大利亚北昆士兰詹姆斯·库克大学旅游系(Department of Tourism James Cook University of North Queensland)、摩洛哥国际旅游高等学院(Institute Superieur International de Tourisme, ISIT)等。

3. 环境与计划

世界旅游组织在环境与计划方面的工作的基本点是发展适度的旅游，强调在旅游产品和旅游服务的长期推销过程中，不仅要有商业意识，而且要明显地具有环境保护意识，要参加世界性或地区性的关于旅游与环境的会议并出版有关刊物。

4. 简化手续和自由经营

致力于消除旅游障碍，促进旅游服务业自由经营。如建造方便伤残疾人士旅游的设施，研究有关预订咨询系统，出版有关研究和派生项目的刊物。

5. 市场分析和促销

165 个国家向世界旅游组织提供对市场销售和制定战略规划十分有价值的资料和预测，世界旅游组织据此不断检查和分析世界旅游的发展，并出版一系列完整的期刊和包括大多数旅游输出国和接待国，以及旅游其他方面的统计报告。世界旅游组织依靠大量的文献资料，并着力通过旅游信息交流网络(TIENET)形成世界资料交流中心。

世界旅游组织出版的刊物包括用英文、法文和西班牙文出版的《世界旅游组织消息》(*WTO News*)月刊、《旅游发展报告(政策与趋势)》(*Tourism Development Report—Policy and Trends*)年刊、《旅游统计年鉴》(*Yearbook of Tourism Statistics*)年刊、《旅游统计手册》(*Compendium of Tourism Statistics*)年刊、《旅行及旅游动态》(*Current Travel and Tourism Indicators*)季刊，以及其他刊物、简报、小册子、专著和报告。

世界旅游组织总部的地址是：西班牙马德里(Capitan Haya 42, 28020 Madrid, Spain)。网址为：http://www.world-tourism.org。

【补充阅读】

世界旅游组织在我国首次举办“丝绸之路国际大会”

世界旅游组织第六届丝绸之路国际大会将于8月1日至3日在甘肃省敦煌市举办，这是世界旅游组织在我国第一次举办“丝绸之路国际大会”。

记者从甘肃省旅游产业发展领导小组办公室了解到，世界旅游组织确定的大会主题是“构建新的丝绸之路旅游线路”，主要内容有开幕式、嘉宾演讲、主题讨论、甘肃丝绸之路旅游产品推介会暨旅游合作签约、甘肃旅游产品线路考察等。尽管这是世界旅游组织在我国首次举办“丝绸之路国际大会”，但举办地甘肃敦煌市已有举办相关节会的丰富经验。

据介绍，届时，世界旅游组织将邀请部分会员国、29个丝绸之路沿线国家的政要及旅游官员，联合国世界旅游组织丝绸之路项目部、亚太部等主要官员，世界银行、联合国教科文组织、亚太旅游协会的嘉宾等也将参会。

“世界旅游组织丝绸之路国际大会”是联合国世界旅游组织为强化“丝绸之路”沿线国家紧密合作，提升“丝绸之路”旅游品牌影响力，实现丝绸之路旅游项目的国际合作和可持续发展而倡议召开的旅游业界国际性会议，迄今为止已在丝绸之路沿线部分国家不定期举办过五届。

（资料来源：张文静，新华网，2013年6月13日。）

（二）世界旅游理事会（WTTC）

世界旅游理事会（World Travel and Tourism Council，WTTC）是一个全球性非政府间组织，是全球旅游业中唯一代表私营力量的团体。世界旅游理事会成立于1990年，由世界上逾百家著名企业的总裁、董事长或首席执行官所组成。这些企业的业务直接或间接地涉及住宿业、游船业、娱乐业、交通运输业以及其他与旅行相关的服务行业。

世界旅游理事会的领导班子是一个由19名成员组成的执行委员会。该执委会的主要工作是每年开两次会，以及在所有成员都参加的年会上报告理事会的工作。理事会的日常运作则由会长和为数不多的工作人员以伦敦为基地开展。

世界旅游理事会的使命：一是促使人们深入认识旅游业对经济和社会的贡献；二是与各国政府开展合作，以便通过制定相应的政策去发掘旅游业的潜力，从而实现增加就业和创造财富的目的。在发展旅游业方面，该理事会所憧憬的是，所有的利益相关者都成为合作伙伴，从而使旅游企业的需要、国家经济的需要、各级政府的需要以及当地社会的需要实现协调统一。而实现这一理想的基础是：①政府能认识到应将旅游业置于优先发展地位；②企业能够注意经济效益与社会效益、文化效益以及环境效益之间的平衡；③各利益相关者都追求长期的经济增长与社会繁荣。

世界旅游理事会的活动开展可归纳为以下三大主题：

（1）全球性活动。主要包括：预测和研究全球旅游业将会面临的各种挑战与机遇；代表其成员与世界各地政府进行对话；积极推广世界各地在旅游实践方面的成功案例。

（2）地区性活动。主要是在那些旅游业发展潜力巨大但缺乏管理或资金的国家和地区发起行动，其目的在于将理事会的使命转化为实际行动，会同该国政府、当地领袖和世界旅游理事会在该地区的成员一起努力，找出并消除制约旅游和旅游业成长的障碍因素。

（3）经济研究。近年来，世界旅游理事会一直在通过牛津经济预测公司（Oxford Economic Forecasting Ltd.）开展研究，测算和评估世界旅游业的总体规模，以及旅游业对全球经济和国家经济的贡献。预测结果显示，旅游业已是世界上最大的产业，其增长速度不仅超过其他多数产业，而且这种强劲增长的态势仍将会继续下去。此外，在世界旅游组织的赞助下，世界旅游理事会已开发出国际标准的旅游卫星账户系统（TSA）。在其新近发布的2005年预测报告中，总共涉及了174个国家的旅游经济状况。该报告显示，目前全球旅游业带来的就业机会高达2.215亿个，对全球国内生产总值的贡献率超过10.6%。总之，在增强人们对旅游经济重要性的认识方面，世界旅游理事会做了大量的工作。

（三）太平洋亚洲旅游协会（PATA）

在我国，人们通常将太平洋亚洲旅游协会简称为亚太旅游协会。该组织成立于1951年，最初用名太平洋地区旅游协会（Pacific Area Travel Association），1986年起改用现名（Pacific Asia Travel Association）。

太平洋亚洲旅游协会是一个地区性的非政府间组织。该组织的宗旨是发展、促进和便利世界其他地区的游客前来太平洋周边地区各国旅游，以及发展、促进和便利该地区内各国居民在该地区内开展国际旅游。由于该协会在推动旅游业发展方面所发挥的巨大而务实的作用，特别是其年会和旅游交易会之成功使与会者深感受益，因而广为人们所关注和看重。

该组织的会员范围很广。有些会员是该地区内有关国家的旅游行政机构，但绝大多数会员都是来自世界各地的旅游行业协会、旅游企业以及其他各种与旅游业有关的社团组织。目前，该协会的会员涉及40多个国家和地区，包括2 000多个来自不同国家和地区的旅游行业组织，40多家在该地区有业务的航空公司和海运公司，400多家住宿企业和将近600家旅行社企业。

在信息服务方面，该协会通过其战略信息中心及时为会员提供有助于其业务策划、产品开发和市场营销工作的调研信息，使会员能够把握最新的行业发展趋势。除了出版统计资料和市场调研报告外，该协会出版发行的期刊包括：

（1）PATA电子新闻（News @PATA Biweekly）：主要内容为发布有关该协会大事和活动的电子新闻。

（2）《问题与趋势》（Issues & Trends）：月刊，主要内容为介绍和分析时下影响旅游业发展的有关问题与趋势。

（3）《PATA指南》（PATA Compass）：双月刊，主要内容包括介绍亚太地区各旅游目的地的发展情况、业界在开展工作方面的实战方案，以及业界人士对某些问题的看法。

在市场营销方面，该协会的工作重点是吸引世界上更多的人前来亚太地区旅游，以及促进本地区居民在本地区内开展旅游。为此，该协会致力于帮助各地会员提高营销技术和开拓新的客源市场。

在旅游开发活动方面，该协会的工作主要集中于改善和提升新兴目的地的设施与服务，提高现有旅游目的地的接待能力，维护区内各地的旅游资源，特别是保护区内各旅游目的地的遗产资源。

在旅游调研方面，该协会每年召开一次旅游调研工作会议，出版亚太地区旅游统计年度报告，并组织会员开展合作调查研究。

该协会组织举办的大型活动主要有两项：一项是本协会的年会，另一项则是商业性色彩较浓的PATA旅游博览会。全体成员参加的年会每年选在一个成员国中举办，主要讨论本地区旅游发展目前的状况、需要，以及存在的问题，并参加协会每年一度的年度业务会议。年度业务会议都有特定的议题，以帮助会员更新旅游业务知识。PATA旅游博览会（PATA Travel Mart）旨在将旅游产品的买卖双方聚到一起，为其洽谈业务提供机会和场所。

除了太平洋亚洲旅游协会这一正式组织之外，还有很多同该协会有联系的区外分会分布在世界各地。目前这些地区外的联系分会大约为80个，由17 000多个个人会员所组成。这些联系分会的成员定期集中会面，通过举办报告会或开展实地考察活动了解亚太地区有关旅游目的地的发展情况。

目前，太平洋亚洲旅游协会(PATA)的行政总部设在美国加州的奥克兰，运营总部自1998年9月迁至泰国的曼谷，其他办事机构分设在悉尼和摩纳哥。

我国国家旅游局于1993年代表中国加入该协会。

(四)国际航空运输协会(IATA)

国际航空运输协会的英文全称是International Air Transport Association，简称IATA。该组织成立于1945年，是一个以全世界国际航空运输企业为会员的全球性民间组织。

该组织的使命是代表并服务于世界航空运输业。其宗旨是：促进世界航空运输安全，倡导规范、经济的航空运输服务；促进世界航空运输业的发展；密切与国际民航组织(ICAO)的合作关系。

该组织的主要工作是为世界航空运输业制定和规范业务标准，使各国际航空公司在客运机票、货运单据、安全条款等方面实行国际标准化，并通过建立一整套稳定的国际运价模式，使国际间快速的联运预订和航班衔接成为可能，从而将许多航空公司各自经营的国际航线联结起来，形成一个统一的公共服务系统。此外，该组织的活动还涉足很多其他领域，例如提供行业支持、环保问题、消费者问题、行业监督、法律援助、会员情况交流、航班时刻表的制定、飞行安全以及其他方面的会员服务。

该组织是有关世界航空运输业情况的重要信息来源。在这方面，该组织的“航空公司产品数据库”可使人们对世界上30家主要航空承运商的产品进行比较。该组织出版的《世界航空运输统计》年报是有关国际航空运输业数据的权威来源。另外，该组织对客运市场和货运市场所做的预测和市场调研报告可帮助各航空公司制订其战略性或战术性营销计划。

该组织的最高权力机构是全体大会，常设机构包括执行委员会、常务委员会和秘书处。该组织的总部设在加拿大的蒙特利尔，执行办公室设在瑞士的日内瓦，并在世界各地设有地区办事处。

我国的多家航空公司已经成为该组织的会员。

(五)世界旅行社协会联合会(UFTAA)

世界旅行社协会联合会(Universal Federation of Travel Agents Association，简称UFTAA)是最大的民间性国际旅游组织。其前身是1919年在巴黎成立的欧洲旅行社和1964年在纽约成立的美洲旅行社，1966年10月由这两个组织合并组成，并于1966年11月22日在罗马正式成立，总部设在比利时布鲁塞尔。

该协会宗旨是负责国际政府间或非政府间的旅游团体的谈判事宜，代表并为旅游业和旅行社的利益服务。

该组织每年召开一次全体大会，交流经验，互通情报。

该组织的成员分为两类：一类是正式会员，由国家旅行社协会组织参加；另一类为联系会员，为私营旅行社和与旅游业务有关的机构，如航空公司、轮船公司、旅馆等。1995年8月，中国旅游协会被接纳为正式会员。

该会出版发行《世界旅行社协会联合会议公报》(月刊)(*Courrier UFTAA*)。

会址：比利时布鲁塞尔(1/1 Rue Defacpz，B－1050，Bruxelles，Belgique)。

(六)国际饭店与餐馆协会(IH&RA)

国际饭店与餐馆协会(IH&RA)的前身国际饭店协会(IHA),于1946年3月在伦敦成立。国际饭店协会于1996年在墨西哥召开的第34届年会上,把国际餐馆协会纳入国际饭店协会,更名为国际饭店与餐馆协会。总部设在法国巴黎,英语和法语是其官方语言。该协会的正式会员是世界各国的全国性的饭店旅馆协会或类似组织,联系成员是各国旅馆业的其他组织、旅馆院校、国际饭店集团、旅馆、饭店和个人,有30万家饭店会员、155家国家级饭店协会会员、50家国际连锁饭店集团、119家饭店院校。我国在1994年正式加入国际饭店与餐馆协会,中国旅游饭店业协会成为该协会的国家级饭店协会会员。

协会的宗旨是:代表全球饭店业的利益,促进饭店与餐馆业的发展,为会员提供行动纲领和所需产品(包括组织各种国际会议等),协调旅馆业和有关行业的关系,维护本行业的利益。

协会由董事会行使管理职责。董事会由5名官员、6名地区副主席以及11名代表组成。

国际饭店与餐馆协会每年召开一次全体大会,讨论协会重大事件与决定。在每次会议期间,颁布青年主管世界奖,奖励30岁以下饭店男女经理/主管各1名,还颁发两名饭店环境奖,也称"年度绿色饭店经理奖"。协会每年提供10至15个奖学金名额,奖励有两年以上饭店中层管理经验的优秀青年,在欧洲或美国饭店院校进行夏季短期(两周)学习和培训。

[补充材料]

我国有关旅游的主要法律、法规和规章

《中华人民共和国公民出境入境管理法》(1985年11月22日通过)

《中华人民共和国外国人入境出境管理法》(1985年11月22日通过)

《中华人民共和国民用航空法》(1995年10月30日通过)

《中华人民共和国铁路法》(1990年9月7日通过)

《中华人民共和国食品卫生法》(1995年10月30日通过)

《中华人民共和国文物保护法》(2002年10月28日公布)

《风景名胜区管理暂行条例》(1985年6月7日发布)

《旅行社管理条例》(1996年10月15日发布,2001年12月11日修订)

《中国公民出国旅游管理办法》(2002年5月27日发布)

《中华人民共和国公民出境入境管理法实施细则》(1994年7月15日发布)

《中华人民共和国外国人入境出境管理法实施细则》(1994年7月15日发布)

《中华人民共和国出境入境边防检查条例》(1995年7月20日发布)

《旅馆业治安管理办法》(1987年11月10日发布)

《国内航空运输旅客身体损害赔偿暂行规定》(1989年2月20日发布)

《铁路旅客运输损害赔偿规定》(1994年8月30日发布)

《娱乐场所管理条例》(1999年3月26日发布)

《导游人员管理条例》(1999年5月14日发布)

《旅游汽车、游船管理办法》(1983年12月28日发布)

《中华人民共和国评定旅游(涉外)饭店星级的规定》(1988年8月22日发布)

《旅行社管理条例实施细则》(1996年11月28日发布)

《旅行社投保旅行社责任保险规定》(2001年4月25日发布)

《旅行社质量保证金暂行规定》(1995年1月1日发布)

《旅行社质量保证金暂行规定实施细则》(1995年1月1日发布)

《旅行社质量保证金赔偿暂行办法》(1997年3月27日发布)

《旅游安全管理暂行办法》(1990年2月20日发布)

《旅游安全管理暂行办法实施细则》(1994年1月22日发布)

《旅游投诉暂行规定》(1991年6月1日发布)

《旅游发展规划管理办法》(2000年10月26日发布)

《导游人员管理实施办法》(2001年12月26日发布)

《导游证管理办法》(2002年3月18日发布)

《旅游资源分类、调查与评价》[(GB/T 18972—2003)2003年2月24日发布,2003年5月1日实施]

《旅游饭店星级的划分及评定》[(GB/T 14308—2003)2003年6月25日发布]

《旅游规划通则》[(GB/T 18971—2003)2003年2月24日发布,2003年5月1日实施]

《旅游厕所质量等级的划分与评定》[(GB/T 18973—2003)2003年2月24日发布,2003年5月1日实施]

本章小结

旅游是一种综合性的社会现象,旅游的可持续发展,需要社会各部门的通力协作与支持,旅游参与的大众性决定了要进行社会化管理。特别是国际旅游的开展,还需要国与国间的协调与合作。旅游组织在旅游的发展中起着重要作用。世界上的旅游组织很多,可以从旅游组织管理的地域范围、行业性质、职能或活动类型、动机、会员形式、行使权限等不同角度将旅游组织划分为各种类型。按行使权限,划分为旅游行政组织或旅游行业组织。旅游行政组织行使旅游规划管理、旅游基本建设管理、旅游业务经营管理、旅游资源开发管理、旅游从业人员管理和旅游市场管理等职能。中国旅游行政组织包括国家旅游局、省(自治区、直辖市)旅游局以及地方旅游行政机构。中国旅游行业组织很多,如中国旅游协会、中国旅行社协会、中国旅游饭店业协会等。国际旅游组织主要有世界旅游组织、太平洋亚洲旅游协会、世界旅行社协会联合会等。

思考与练习

1. 名词解释:旅游组织。
2. 旅游组织的基本职能包括哪些方面?
3. 旅游行政组织和旅游行业组织的职能有什么不同?
4. 简述我国旅游行政组织的设置状况。
5. 简述我国旅游行业组织的目前状况。
6. 你对世界旅游组织(WTO)、太平洋亚洲旅游协会(PATA)以及世界旅游理事会(WTTC)有何了解?

参考文献

[1]李天元.旅游学概论(第六版)[M].天津:南开大学出版社,2009.

[2]Chris Cooper,John Fletcher,Alan Fyall,David Gilbert.张俐俐,蔡利平编译.旅游学(第三版)[M].北京:高等教育出版社,2007.

[3]梁明珠.旅游资源开发与规划——原理、案例[M].广州:暨南大学出版社,2008.

[4]孙洪波,李广成.旅游概论新编[M]. 武汉:华中科技大学出版社,2008.

[5]谢彦君.基础旅游学[M].北京:中国旅游出版社,2004.

[6]马耀峰.旅游资源开发及管理[M].北京:高等教育出版社,2010.

[7]吴必虎,宋子千.旅游学概论[M].北京:中国人民大学出版社,2009.

[8]朱华.旅游学概论(双语)[M].北京:北京大学出版社,2009.

[9]陶汉军.旅游学简明教程[M].上海:上海财经大学出版社,2006.

[10]田里.旅游学概论[M].天津:南开大学出版社,2005.

[11]杨甜丽.关于旅游史的思考[J].商业文化·社会经纬,2008(1):290.

[12]王晓云.关于中国旅游起源问题的研究[J].旅游科学,2001(2):5-7.

[13]李晶,王庆国.中国近代旅游研究综述[J].绥化学院学报,2007,27(3):160-162.

[14]郑焱.中国旅游史若干问题的思考[J].湖南师范大学社会科学学报,2000,29(4):60-66.

[15]戴斌,杜江,乔花芳.旅行社管理(第三版)[M].北京:高等教育出版社,2010.

[16]田里,李常林.生态旅游[M].南京:南京大学出版社,2004.

[17]章家恩.旅游生态学[M].北京:化学工业出版社,2005.

[18]高峻,孙瑞红.生态旅游学[M].北京:高等教育出版社,2010.

[19]马继兴.旅游心理学[M].北京:清华大学出版社,2010.